中国非洲研究院文库·学术译丛

南非中学后教育与劳动力市场

Post-school Education and the Labour Market in South Africa

[南非] 迈克尔·罗根 /编
(Michael Rogan)

张旭 /译

中国社会科学出版社

图字：01－2022－1382 号

图书在版编目（CIP）数据

南非中学后教育与劳动力市场／（南非）迈克尔·罗根编；张旭译．
—北京：中国社会科学出版社，2022.6
（中国非洲研究院文库．学术译丛）
书名原文：Post-school education and the labour market in South Africa
ISBN 978－7－5203－9433－8

Ⅰ．①南…　Ⅱ．①迈…②张…　Ⅲ．①教育管理—研究—南非共和国
②劳动力市场—研究—南非共和国　Ⅳ．①G547.86②F249.478

中国版本图书馆 CIP 数据核字（2021）第 261845 号

出 版 人　赵剑英
责任编辑　陈雅慧
责任校对　王　斐
责任印制　戴　宽

出　　版　中国社会科学出版社
社　　址　北京鼓楼西大街甲 158 号
邮　　编　100720
网　　址　http://www.csspw.cn
发 行 部　010－84083685
门 市 部　010－84029450
经　　销　新华书店及其他书店

印　　刷　北京君升印刷有限公司
装　　订　廊坊市广阳区广增装订厂
版　　次　2022 年 6 月第 1 版
印　　次　2022 年 6 月第 1 次印刷

开　　本　710×1000　1/16
印　　张　21.5
插　　页　2
字　　数　365 千字
定　　价　128.00 元

《中国非洲研究院文库》编委会名单

充分发挥智库作用　助力中非友好合作

——“中国非洲研究院文库”总序言

当今世界正面临百年未有之大变局。世界多极化、经济全球化、社会信息化、文化多样化深入发展，和平、发展、合作、共赢成为人类社会共同的诉求，构建人类命运共同体成为各国人民的共同愿望。与此同时，大国博弈加剧，地区冲突不断，恐怖主义难除，发展失衡严重，气候变化问题凸显，单边主义和贸易保护主义抬头，人类面临诸多共同挑战。中国是世界上最大的发展中国家，是人类和平与发展事业的建设者、贡献者和维护者。2017 年 10 月中国共产党第十九次全国代表大会胜利召开，引领中国发展踏上新的伟大征程。在习近平新时代中国特色社会主义思想指引下，中国人民已经实现了第一个百年奋斗目标，正在意气风发地向着全面建成社会主义现代化强国的第二个百年奋斗目标迈进，同时继续努力为人类作出新的更大贡献。

非洲是发展中国家最集中的大陆，是维护世界和平、促进全球发展的重要力量之一。近年来，非洲在自主可持续发展、联合自强道路上取得了可喜进展，从西方眼中“没有希望的大陆”变成了“充满希望的大陆”，成为“奔跑的雄狮”。非洲各国正在积极探索适合自身国情的发展道路，非洲人民正在为实现《2063 年议程》与和平繁荣的“非洲梦”而努力奋斗。

中国与非洲传统友谊源远流长，中非历来是命运共同体。中国高度重视发展中非关系，2013 年 3 月习近平担任国家主席后首次出访就选择了非洲；2018 年 7 月习近平连任国家主席后首次出访仍然选择了非洲；6 年间，习近平主席先后 4 次踏上非洲大陆，访问坦桑尼亚、南非、塞内加尔等 8 国，向世界表明中国对中非传统友谊倍加珍惜，对非洲和中非关系高度重视。在 2018 年中非合作论坛北京峰会上，习近平主席指出："中非早已结成休戚与共的命运共同体。我们愿同非洲人民心往一处想、劲往一处使，共筑更加紧密的中非命运共同体，为推动构建人类命运共同体树立典范。"在 2021 年中非合作论坛第八届部长级会议上，习近平主席首次提出了"中非友好合作精神"，即"真诚友好、平等相待，互利共赢、共同发展，主持公道、捍卫正义，顺应时势、开放包容"。这是对中非友好合作丰富内涵的高度概括，是中非双方在争取民族独立和国家解放的历史进程中积累的宝贵财富，是中非双方在发展振兴和团结协作的伟大征程上形成的重要风范，体现了友好、平等、共赢、正义的鲜明特征，是新型国际关系的时代标杆。

随着中非合作蓬勃发展，国际社会对中非关系的关注度不断提高，出于对中国在非洲影响力不断上升的担忧，西方国家不时泛起一些肆意抹黑、诋毁中非关系的奇谈怪论，诸如"新殖民主义论""资源争夺论""中国债务陷阱论"等，给中非关系发展带来一定程度的干扰。在此背景下，学术界加强对非洲和中非关系的研究，及时推出相关研究成果，提升中非国际话语权，展示中非务实合作的丰硕成果，客观积极地反映中非关系良好发展的局面，向世界发出中国声音，显得日益紧迫和重要。

以习近平新时代中国特色社会主义思想为指导，中国社会科学院努力建设马克思主义理论阵地，发挥为党和国家决策服务的思想库作用，努力为构建中国特色哲学社会科学学科体系、学术体系、话语体系作出新的更大贡献，不断增强我国哲学社会科学的国际影响力。中国社会科学院西亚非洲研究所是遵照毛泽东主席指示成立的区域性研究机构，长期致力于非洲问题和中非关系研究，基础研究和应用研究并重。

以西亚非洲研究所为主体于 2019 年 4 月成立的中国非洲研究院，是习近平主席在中非合作论坛北京峰会上宣布的加强中非人文交流行动的重要举措。自西亚非洲研究所及至中国非洲研究院成立以来，出版和发表了大量论文、专著和研究报告，为国家决策部门提供了大量咨询报告，在国内外的影响力不断扩大。按照习近平主席致中国非洲研究院成立贺信精神，中国非洲研究院的宗旨是：汇聚中非学术智库资源，深化中非文明互鉴，加强治国理政和发展经验交流，为中非和中非同其他各方的合作集思广益、建言献策，为中非携手推进“一带一路”合作、共同建设面向未来的中非全面战略合作伙伴关系、构筑更加紧密的中非命运共同体提供智力支持和人才支撑。中国非洲研究院有四大功能：一是发挥交流平台作用，密切中非学术交往。办好“非洲讲坛”“中国讲坛”“大使讲坛”，创办“中非文明对话大会”“非洲留学生论坛”“中国非洲研究年会”，运行好“中非治国理政交流机制”“中非可持续发展交流机制”“中非共建‘一带一路’交流机制”。二是发挥研究基地作用，聚焦共建“一带一路”。开展中非合作研究，对中非共同关注的重大问题和热点问题进行跟踪研究，定期发布研究课题及其成果。三是发挥人才高地作用，培养高端专业人才。开展学历学位教育，实施中非学者互访项目，扶持青年学者和培养高端专业人才。四是发挥传播窗口作用，讲好中非友好故事。办好中国非洲研究院微信公众号，办好中英文中国非洲研究院网站，创办多语种《中国非洲学刊》。

为贯彻落实习近平主席的贺信精神，更好汇聚中非学术智库资源，团结非洲学者，引领中国非洲研究队伍提高学术水平和创新能力，推动相关非洲学科融合发展，推出精品力作，同时重视加强学术道德建设，中国非洲研究院面向全国非洲研究学界，坚持立足中国，放眼世界，特设“中国非洲研究院文库”。“中国非洲研究院文库”坚持精品导向，由相关部门领导与专家学者组成的编辑委员会遴选非洲研究及中非关系研究的相关成果，并统一组织出版。文库下设五大系列丛书：“学术著作”系列重在推动学科建设和学科发展，反映非洲发展问题、发展道路及中非合作等某一学科领域的系统性专题研究或国别研究成果；“学术译丛”系列主要把非洲学者以及其他方学者有关非洲问题研究的学术著作翻译成中文出版，特别注重全面反映非洲本土学者的学术水平、学术观点和对自身发展问题的见识；“智库报告”系列以中非关系为研究主线，中非各领域合作、国别双边关系及中国与其他国际角色在非洲的互动关系为支撑，客观、准确、翔实地反映中非合作的现状，为新时代中非关系顺利发展提供对策建议；“研究论丛”系列基于国际格局新变化、中国特色社会主义进入新时代，集结中国专家学者研究非洲政治、经济、安全、社会发展等方面的重大问题和非洲国际关系的创新性学术论文，具有基础性、系统性和标志性研究成果的特点；“年鉴”系列是连续出版的资料性文献，分中英文两种版本，设有“重要文献”“热点聚焦”“专题特稿”“研究综述”“新书选介”“学刊简介”“学术机构”“学术动态”“数据统计”“年度大事”等栏目，系统汇集每年度非洲研究的新观点、新动态、新成果。

期待中国的非洲研究和非洲的中国研究在中国非洲研究院成立新的历史起点上，凝聚国内研究力量，联合非洲各国专家学者，开拓进取，勇于创新，不断推进我国的非洲研究和非洲的中国研究以及中非关系研究，从而更好地服务于中非共建“一带一路”，助力新时代中非友好合作全面深入发展，推动构建更加紧密的中非命运共同体。

中国非洲研究院

序

在南非这个不平等的社会中，中学后教育与培训（post - school education and training）正受到前所未有的关注。2015 年的“学费必须下降”（Fees - must - Fall）运动及其他事例表明，很多年轻人在改善境遇、摆脱贫困方面遇到了严重阻碍。我们在这一领域取得了切实可行的成果，但进展缓慢。在全球范围内，南非仍是青年失业率最高的国家之一，且第三级教育毛入学率仅为 20%。在中学后教育与培训参与度方面，南非远低于全球中低收入国家的平均水平（30%）。此外，南非还面临自种族隔离时期以来的教育机会不平等问题。因此，完善中学后教育领域成为当务之急。

在这一背景下，高等教育与培训部于 2012 年联合人文科学研究理事会、金山大学（University of the Witwatersrand），在“国家技能发展战略”（National Skills Development Strategy）、“中期战略框架”（Medium Term Strategic Framework）等政策支持下研发技能规划机制，又称“劳动力市场信息伙伴”项目。其工作思路是，技能规划应考虑相互关联的四大要素，即技能供给、技能需求、技能失衡以及由经济、人口统计信息、劳动力所构成的环境。其主要目标在于研究、分析技能供给与技能需求，帮助包括政府和企业在内的整个国家更好地规划人力资源开发需求。“劳动力市场信息伙伴”项目涉及六大研究主题：

主题一：构建南非劳动力市场信息系统的基础

主题二：研发技能预测的供需模型

主题三：优先研究部分领域，重点关注就业与增长所需系列技能

主题四：重构中学后教育领域，在差异化的中学后教育领域里促进各要素的互动与对接

主题五：研究从教育与培训到职场的路径，以掌握不同等级、种族、地区、性别、年龄的年轻人的轨迹

主题六：理解变革中的工匠职业环境与身份

本书的出版正值国家发展及解决不平等、低增长问题的关键时期。书中的13个章节总结了第五主题相关研究的一些主要成果，并尝试回答两大问题。第一，为何南非的一些年轻人无法获取某些类型的中学后教育与培训，既未就业，也未接受教育或培训？第二，为何一些年轻人即使完成了某种层次的第三级教育学业，却仍不能就业？在南非这个后种族隔离社会所面临的某些核心挑战中，这两大问题都是其中的关键。

各章撰稿人都是各自领域的专家，他们将自己的研究置于中学后职业、成人、职场、大学教育的背景中。就此而言，本书必将成为评估南非中学后教育与培训的基准。它让我们懂得，中学后教育与培训能够促进构建更加公正、更加平等的南非社会。

南非高等教育与培训部部长、议员

格蕾丝·娜莱迪·潘多尔女士

2018年8月

前　　言

本书中的多数章节为“劳动力市场信息伙伴”项目（Labour Market Intelligence Partnership）研究成果，项目网址：www. lmip. org. za。该项目由南非高等教育与培训部（Department of Higher Education and Training）会同人文科学研究理事会（Human Sciences Research Council）所领导的全国性研究团体合作开展，包含六大主题。本书涉及其中的第五个主题，旨在深入理解年轻人从教育与培训到职场的过渡路径。该主题聚焦以下关键问题：在教育、培训、劳动力市场的各种路径中，入学、求学、毕业、就业去向之间的动态关系如何？相关结论如何促进南非的技能规划？因此，第五主题的研究项目旨在收集、分析以下重要信息：

- 中学后教育与培训的入学情况；
- 从中学到中学后教育的路径；
- 从教育、培训到劳动力市场的过渡。

除本书外，“劳动力市场信息伙伴”项目还形成了多份工作论文和报告。2016 年，学术期刊《南部非洲发展》（*Development Southern Africa*）第 33 卷第 3 期开设主题为“劳动力市场信息伙伴——南非技能挑战的特征与决定因素”的专刊，探讨经济增长、技能发展与劳动力市场的关联。

2016 年 1 月，第五主题研究团队在开普敦举行研讨会，分享研究成果，讨论本书内容。除研究团队外，与会人员还有来自人文科学研究理事会的迈克尔·科塞（Michael Cosser）、欧盟委员会的叶洛斐利·格拉普萨（Erofili Grapsa）、南非国家技能署（National Skills Authority）的塔博·马绍瓜内（Thabo Mashongoane）、人文科学研究理事会的邦吉维·姆万戈（Bongiwe Mncwango），他们的研究成果也收录在本书之中。大家通力合作，乐于为本项目贡献力量，我们对此表示感谢。

最后，我们诚挚感谢人文科学研究理事会的维吉·雷迪（Vijay Reddy）博士、格伦达·克鲁斯（Glenda Kruss）博士对“劳动力市场信息伙伴”项目坚强、智慧的领导。他们不仅对本书及其他子项目做出巨大贡献，更统筹着整个“劳动力市场信息伙伴”项目，并在研究工作的各个阶段提供了宝贵支持与指导。我们也要感谢各位匿名评审，他们提出了富有建设性的意见和建议。

目 录

第二部分　高等教育与劳动力市场

第三部分　技术职业教育与培训学院、职场项目、技能

第一章

南非中学后教育与培训图景：不平等中的“大众化”

迈克尔·罗根（Michael Rogan）

大家对南非的中学后教育与培训寄予厚望。实现民主二十年来，某些领域取得了一定进展，但南非仍然面临许多发展问题。收入不平等加剧，贫困形势依然严峻，约一半人口家境贫寒（Leibbrandt et al. 2010；Stats SA 2014）。当前，官方统计的失业率为 26.7%，而以广义的失业计算则为 34%（Stats SA 2018）。新进加入劳动力大军的人、农村群体尤其是年轻人面临的失业风险最高。南非是年轻人（15—24 岁）失业率最高的国家之一，就狭义和广义的失业而言，失业率分别为 54.2% 和 62.5%①。简而言之，在南非这个后种族隔离社会，劳动力市场上的工作机会仍严重不均。

鉴于这些问题影响广泛、持续性强，且在年轻人中尤为突出，近年来，既未就业，也未接受教育或培训（not in employment, education or training, NEET）的年轻人已受到诸多关注。NEET 这一概念并非南非独有（Elder 2015），而是由相关学者（Cloete 2009；Cloete & Butler - Adam 2012）将其引入南非语境，此后出现频率逐渐增加。这一特殊群体的根本问题在于，他们现在既没有就业，也没有去学习技能以帮助自己在劳动力市场上获得就业机会。此外，在教育与培训的可及性方面，种族排斥政策余波未平，因此，南非年轻人中的这一群体就显得十分重要。在宏观层面，上述问题势必会影响政策制定，即是否能够利用以及如何利用“人口红利”为这一群体赋能，使他们为经济增长做出重大贡献（Drummond et al. 2014）。

除了自身特有的问题，如中学后教育与培训领域的问题（尤其是不同

---

① 作者据 2016 年第三季度《季度劳动力调查报告》（Quarterly Labour Force Survey）计算。

种族享有不同机会的现象）、该领域与劳动力市场的关联、种族隔离制度的影响，南非同其他很多国家一样，经济发展还面临一些结构性挑战。工作性质的转变、全球竞争的加剧、科技在职场的快速普及，这些因素都在重构南非的劳动力市场。很多文献指出，在后种族隔离时期，以上趋势导致低技能、劳动密集型产业收缩，技能密集型工作不断增加（Bhorat 2004；Bhorat et al. 2016）。为了应对这些结构性挑战，很多国家都在推动科学、技术、工程、数学（STEM 学科）领域的研究与教育。毫无疑问，这也是南非的一项重大政策关切。南非主要政策文件《国家发展规划》（National Development Plan）指出，到 2030 年，科学、工程、技术专业的大学招生人数要提升三倍。

在这一背景下，本书的出版正值南非政策发展、中学后教育与培训领域转型与再平衡的关键时期。2009 年，南非成立高等教育与培训部，受命改组相关机构，促进技能发展与经济需求的对接，与此同时，中学后教育如何改造不平等的南非社会，成为一个难点。谁有机会接受中学后教育与培训并从中获益，愈加成为后种族隔离时期的核心议题。

2015 学年，南非公立大学学生发起抗议，要求免除所有学生的高等教育学费（Allais 2017），以上问题到了最为突出、严峻的时刻。截至撰稿时，问题仍未得到解决，但暂不考虑其结果，种族隔离制度结束后二十多年来收入长期极不平等，以及民众获取高质量中学教育、中学后教育、就业的机会极不平等，这两个根本问题可能仍将持续一段时期。

教育与培训机会和劳动力市场相关，在当前增加、再平衡、改革教育与培训机会的背景下，本书中的章节细致分析了南非中学后教育与培训体系的不同组成要素。首先，书中的一些研究结论值得我们重视。第一，截至目前，在南非中学后教育机构的入学、求学、毕业路径方面，数据十分有限。本书中的多数章节收集、分析了研究人员此前无法获取的最新数据。因此，本书在方法论层面做出了许多贡献，相关作者强调，要理解中学后教育与培训如何帮助年轻人获得深造与就业机会，就需要定期收集更加可靠的数据。第二，通过细致的研究工作，本书提出了全新的深刻的见解，揭示了高质量中学教育、中学后教育入学机会方面的不平等问题在南非延续至今的原因。第三，本书中的研究表明，中学后教育与培训系统的不同组成要素之间联系不够密切。很多章节都指出，学习者在中学后教育系统中陷入困境，几乎没有进步的办法，这一状况与中学后教育系统中的各个要素之间缺乏沟通有关。

本章具有导引性质，旨在界定中学后教育与培训的背景，为后文详细的实证研究做好准备。首先，本章分析后种族隔离时代劳动力市场的主要变革，这些变革对教育与培训领域的发展有着直接启示。其次，本章概述既未就业，也未接受教育或培训的群体带来的挑战，这是中学后教育与培训所要解决的问题。再次，本章考察中学后教育与培训系统中各个组成要素的情况。最后，本章分析总结本书的贡献。本章意在将各个章节的研究成果与本章所述的宏观挑战、政策环境关联起来，描绘南非中学后教育与培训领域的图景。

变革中的劳动力市场

过去二十年来，后种族隔离时代的劳动力市场发生了一系列重要的结构性变革。与世界其他地方的形势一样，南非正在经历“技能扭曲”，即中学毕业生与接受过中学后教育的劳动者经济回报增加、未中学毕业的劳动者回报急剧减少。与此同时，劳动力市场的人员转向以技能为本，仅接受过初等教育或不完整中等教育的人基本上集中在日渐萎缩的产业中，具有中学毕业资质或接受过某种层次第三级教育的人则就职于发展更快的产业（Branson & Leibbrandt 2013b）。[①] 此前，南非曾大力提升基础教育参与度，但中等及以下教育程度的回报下降极大削弱了这一成果，因此，南非的技能扭曲现象极具破坏性。此外，缺乏技能的员工在劳动力大军中的数量大幅增加，而一些产业的发展则要求员工具备相关技能，这会影响南非的发展（Banerjee et al. 2008；Branson et al. 2012）。

第三级教育[②]的回报增加（尤见于非洲黑人毕业生群体，见 Branson &

① 在南非，这与采矿、农业领域用工减少，金融、批发零售以及社区、社会、个人服务领域用工增多有关（Banerjee et al. 2008）。

② 在本书中，“第三级教育”（tertiary education）指中等教育后的各种教育形式，而“高等教育”（higher education）特指大学教育，包括传统、综合、科技大学以及一些形式的私立、函授大学（correspondence university）。由于涉及毕业生失业率的讨论，且易混淆大学毕业生和其他毕业生（如完成技术职业教育与培训的学生、获得结业证书或文凭的学生），上述分类在南非文献中十分重要。

Leibbrandt 2013b），而中等教育或初等教育的回报不变（甚至减少），这就在一定程度上加剧了后种族隔离社会中收入不平等的问题。因此，在南非，教育的收入溢价在一个人圆满完成中学学业时最为显著，并随着中学后教育的年份增加而增加（Anderson et al. 2001；Branson et al. 2012；Van Der Berg & Van Broekhuizen 2012）。所以，南非中学后教育的收入回报与就业回报一直较高（Bhorat & Leibbrandt 2001；Branson & Leibbrandt 2013a；Branson et al. 2009b；Keswell & Poswell 2004；Oosthuizen 2005；Van Der Berg & Van Broekhuizen 2012），甚至可能随着时间的推移而增加（Branson et al. 2009a；Cloete 2009）。

在现实中，这意味着具备一定资质和市场所需技能的人可以因教育与培训而增收，技能不足者在劳动力市场上的前景则会恶化。例如，过去十年，对拥有技能的员工而言，其实际工资有所提高；而对只接受过中等及以下教育的人而言，失业率在不断攀升（Banerjee et al. 2008）。因此，在解决技能发展与失业问题上，中学后教育与培训的作用变得日益重要。

既未就业也未接受教育或培训的群体

在后种族隔离时期，教育与劳动力市场的关系中有一个矛盾，即中学后教育各类投资的资金回报不断增加，但第三级教育的参与度却一直较低。确实，从全球范围看，南非在第三级教育的整体参与度方面落在后面，仅排在南亚、西亚少数国家以及撒哈拉以南非洲地区邻国前面（Steyn 2009）。如前所述，测算第三级教育参与度的方法之一是统计 16—24 岁既未就业也未接受教育或培训的年轻人数量。在南非，15—24 岁群体中约三分之一的人、23—24 岁群体中高达 50.7%的人属于这一群体（Cloete 2009；Stats SA 2018）。此外，该群体中的很多人本可以，但并未接受某种形式的中学后教育，这一情况说明，想要接受第三级教育的人仍面临很多障碍（Sheppard & Cloete 2009；Stumpf et al. 2009）。

南非统计局是我们考察既未就业也未接受教育或培训群体的一个数据来源，该局现已在其《季度劳动力调查报告》中加入这项指标，并公开发布数据。图 1.1 显示了 2016 年第三季度《季度劳动力调查报告》中的一

组估算数据。主要结果为，20—29 岁群体中近半数的人既未就业也未接受教育或培训。在 25—29 岁群体中，很多人已经完成教育与培训，所受影响也最为明显。在南非，该年龄段中约 49% 的人（约 250 万人）既未就业也未接受任何形式的教育或培训。30—34 岁群体的情况有所缓和，但该年龄段也有 42% 的人既未就业也未接受教育或培训。很多年轻人既没有进入劳动力市场，也没有参与技能发展项目，在这一背景下，越来越多的人开始关注中学后教育与培训的作用。

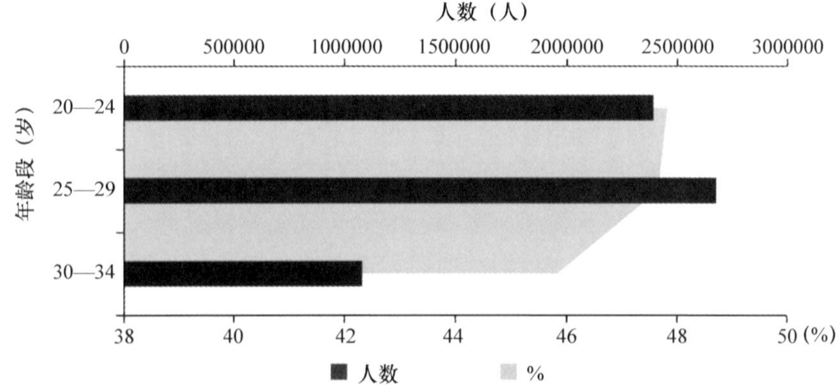

图 1.1　2016 年既未就业，也未接受教育或培训群体的数量和比例（按年龄段划分）

资料来源：作者据南非统计局 2016 年第三季度《季度劳动力调查报告》计算。

在南非，这一问题还有其特殊之处，即获取就业机会的模式仍然受制于过去种族主义所造成的长期不平等。在所有三个年龄段中（图 1.2），非洲黑人既未就业，也未接受教育或培训的风险最高。在风险最高的年龄段（25—29 岁），52% 的非洲黑人属于这一群体，而白人只有 19%。在 30—34 岁的年龄段，各群体的数据有一定程度收敛，然而，非洲黑人仍是白人的两倍多。在获取就业、教育、培训的机会方面，这些显著差异为中学后教育与培训所要解决的转型性挑战指明了方向。

在一项按最高教育程度划分的既未就业也未接受教育或培训状态的统计中，同样可以看出这一挑战的严峻性（图 1.3）。在 20—34 岁没有受过教育的群体中，四分之三的人既未就业，也未接受教育或培训，但随着教

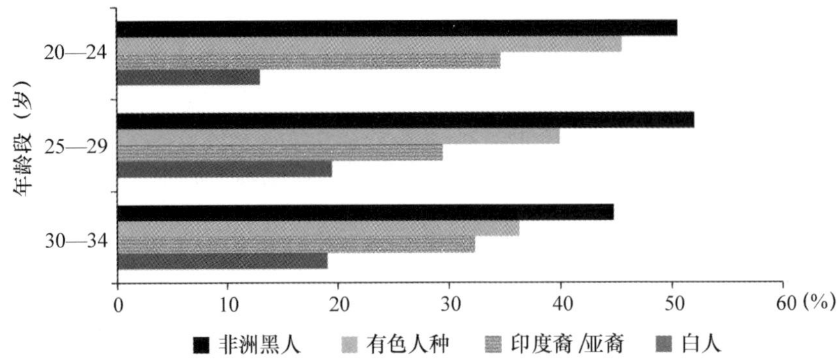

图 1.2　2016 年既未就业也未接受教育或培训群体的比例（按种族和年龄段划分）

资料来源：作者据南非统计局 2016 年第三季度《季度劳动力调查报告》计算。

育程度的提升，情况逐步缓和。例如，至少受过初等教育的人中，60% 的人既未就业也未接受教育或培训。但我们更感兴趣的可能是圆满完成中等教育的人、接受过某种形式第三级教育的人。在 20—34 岁圆满完成中学学业的群体中，高达 40% 的人目前未就业或接受教育培训。其中的关键问题在于，他们为什么没有继续接受教育和培训？

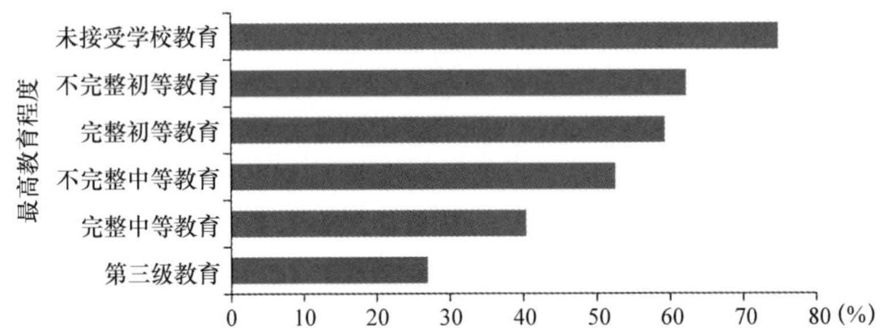

图 1.3　2016 年既未就业、也未接受教育或培训状态（按最高教育程度划分）

资料来源：作者据南非统计局 2016 年第三季度《季度劳动力调查报告》计算。

在接受过某种形式第三级教育的人中，超过 25% 的人目前仍既未就业也未接受教育或培训。这个群体的问题在于，为什么其所受教育未帮助他们就业？从技能规划的角度看，考察这一群体的教育情况（图中未显示）

也很重要。在20—34岁年龄段，既未就业也未接受教育或培训的人中有约30%最高教育程度是中学毕业，约50%仅有中等教育背景（据作者计算）。这意味着，在南非600多万既未就业也未接受教育或培训的人中（图1.1），仅有约6%的人接受过某种形式的第三级教育或培训。一旦将这些数字考虑在内，中学后教育与培训所面临的严峻挑战就十分清晰了。粗略来看，500多万既未就业也未接受教育或培训的人尚未取得中学后教育资质，因此，他们是中学后教育与培训系统中至少一种教育的潜在招生对象。

南非中学后教育与培训图景

后种族隔离时代的第三级教育正在法律、行政、政策层面经历一系列影响深远的变革，整个中学后教育机构也面临重大重组。南非第三级教育入学率低，其中有一个系统性的问题，即很多年轻人无法负担大学教育的学费，而职业、成人教育与培训的组成要素较弱、呈碎片化态势（Allais 2017；Stumpf et al. 2009）。有些问题显然说明，中学后教育与培训系统内部失衡。且不论广大年轻人尤其是18—24岁群体对继续教育与培训的需求得不到满足，接受第三级教育的群体中仅有30%的人就读于职业教育机构（Stumpf et al. 2009）。因此，相比其他国家，南非的职业教育参与度相对偏低。

在讨论南非中学后教育与培训领域的规模之前，我们先来通过《中学后教育与培训白皮书》（*White Paper for Post－School Education and Training*，以下简称《白皮书》）和《国家发展规划》看看目前的情形。显而易见，这些政策文件表明，政府的主要目标就是实现中学后教育的“大众化”。例如，《白皮书》计划，到2030年，将中学后教育与培训领域的入学人数增至560万。这意味着要在2015—2030年将整体入学率提升约150%。《白皮书》明确表示，其中比重最大的一块是广义上的职业教育，将扩大技术职业教育与培训学院招生规模，设立社区教育与培训学院，后一项工作现在已经启动。之所以聚焦这项工作，是因为南非的中学后教育与培训系统一直由大学教育占主导地位以致失衡。就此而言，《白皮书》和《国家发展规划》都致力于促进中级技能的供给，扩大中学后教育与培训系统所培养的工匠规模。这种再平衡的举措将使南非的中学后教育系统更加贴近国际规范，而最为重要的是，这将使亟待强化和重塑的职业教育系统获得新生。

鉴于南非的基础教育系统长期以来存在显著问题，政府新政的另一个显著目标是将未能圆满完成中学学业的人纳入考虑。《白皮书》明确指出，成人教育的失败体现在两个方面，一是未能向求学者提供“第二次机会”使他们完成基础教育学业，二是未能向成年求学者教授劳动力市场所需技能。《白皮书》表示，中学后教育与培训旨在服务完成中学学业的人，以及未完成中学学业或未接受任何教育的人。显然，这一问题未来需要精心研究，但目前相关数据极少。

中学后教育与培训招生近况

在这一部分，我们考察中学后教育与培训系统的一些特征，通过招生和劳动力数据分析一下主要模式与趋势。如前所述，参照国际标准，南非的大学招生规模相对庞大，大学生人数与技术职业教育和培训领域的学生人数相比极不协调（Allais 2017；Paterson 2016）。这也是《白皮书》将做强做大技术职业教育与培训视为“重中之重”的一个原因。最新一期《季度劳动力调查报告》的数据分析清晰反映了中学后教育与培训系统的这种失衡状态（表 1.1）。在中学后教育与培训机构（包括公立与私立机构）目前的所有学生中[①]，超过一半（53.4%）的人就读于高等教育机构（即传统、综合大学及科技大学）。仅有约四分之一的人就读于公立的技术职业教育与培训学院，约 18% 的人就读于其他学院。这里所说的“其他学院”基本上包括提供护士、农业、警察及其他领域培训的公立、私立机构。既未就业也未接受教育或培训的群体比例偏高、失业率偏高、基础教育长期面临挑战，在这样的背景下，成人基础教育与培训学院的招生比例极低（仅占中学后教育与培训招生总数的 3%）。但总体来看，表 1.1 所反映的主要情况是，高等教育仍在中学后教育与培训系统中占主导地位。

① 就中学后教育与培训的整体招生情况而言，按年龄段细分并不影响结论。

表 1.1　　2016 年中学后教育与培训招生情况

机构类型	20—34 岁		工作年龄	
	数量（加权）	百分比	数量（加权）	百分比
技术职业教育与培训学院	352555	27.4	439920	25.8
其他学院	232648	18.1	304941	17.9
高等教育机构	667237	51.8	910487	53.4
成人基础教育与培训学院	36067	2.8	49053	2.9
总计	1288507	100.0	1704400	100.0

资料来源：作者根据南非统计局 2016 年第三季度《季度劳动力调查报告》计算。

官方招生数据（表 1.2）与《季度劳动力调查报告》的数据相似，不过更加详细。这份出自行政机构的数据反映了中学后教育与培训领域一个逐渐显现的重要变化。2010 年，高等教育招生人数约 89 万（包括公立的综合、传统大学及科技大学），占中学后教育与培训招生总数的 50% 以上。但到 2015 年，公立的技术职业教育与培训学院招生人数是 2010 年的两倍多，达到约 74 万。这一数字的快速增长导致 2015 年大学招生人数只占中学后教育与培训招生总数的不到一半。但教育资助工作没有跟上这一步伐。2013 年，受南非“国家学生资助计划”（National Student Financial Aid Scheme）资助的公立技术职业教育与培训学院学生人数首次超过大学学生人数（DHET 2017）①。除了这些教育机构数据之外②，高等教育与培训部（DHET 2017）表示，2015 年，约 231097 人参加了各个行业教育与培训局举办的学习项目（形式包括现代学徒制、实习、技能项目），而 2010 年参加人数为 13 万。从公立成人教育中心到社区教育与培训学院的转变意味着，我们更难分析成人教育的发展趋势。但就《白皮书》的目标而言，这也正是未来需要研究的关键领域。

① 但是，“国家学生资助计划”发放给技术职业教育与培训学院学生的款项总额仍然偏低。例如，2015 年，面向 17.9 万大学学生发放了 72 亿兰特（南非货币，约合 29.4 亿元人民币），而面向 23.6 万技术职业教育与培训学院学生仅发放了 21 亿兰特（约合 8.6 亿元人民币）。

② 这些教育机构层面的数据不能与 2016 年第三季度《季度劳动力调查报告》估算的数据进行直接比较。需要特别指出的是，社区教育与培训学院（官方数据）和“其他学院”（《季度劳动力调查报告》）之间可能存在严重的数据重叠。很多学院（包括护士、警察、农业学院）由公立（有时甚至包括地方政府）和私立实体联合管理，很难从现有数据来源掌握这一领域的准确信息。

表 1.2　**高等教育管理信息系统 2010 年和 2015 年教育机构招生人数变化情况**

机构类型	2010	2015
公立技术职业教育与培训学院	358393	737880 [a]
私立继续教育与培训学院	4688	88203
公立高等教育机构	892936	985212
私立高等教育机构	90767	147210
成人基础教育与培训学院	297491	—
社区教育与培训学院	297634 [b]	283602

资料来源：高等教育与培训部（DHET 2013；DHET 2017）。

注：a. 尽管人数飙升，但《白皮书》计划到 2015 年使公立技术职业教育与培训学院招生人数达到 100 万，目前与该目标还有一定差距。

b. 由于 2010 年高等教育与培训部没有统计这一指标，该数字为 2011 年数据。

数据表明，尽管大学教育仍在中学后教育与培训领域占主导地位，但天平正逐渐向职业教育与培训倾斜。但总体来看，20—34 岁群体中约有 600 万人既未就业也未接受教育或培训，而当前中学后教育与培训规模相对较小（220 万人就读于公立的中学后教育与培训机构），这两者之间仍然存在巨大落差。同时，政策计划到 2015 年使技术职业教育与培训学院招生人数达到 100 万，这显然又是一个差距。

最后，技术职业教育与培训学院所招学生不属于新近实施的国家职业证书（National Certificate Vocational）项目（见本书第十章），而是参与国家认证技术教育文凭（National Accredited Technical Education Diploma）1—6 级项目（图 1.4）。参与这些项目的学生人数从 2010 年的约 17 万人增加至 2015 年的约 52 万人。因此，表 1.2 中人数上升的主要原因是国家认证技术教育文凭项目的发展。鉴于这一项目计划到 2030 年实现人数增加三倍多，考察职业教育的各个组成要素以及要素之间的互补关系将是一项重要工作。为此，本书有三个章节从不同视角详细分析了职业教育的不同组成要素（包括各个行业教育与培训局举办的工作本位学习项目）。

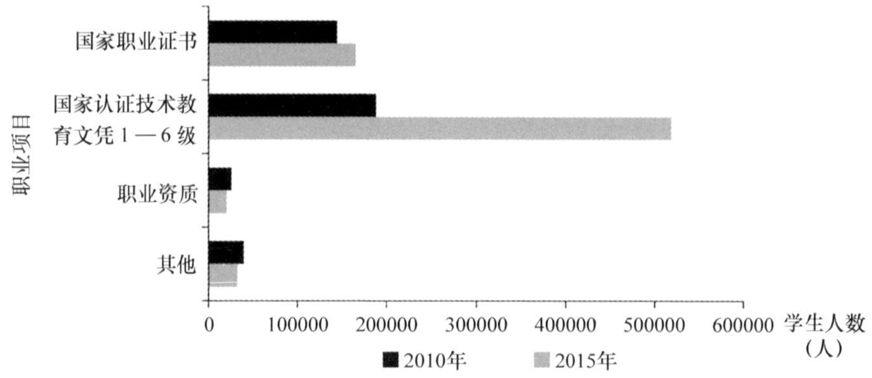

图 1.4　2010 年和 2015 年技术职业教育与培训学院参与职业项目的学生人数

资料来源：高等教育与培训部（DHET 2017）。

南非中学后教育与培训系统分析

多样化、多层次中学后教育与培训领域的转型是解决南非高失业率、极不平等状况的关键一步。这一领域十分重要，但个人如何在各式各样的高等教育、职业培训和劳动力市场之间实现自身转型，我们对此知之甚少。为了解决这一问题，本书收录了一批最新的实证文章，它们以政策为导向，研究中学后教育与培训领域的各种入学机会如何帮助年轻人进入劳动力市场。因此，本书中的章节强调数据驱动、证据驱动，首次就南非中学后教育与培训系统的主要特征提出了很多深刻见解。

本书中的章节在两大方面做出了贡献。第一，各个章节均在其独特的方法论基础上分析了中学教育或中学后教育的路径与成果。要测算高等教育与培训的入学机会、在校发展等指标本就比较困难，因此，本书中的研究原创性地融合了毕业生去向/跟踪调查、个性化行政机构数据集、纵向调查、毕业离校调查、态度调查、探索性研究。这些方法的价值和创新性在全书中均有体现，为研究南非的中学教育及中学后教育提供了新的视角。

第二，各个章节都关照同一个主题，即与成功的教育或劳动力市场发展路径相关的因素。就平等性而言，在南非的高等教育领域，在讨论后种族隔离时期长期存在的极度不平等问题时，谁能获取机会是当今语境中的核心议题。哪些因素与帮助年轻人成功进入劳动力市场相关，它们就是经济发展所需技能的重要指标。同时，阻碍年轻人习得相关技能的壁垒也是亟待研究的重点问题。

本书结构

本书中的章节分别探讨了中学教育、职业与成人教育、高等教育、职场技能项目、传统学徒制的获取机会与路径。除了这些贡献，本书还提出了解决中学后教育领域相关统计数据短缺问题的重要方法。本书利用此前研究不曾用过的全国性教育机构的数据源，分析了南非中学后教育领域的特征与发展情况，提出了全新的深刻见解。

本书中的章节分为三个部分。第一部分包括四篇文章，分析了从中学教育到中学后教育与培训第一学年的转变、从中学教育到高等教育和职业教育的转变，以及成人教育与培训。第二部分聚焦高等教育与劳动力市场。该部分的三篇文章是研究毕业生去向的原创性成果，分别关注求学选择与就业之间的关系、毕业生去向研究的信度、大学毕业生的职业期待。第三部分考察与技术职业教育与培训、各种形式的工作本位培训相关的就业去向。最后一篇实证文章从宏观视角分析南非的第三级教育资质与相关就业情况有何关联等问题。

中学后教育与培训研究的新贡献

本书第一部分首先分析了学习者在后义务教育阶段的不同转型模式以及不同模式下年轻人的特征。在第二章，凯瑟琳·伊斯代尔（Kathryn Isdale）、维吉·雷迪（Vijay Reddy）、洛利塔·温纳尔（Lolita Winnaar）使用“南非青年小组研究”（South Africa Youth Panel Study）这一独特的纵向数据集，研究学生在后义务教育阶段在中学中的发展轨迹，从而完善政策制定，帮助年轻人实现教育转型、进入中学后教育和劳动力市场。研究历时五年，跟踪调查了一组学生在中学和中学毕业后一年间的学习情况。研究表明，很多年轻人在教育系统中陷入困境，学生在中学阶段以及进入中学后教育、劳动力市场的过程中进展不畅，这种情况可能是当代南非的一种常态。更为棘手的是，研究表明，即使将没有在中等教育阶段陷入困境的人考虑在内，也仅有少数学生接受了某种形式的中学后教育。一般认为，年轻人失业率高的原因是未能达到毕业要求、未能习得相关技能而辍学。作者的结论是，这种观点在很多年轻人身上并不成立。这给我们的启示是，中学毕业资质与劳动力市场、中学后教育的现实情况之间可能存在严重错位。

在第三章，妮古拉·布兰森（Nicola Branson）、埃米·卡恩（Amy Kahn）进行了更为详细的研究，分析了南非首个全国家庭户小组调查，即“国家收入动态研究”（National Income Dynamics Study）。她们区分了能够实现和不能实现从中学到中学后教育成功转型的学生群体，与第二章互为补充。本章考察了南非第三级教育的低入学率问题，讨论了可能导致南非技术职业教育与培训学院入学率相对偏低的需求侧因素。该研究充分发掘了国家收入动态研究的丰富数据，探索了资金壁垒、过往学业表现以及一系列人口、空间、社会经济因素对于年轻人入读技术职业教育与培训学院的重要性。

在第四章，佩利维·洛瓦纳（Peliwe Lolwana）详细分析了成人教育与培训，这是一个常常被人遗忘的领域。在政府大力发展新型机制化成人教育之际，作者一针见血地指出，当前的成人教育机构及项目在中学后教育系统中犹如孤岛。她列举了成人教育转型“前夕”的诸多形式和结构问题。本章分析了一项针对成人教育毕业生的最新跟踪研究，其中包括成人教育参与者背景、所学专业、毕业去向等情况。

第五章关注中学与高等教育的衔接。亨德里克·范布鲁克赫伊曾（Hendrik van Broekhuizen）、塞尔瓦·范德伯格（Servaas van der Berg）、海伦·霍夫迈尔（Heleen Hofmeyr）研究了学业表现对高等教育路径的影响，以及教育背景、资金和其他制约因素对大学入学机会、学生在校发展的影响。作者结合高等教育管理信息系统和中学毕业数据创建了独特的数据源，分析指出，受教育机构、学业表现、社会经济地位及其他重要因素的影响，学生在大学入学机会、在校发展方面情况各有不同。本章对南非高等教育入学机会影响因素的讨论是迄今为止最为详尽的。

在此基础上，本书第二部分展示了三项研究的成果，每项研究都调查了南非高等教育机构近年毕业生或在校生。在第六章，迈克尔·罗根（Michael Rogan）梳理了发达国家研究学业选择与劳动力市场就业匹配之间关系的诸多文献。作者对南非东开普省（Eastern Cape）两所大学的毕业生开展了原创性跟踪研究，通过多种方法分析了大学毕业生的工作岗位与其在校所获资质是否相关。有些毕业生的工作领域或职业与所学并不相关，本章就此考察了学业选择与这一情况的关系。本章的一大发现在于，对有些毕业生而言，中学教育质量较低这一因素似乎会影响他们求职。简而言之，中等及以下教育的问题使得中学后教育系统中某些领域的不平等持续加剧，在做大高等教育的同时，这些制约因素也亟待关注。

迈克尔·科塞（Michael Cosser）在第七章中为南非高等教育的研究做出了独特贡献。他基于对不平等社会中学生就业预期形成机制的兴趣，创新了毕业生去向研究的一般方法，调查了学生对于进入不同职业的打算。他对学生的选择行为进行了为期四年的跟踪研究，考察了2005届中学毕业生对大学毕业后的设想，并于2006年（针对当年入读高等教育机构的学生）和2008年再次调查了这一群体的职业期待。基于调查对象对自身职业选择影响因素的认知，该研究还区分了不同社会经济背景的学生群体。本章向我们揭示了期望的重要性以及贫困、不平等循环往复的原因。

第二部分的第三篇文章是关于方法论的讨论。全球各地都在毕业生去向研究的基础上进行高等教育规划，在南非，仅有少数此类研究（包括本书中的几项研究）调查了大学生的毕业发展路径。这一研究对观测劳动力市场指标十分重要，大家也比较关注，但很多文献指出，通过毕业生去向研究来考察就业仍有很多局限。在第八章，妮古拉·布兰森、默里·莱布兰特分析了南非西开普省（Western Cape）毕业生追踪研究和开普敦大学（University of Cape Town）毕业生离校调查的数据，以评估这些数据在分析南非劳动力市场方面的可行性。这是截至目前在南非开展的同类调查中最大的一项。分析结果显示，该调查果然存在一些偏差。未来在考察中学后教育与培训项目的成果前，要在研究设计中仔细考虑这些问题。

本书第三部分分析中学后职业教育的发展路径以及第三级教育资质与就业的对接情况。在第九章，乔伊·帕皮尔（Joy Papier）、莱斯利·鲍威尔（Lesley Powell）、蒂莫西·麦克布赖德（Timothy McBride）、谢默斯·尼达姆（Seamus Needham）分析了技术职业教育与培训领域。作者以原创性跟踪研究为基础，分析了公立技术职业教育与培训学院国家认证技术教

育文凭项目近年毕业生的发展路径。这些学生的背景千差万别，该研究聚焦学生的入学前经历、在校情况、毕业去向。换言之，本章反映了该领域特有的一些非线性发展与过渡路径，探讨了国家认证技术教育文凭资质与成功就业、深造之间的关系，涵盖公立技术职业教育与培训系统全部50所学院的情况。

在第十章，塔博·马绍瓜内（Thabo Mashongoane）聚焦技术职业教育与培训学院国家职业证书项目工程类专业4级项目毕业生这一特定群体，考察该项目与高等教育、劳动力市场的关系。该调查跟踪了南非西北省（North West）3所学院前4届毕业生（2009—2012届），涉及两个目标：第一，考察技术职业教育与培训领域这一最新的工程类专业资质与高等教育机构中相关项目的关联；第二，考察国家职业证书对就业和职业生涯的影响。该研究以独特视角分析了技术职业教育与培训学院在整个中学后教育领域的定位及其与劳动力市场的关系。鉴于国家职业证书项目刚刚起步，还存在一些问题，本章最后指出，应将这些项目放在全球背景下、结合南非职业教育快速发展的目标加以考察。

在第十一章，安热莉克·维尔德舒特（Angelique Wildschut）、格伦达·克鲁斯（Glenda Kruss）强调，公立机构只是中学后培训的一个部分，在分析中学后培训时，大家常常忽视了工作本位培训项目。的确，全国性数据集中鲜有职场项目的参与人数、结业人数、完成情况以及从项目到就业的变迁情况。本章分析了现代学徒制（learnership）、传统学徒制（apprenticeship）、实习项目的行政机构数据集，以及对于这些项目近年结业人员的跟踪调查。作者研究了职场学习项目参与情况的主要趋势，考察了这一独特领域的发展机制，以及以上三种项目对于解决或加剧中学后教育与培训系统当前不平等问题所起的作用。

最后，第十二章从宏观视角考察了南非劳动力市场上普遍存在的工作不匹配情况及其决定因素，是对前面章节毕业生去向研究的重要补充。叶洛斐利·格拉普萨（Erofili Grapsa）、邦吉维·姆万戈（Bongiwe Mncwango）、迈克尔·罗根（Michael Rogan）分析了2013年“南非社会态度调查”（South African Social Attitude Survey）中的“工作态度”模块。在这一新型数据源的支持下，作者考察了劳动力市场上资质过剩、资质不足的系列指标及其和第三级教育与培训的关系。本章特别指出，多数员工的第三级教育或培训背景与其现在从事的职业之间匹配度不高。就转变中学后教育与培训领域的职能以应对技能短缺、解决南非就业机会严重不平等问题而言，这一论断有其重要启示。

结语

在南非中学后教育与培训领域的研究方面，本书是迄今为止最为详尽的。过去，不同种族享有不同机会；今天，贫困和弱势群体的存在仍在助长这种情况。在后种族隔离时代收入不平等现象极为严重、持续加剧的背景下，中学后教育应在帮助年轻人打破贫困和弱势代际传递方面发挥更大作用。在政府持续推动中学后教育快速发展之际，本书中的研究就显得十分重要，有助于我们掌握当前中学后教育与培训领域的主要特征，了解年轻人在各种教育机构入学、求学、毕业方面的发展路径。

大家现在愈发认识到，在极不平等的社会中，收入分配并非决定社会流动性的唯一因素。为民众提高收入提供途径（Ray 2006）在维护社会稳定性、公正性方面发挥着重要作用。为了实现这一目标，需要认真审视中学后教育与培训系统，它能够帮助年轻人实现向上流动。本书中的很多章节都指出，中学后教育与培训系统中的一些不平等问题亟待解决。当前，该系统的发展极不均衡，并非每种教育都具备扩招的基础。如果说中学后教育领域现在的扩招是为了给下一代中学毕业生提供重要机遇，那么，必须在大众化进程中大力强化、重构这一领域。

参考文献

Allais S（2017）Towards measuring the economic value of higher education：Lessons fromSouth Africa. *Comparative Education* 53（1）：147 – 163.

Anderson K，Case A & Lam D（2001）Causes and consequences of schooling outcomes inSouth Africa：Evidence from survey data. *Social Dynamics* 27（1）：37 – 59.

Banerjee A，Galiani S，Levinsohn J，McLaren Z & Woolard I（2008）Why has unemployment risen in the new South Africa? *Economics of Transition* 16

(4): 715 –740.

Bhorat H (2004) Labour market challenges in the post – apartheidSouth Africa. *South African Journal of Economics* 72 (5): 940 –977.

Bhorat H, Cassim A & Tseng D (2016) Higher education, employment and economic growth: Exploring the interactions. *Development Southern Africa* 33 (3): 312 –327.

Bhorat H & Leibbrandt M (2001) Modelling vulnerability and low earnings in the South African labour market. In H Bhorat, M Leibbrandt, M Maziya, S Van Der Berg & I Woolard (Eds) *Fighting poverty: Labour markets and inequality in South Africa*. Cape Town: UCT Press.

Branson N, Garlick J, Lam D & Leibbrandt M (2012) *Education and inequality: The South African case*. Southern Africa Labour and Development Research Unit (SALDRU) Working Paper No. 75. Cape Town: SALDRU. .

Branson N & Leibbrandt M (2013a) *Education quality and labour market outcomes in South Africa*. OECD Economics Department Working Paper No. 1021. Paris: OECD.

Branson N & Leibbrandt M (2013b) *Educational attainment and labour market outcomes in South Africa*. OECD Economics Department Working Paper No. 1022. Paris: OECD.

Branson N, Leibbrandt M & Zuze T (2009a) Chapter 3: What are the returns of tertiary education and who benefits? In N Cloete (Ed.) *Responding to the Educational needs of post – school youth: Determining the scope of the problem and developing a capacity – building model*. Cape Town: CHET (Centre for Higher Education Transformation).

Branson N, Leibbrandt M & Zuze T (2009b) *The demand for tertiary education in South Africa*. CHET Report. Cape Town: CHET.

Cloete N (2009) Chapter 1: Synthesis. InN Cloete (Ed.) *Responding to the educational needs of post – school youth: Determining the scope of the problem and developing a capacity – building model*. Cape Town: CHET.

Cloete N & Butler – Adam J (2012) Introduction. In H Perold, N Cloete & J Papier (Eds) *Shaping the future of South Africa's youth: Rethinking post – school education and skills training*. Cape Town: African Minds for the

CHET, SALDRU and FETI.

DHET (Department of Higher Education and Training) (2013) *Statistics on post – school education and training in South Africa*: 2010. Pretoria: DHET.

DHET (Department of Higher Education and Training) (2017) *Statistics on post – school education and training in South Africa*, 2015. Pretoria: DHET.

Drummond P, Thakoor V & Yu S (2014) *Africa rising: Harnessing the demographic dividend*. IMF Working Paper No. 14/143. Washington DC: International Monetary Fund.

Elder S (2015) *What does NEETs mean and why is the concept so easily misinterpreted*? Youth Employment Programme Technical Brief No. 1. Geneva: International Labour Office.

Keswell M & Poswell L (2004) Returns to education inSouth Africa: A retrospective sensitivity analysis of the available evidence. *South African Journal of Economics* 72 (4): 834 – 860.

Leibbrandt M, Woolard I, Finn A & Argent J (2010) *Trends in South African income distribution and poverty since the fall of apartheid*. OECD Social, Employment and Migration Working Paper No. 101. Paris: OECD.

Oosthuizen M (2005) *The post – apartheid labour market*: 1995 – 2004. Development Policy Research Unit, University of Cape Town.

Paterson A (2016) Perspectives on programmes, projects and policies in the TVET colleges. In A Kraak, A Paterson & K Boka (Eds) *Change management in TVET colleges: Lessons learnt from the field of practice*. Cape Town: African Minds and JET Education Services.

Ray D (2006) Aspirations, poverty, and economic change. In A Banerjee, R Bénabou & D Mookherjee (Eds) *Understanding poverty*. Oxford: Oxford University Press.

Sheppard C & Cloete N (2009) Scoping the need for post – school education. InN Cloete (Ed.) *Responding to the educational needs of post – school youth: Determining the scope of the problem and developing a capacity – building model*. Cape Town: CHET.

Stats SA (Statistics South Africa) (2014) *Poverty trends in South Africa: An examination of absolute poverty between* 2006 *and* 2011. Report No. 03 – 10 –

06. Pretoria：Stats SA.

Stats SA（Statistics South Africa）（2018）*Statistical release P0211*. Pretoria：Stats SA.

Steyn A（2009）*Measuring student participation in the higher education sector in South Africa*. Institutional Research and Planning Division Report. Stellenbosch University.

Stumpf R, Papier J, Needham S & Nel H（2009）Chapter 4：Increasing educational opportunities for post NQF level 4 learners in South Africa through the FET college sector. In N Cloete（Ed.）*Responding to the educational needs of post－school youth：Determining the scope of the problem and developing a capacity－building model*. Cape Town：CHET.

Van Der Berg S & Van Broekhuizen H（2012）*Graduate unemployment in South Africa：A much exaggerated problem*. Centre for Development and Enterprise, Stellenbosch University.

第一部分

中学教育、过渡、
第三级教育与培训

第二章

年轻人的成年早期过渡期：南非青年小组研究五年调查

凯瑟琳·伊斯代尔(Kathryn Isdale)
维吉·雷迪(Vijay Reddy)
洛利塔·温纳尔(Lolita Winnaar)

很多文献指出，教育对成年早期过渡期（early adult transition）的作用十分重要。一项最新研究（Reddy et al. 2016a）显示，南非 60% 的失业群体没有取得 12 年级（中学毕业）资质，绝大多数未就业群体是年轻人。研究表明，教育质量较低，导致 1 年级至 12 年级升级率较低（Branson et al. 2012；Isdale et al. 2016；Reddy et al. 2016a），也导致高等教育参与度较低（Cloete 2004）。除了这些问题，中学毕业后的去向选择有限，无法满足学生需求（Cloete 2009；Cosser & Du Toit 2002；Pillay 2004）。因此，研究教育转型的壁垒和瓶颈是南非目前在社会政策领域面临的最为突出的挑战之一。

本章在研究年轻人过渡期方面使用独特的教育转型数据源——南非青年小组研究。这一纵向研究选取一批 9 年级学生，从 2011 年至 2015 年连续五年进行跟踪调查，仔细分析了不同学生在后义务教育阶段的发展路径，在成年早期过渡期问题上提出了深刻见解。因此，我们不仅能够跟踪学生在中学阶段的发展，本章还在观测其毕业去向方面做出了巨大贡献。

本章在此前一项研究（Isdale 2016）的基础上考察了教育与劳动力市场的四种发展路径。第一种是顺畅型，即学生在校期间逐年升级；第二种是蹒跚型，即学生有一定程度的升级，但至少经历过一次留级或入读继续教育与培训学院，或学生于调查的第四年复学但至少有一年时间未就学（换言之，学生可能就业，也可能既未就业也未接受教育或培训）；第三种是困陷型，即学生于调查期间均在校就读，但在 9 年级或 10 年级就读三年或更久；第四种是停学型，即学生于调查的前三年内辍学，其后也未复学。本章研究以上路径及其决定因素，旨在更加深入地理解其中学生升学遇到的瓶颈及其原因。

本章结构如下：首先概述南非成年早期过渡期问题的时代背景，其次梳理青年小组研究数据、总结调查期间第五年内教育或劳动力市场的主要活动；在数据分析方面，首先阐述五年间年轻人的过渡情况，随后比较调查对象的主要发展路径，最后基于多项逻辑回归（multinomial logit regression）[①] 方法预测调查对象在中学后教育与培训领域及劳动力市场的去向；最后总结研究结果，并简要探讨其对政策的启示。

南非语境中的成年早期过渡期

在南非，完成全部中学学业、达到中学毕业资质的学生人数较少，这是大学毕业人数较少的主要原因（Branson et al. 2012；Reddy et al. 2016a；本书第五章）。在接受了小学教育的群体中，仅有约 60% 的人能够一直读到中学最后一年、参加毕业所需的国家高级证书（National Senior Certificate）考试（见本书第五章）。此外，劳动力市场尤其是服务业对于更高级别技能、相关教育资质的需求持续增加（Banerjee et al. 2009；World Bank 2017），不具备相关资质的年轻人在劳动力市场上面临着巨大压力和长期失业的风险。

取得 12 年级毕业资质将提升正式聘用（Bhorat & Kimani 2017）、稳定就业（Ranchod 2013）的机会，具备中学后教育资质的人则拥有更多机会。相关文献表明，就教育的回报而言，具备中学后教育资质（Lam et al. 2014）、大学学位（Hofmeyr et al. 2013）的人，其平均收入远高于仅具备国家高级证书者的收入。因此，深入研究从中学教育的最后阶段到“顺畅型”路径之间的过渡期，是当代南非政策制定工作中最为关键的问题之一。

---

① 一种统计方法，在此用于反映个人、家庭、学校层面的主要特征以及学生过渡类型之间的显著关联。

数据与方法

本章中的数据来自南非青年小组研究的五年调查。2011 年，取样群体于 9 年级时参加了国际数学和科学趋势研究（Trends in International Mathematics and Science Study）（该调查详情见 Mullis，Martin，Foy & Arora 2012），以确保基准样本来自全国有代表性的学校和学生，且基准样本包含经国际上认可的方法获取的数学和科学学业表现数据。在此基础上，我们于 2012—2015 年每年收集了调查对象的数据，加上 2011 年共计五组数据，涉及调查对象的活动模式、家庭背景、学校特征。

本章的核心目标是考察年轻人求学、求职过程中的活动及过渡。因此，我们主要聚焦调查的第五年与求学、求职有关的活动。表 2.1 反映了南非青年小组研究最后两组数据中年轻人的主要活动。与本书中的其他数据一致，该研究中的样本在中学后期的就读率仍然很高，在第四年（2014 年）仍有 92% 的学生在校就读。

表 2.1　**南非青年小组研究样本第四年、第五年主要活动**　（%）

主要活动	第四年（2014 年）	第五年（2015 年）
就读于中学后教育机构	—	24.6
仍就读于中学	92.3	43.5
就读于公立或私立继续教育与培训学院	0.9	—
参与现代学徒制等	—	1.2
就业	0.9	7.2
既未求学也未就业	5.9	23.4

资料来源：南非青年小组研究（2014—2015）。

注：采用逆概率加权（inverse probability weight）解释组际数据损耗。

在第五年，近四分之一的调查对象（24.6%）成功进入某种形式的中学后教育机构。43.5% 的人仍在中学就读，仅有极少数人（1.2%）参与了现代学徒制或传统学徒制培训。仍就读于中学的调查对象比率从 2014 年的 92.3% 下降至 2015 年的 43.5%，相应地，就业的人占比提高，从 0.9%

上升至 7.2%，而既未求学也未就业的人占比上升至 23.4%，是前一年的近四倍。

除了这一核心议题之外，我们还分析了与教育路径有关的影响因素，包括:

- 调查对象的特征（性别、9 年级时的年龄、种族）
- 家庭社会经济背景与资源，如家庭最高教育程度、家庭藏书数量等
- 学校的特征，如学校是否收费、是否独立，以及学生的社会经济背景等
- 学生的求学期待、学业态度，以及学校氛围的指标
- 调查对象的数学、科学学业表现

附录 1、附录 2、附表 2A 中给出了以上变量的统计情况、对变量的分析、对缺失数据的处理。

本章的主要贡献在于跟踪调查学生在中学时期后义务教育阶段的发展，观测他们的路径选择及其选择对于他们第五年去向的影响。由此，本研究为本书中的后续章节探讨毕业选择、求职、成人教育打下了基础。具体来说，本章探讨学生在不同阶段的教育机构之间如何过渡？哪些学生会陷入困境？第五年既未求学也未就业的群体比例为何远高于第四年？

从第四年到第五年的过渡及以后

表 2.2 反映了前述的四种主要发展路径（另见 Isdale et al. 2016），考察年轻人如何向调查期间的第五年活动状态过渡。在前四年处于“顺畅”状态的学生中，仅有不到一半（47%）继续保持，成功过渡至中学后教育阶段。在前期处于“顺畅”状态的学生中，有 12.1% 未通过 12 年级毕业考试，第五年时仍在中学就读。自 9 年级以来处于“蹒跚”和“困陷”状态的学生中，大多数人[①]（前者占 86.0%，后者占 83.2%）在第五年时仍

① 见附表 2B 中第一年至第四年各种发展路径情况总结。

在中学就读，与前四年的状态基本一致①。

表 2.2　**第一年至第四年过渡类型（按第五年求学或就业状态划分）**　（%）

第一年至第四年过渡类型	第五年主要活动					
	就读于中学后教育机构	仍就读于中学	参与现代学徒制等	就业	既未求学也未就业	总计
顺畅型	47.0	12.1	2.0	8.0	30.8	100
蹒跚型	3.4	86.0	0.6	2.5	7.6	100
困陷型	1.4	83.2	0.0	3.5	11.9	100
停学型	4.1	20.0	2.8	22.8	50.3	100
第五年主要活动百分比	24.6	43.5	1.2	7.2	23.4	100

资料来源：南非青年小组研究（2011—2015）。

注：表 2.2 的过渡矩阵反映了每种状态下调查对象所占比例，采用逆概率加权解释组际数据损耗。

然而，表 2.2 反映的最大问题是，在前期求学阶段一直保持“顺畅”状态的学生中，有近三分之一的人（30.8%）在第五年时未就业或求学。这一统计结果与本书第一章的数据相近。第一章指出，在 20—34 岁完成中学学业的群体中，有 40% 的人目前未就业或接受教育。大量曾经表现出色的学生在中学一毕业就沦为既未就业也未接受教育或培训的群体，说明教育系统的升学率出现了严重问题。南非第三级教育的参与度较低，如果有入学机会的群体并未入学，那么我们不禁要问：该领域应该如何发展才能改善国家的技能短缺情况？这也进一步说明，过去我们所认为的无法就业也无法接受教育或培训的年轻人，其实在现实情况中可能没有什么代表性。

表 2.1 和表 2.2 呈现了年轻人成年早期过渡期纷繁复杂的状态。有些学生一直表现出色，在教育系统中进展顺畅；有些则在辍学后又返回学校接受教育与培训，从而避免长期处于既未就业也未接受教育或培训状态的风险。然而令人担忧的是，大量年轻人在求学过程的某些节点上陷入困境

① 或与前期状态类似，有些原本属于“蹒跚型”的年轻人可能转变为“困陷型”。如需了解不同类型群体之间转变的详情，请联系作者。

甚至停学，这对他们自身发展和南非经济都造成了一系列潜在问题。

为了更好理解为何有些学生在教育系统中畅行无阻，有些学生陷入困境，有些看上去具备优势的学生则完全停下脚步，我们来看看南非青年小组研究中的年轻人在第五年与教育相关的三种主要活动[①]，即：

■ 接受中学后教育

■ 仍就读于中学，可能在教育系统中陷入困境

■ 未求学或就业（既未就业也未接受教育或培训的年轻人）

以下三节讨论不同群体的发展路径及状态，总结不同群体的主要特征，进而比较特征方面的差异如何影响年轻人的发展路径。首先来看目前在过渡期问题最少的群体，即继续接受中学后教育的年轻人。

中学后教育入学路径

在参与南非青年小组研究的学生中，第五年时有近四分之一的调查对象接受中学后教育（图 2.1）。逾 14% 接受大学教育（11.7% 就读于综合大学，2.6% 就读于科技大学），9% 就读于技术职业教育与培训学院，很少一部分人就读于提供护士、警察或其他特定职业培训的学院。在接受中学后教育的学生中，绝大多数人（91%）通过了国家高级证书考试，没有通过考试的人现就读于技术职业教育与培训学院。

这一群体中的学生多为女性[②]，家庭教育程度更高，家庭藏书数量更多，多就读于弱势学生较少、级别较高的独立学校。此外，就其 9 年级时参加国际数学和科学趋势研究（TIMSS）而言，相比于在第五年仍就读于中学或既未就业也未接受教育或培训的学生，这些在第五年接受中学后教育的学生当年在数学和科学上的表现也更为出色。他们对这些科目的态度更为积极，总体求学期待也更高。值得注意的是，一项采用国际数学和科学趋势研究数据的最新调查（Reddy et al. 2016b）指出，这一群体，即学

① 本章不再讨论离开学校进入劳动力市场的年轻人、参与培训项目的年轻人。

② 南非青年小组研究的组际数据损耗指第五年样本中的女性远多于男性。在第一年，样本中 49% 为女性；到第五年，这一比例升至 58%。如附录所示，我们在数据分析中采用逆概率加权和缺失数据策略以校正这一偏差。如需缺失数据的详情，见参考文献（Isdale et al. 2016）。另见附表 2A 中的各群体统计情况。

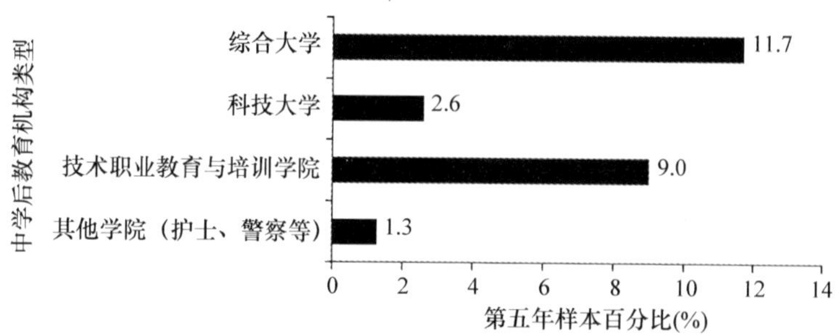

图 2.1　中学后教育机构类型

资料来源：南非青年小组研究（2015）。

注：采用逆概率加权解释组际数据损耗。

业表现出色的学生，在中学时遭受的霸凌和暴力也更少。

从中学到中学后教育机构的过渡期，学业逐年进步的学生在任何教育系统中都是“标杆”，但很多文献指出，南非中学毕业生的升学率极低（Branson et al. 2012；Reddy et al. 2016a；Van Wyk 2015）。确实，本书中范布鲁克赫伊曾等人的文章就指出，仅有约 4% 的学生在毕业后六年内取得大学本科学位。据南非青年小组研究数据（图 2.2），在中学毕业后一年，四分之一的学生接受了某种形式的中学后教育，9 年级时参加调查的样本中有七分之一（14%）的学生进入大学学习。然而，南非青年小组研究并未给出通过 12 年级毕业考试学生的详细类型。图 2.2 中有些估算数据，由于只有中学毕业后第一年的数据，暂时无法考察多少学生、哪些学生将会完成学业。

仍就读于中学的年轻人

如表 2.2、图 2.1、图 2.2 所示，在年轻人开始向中学后教育过渡之前，其教育进程中早就存在各种壁垒。南非青年小组研究样本的主要贡献之一是每年都会收集数据，从而可以考察每个学生自 9 年级起的发展路径，研究学生在中学阶段后期可能面临的瓶颈。

2015 年，南非青年小组研究样本中 43.5% 的学生仍就读于中学。表

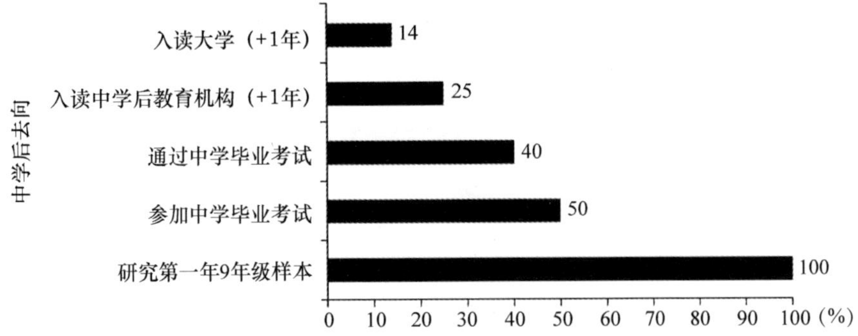

图 2.2　南非青年小组研究中接受中学后教育的年轻人百分比

资料来源：南非青年小组研究（2011—2015）。

注：采用逆概率加权解释组际数据损耗。数据基于本书第五章。

2.3 反映了他们在第五年时所在的年级：约六分之一的学生（16.3%）比“顺畅型”学生低一级，就读于 12 年级，在第五年样本中占比 7.1%。仍就读于中学的大多数（57.4%）学生在 11 年级，比“顺畅型”学生低两级。这一群体从 9 年级升至 11 年级花了 5 年时间，在第五年样本中占比四分之一，说明 11 年级对学生来说的确是一个难关。其他仍就读于中学的学生落得更远，陷在 9 年级（2.3%，在第五年样本中占比 1%）和 10 年级（24%，在第五年样本中占比 10.5%）。

表 2.3　**第五年仍就读于中学的学生所在年级**　（%）

年级	仍就读于中学的学生百分比	在第五年样本中的百分比
9 年级	2.3	1.0
10 年级	24.0	10.5
11 年级	57.4	25.0
12 年级	16.3	7.1

资料来源：南非青年小组研究（2015）。

注：采用逆概率加权解释组际数据损耗。

表 2.3 的结果与此前关于南非青年小组研究的分析（Isdale et al. 2016）及其他探讨中学过渡的文献（如 Branson et al. 2013；Van Wyk et al. 2017）一致，进一步证明，学生在后义务教育阶段因留级而被困于教育系统之

中。这种情况阻碍了学生升至12年级，因此降低了从中学到中学后教育机构的升学率。

表2.4使用跟踪数据而非仅做横向比较，更加清晰地反映了很多学生未能升至11年级以上阶段的情况。在研究的第四年就读于11年级的学生中，仅有6.3%于第五年成功升至12年级，留级率高达93.7%。远远落在10年级的学生与之类似，在升级方面也存在停滞的现象。早期留级现象越严重，升级进展就越踌跚不前。

表2.4　**第五年仍就读于中学的学生从第四年至第五年的升级情况**　（%）

第五年所在年级 / 第四年所在年级	9年级	10年级	11年级	12年级	行百分比
9年级	81.8	18.2	—	—	100
10年级	—	86.1	13.9	—	100
11年级	—	—	93.7	6.3	100
12年级	—	—	—	100	100
n/a①	17.2	31.0	44.8	6.9	100

资料来源：南非青年小组研究（2015）。

注：采用逆概率加权解释组际数据损耗。

因此，这些数据至少说明，当前的教育系统并未帮助到表现欠佳的学生。南非2011年人口普查报告（Statistics South Africa 2012：28）指出，11年级“在学业中挣扎的学生可能迫于无奈不参加作为学校定级依据的12年级毕业考试”。然而，南非青年小组研究指出，“在学业中挣扎的”学生只是相关研究中很小的一部分。我们的研究显示，第一，由于复学学生的去向是12年级而非11年级，留级在教育系统中不能带来增值效应；第二，留级的学生基本上被困于教育系统之中，很有可能无法升级。针对11年级的留级学生，南非基础教育部（Department of Basic Education）出台了一项政策，使其中部分学生升至12年级②，而本研究关注的问题是，学校对学习较慢的学生帮助不足，他们在求学过程中参加过的考试或评估的反馈

① 在第五年数据中，共有29人复学，涉及所有年级，这再次反映了教育系统的灵活性。然而，我们无法确定其复学原因及此前辍学的原因。

② 一般是因为在校学生年龄偏大或在11年级留级一次后仍然不能达到升学要求。

不足。

我们注意到，在南非青年小组研究的第五年仍有 14 名学生就读于 9 年级，其中，9 人的状态一直没有发生变化，即在五年间没有升级，另外 5 人复学至 9 年级。下述专栏中详细分析了这 14 名严重“困陷型”学生的情况。

专栏：困在时间之中？

在第五年仍困在 9 年级的 14 名学生中，有 5 名男性、9 名女性。他们均为非洲黑人，家中使用的语种较多，父母的最高教育程度不等，有的只读完 9 年级，有两人的父母至少有一人拥有大学本科学位。

其中 9 人在南非青年小组研究的五年间一直就读于 9 年级，5 人在经历了一段既未就业也未接受教育或培训的状态后，于研究的第四年复学。

他们均在家居住。2 人在 2011 年入读一类学校[①]，5 人入读二类学校，5 人入读三类学校，1 人入读收费的四类学校，1 人入读独立学校。他们的数学和科学成绩较低，这在我们意料之中。

未求学或未就业的年轻人

如第一章所示，南非是全球范围内年轻人（15—24 岁）失业率最高的国家之一。我们的样本在第一年时平均年龄为 15.7 岁，在第五年时近四分之一的年轻人（23.4%）既未就业也未接受教育或培训（见表 2.1），占比是前一年同类群体占比的近四倍。[②] 这一群体中的 59.2% 为女性，91.2% 为非洲黑人，5.1% 为有色人种，约三分之二（64.6%）就读于免

① 南非的公立学校分为五类。分类标准为学校所在社区的相对富裕程度。资源最少的社区中的学校为一类学校，最富裕的社区中的学校为五类学校。级别较低的学校（一至三类）不允许收取入学费用，因此有时称为免费学校。

② 这一测算低于更有代表性的全国统计数据。据此前南非青年小组研究的文献（Isdale et al. 2016）中的缺失数据分析，研究早期的多数组际数据损耗来自过早辍学、处于未就业或未求学状态的年轻人。测算中采用了逆概率加权，以校正样本中的缺失数据。

费学校（一至三类学校）。

然而，在既未就业也未接受教育或培训的群体中，大多数人（70.1%）在第五年之前的求学阶段一直保持顺畅状态，似乎没有遇到困难。此外，从“顺畅型”过渡到既未就业也未接受教育或培训状态的群体中，超过四分之三的人（78.6%，在第五年样本中占比12.9%）通过了12年级的中学毕业考试，因此，既未就业也未接受教育或培训状态的年轻人并非都是学业表现较差、没有毕业资质的辍学生。

这一比例可能漏算了过早辍学、不在样本中的人。很多不用留级、求学路径优势明显的学生却在早期过渡期面临如此困境，其中的问题相当严重，是影响整体升学率的又一主要瓶颈。然而，如前所述，南非青年小组研究数据中并不包括学生通过12年级毕业考试的质量信息或考试科目。本书中范布鲁克赫伊曾等人的文章在分析高等教育过渡期时指出，国家高级证书考试结果与大学入学机会、后续成就之间并不直接相关。准确地说，学生在特定科目中的学业表现与大学入学机会、学业完成情况的关系更大。

表2.5　**第五年既未就业也未接受教育或培训年轻人的情况**
（按第一年至第四年过渡类型和中学毕业考试通过情况划分）　（%）

第一至四年过渡群体	既未就业也未接受教育或培训的年轻人百分比			第五年样本百分比		
		通过毕业考试	未通过毕业考试		通过毕业考试	未通过毕业考试
顺畅型	70.1	78.6	21.4	16.4	12.9	3.5
蹒跚型	11.9	—	—	2.8	—	—
困陷型	2.4	—	—	0.6	—	—
停学型	15.6	—	—	3.6	—	—

资料来源：南非青年小组研究（2011—2015）。

注：采用逆概率加权解释组际数据损耗。

在第五年既未就业也未接受教育或培训的群体中，近三分之一的人（29.9%）此前经历有所不同：11.9%在第一年至第四年经历了蹒跚型过渡，2.4%在学校陷入困境，还有15.6%在9年级学习不久便停止了学业。

这些通过“其他”路径过渡到既未就业也未接受教育或培训状态的人未能进入12年级，全都没有资格参加国家高级证书考试。分别从“顺畅型”和“其他”路径过渡到既未就业也未接受教育或培训状态的两大年轻人群体，其特征截然不同。例如，前一种情况中65%的人为女性，后一种情况中女性比例仅为45%。在后一种情况中，学生年龄相对较大，家庭受教育程度较低，就读于级别较低的学校，求学期待较低，在国际数学和科学趋势研究（TIMSS）中的成绩较低（见附表2A）。由此我们要问，是否可以通过个人、家庭、学校特征的差异预知第五年的教育、就业成果？

预测发展去向：主要过渡类型中的年轻人有何差异?

表2.6展示了两组多项回归分析的结果，反映了各类成年早期过渡类型中年轻人的差异。其中的因变量（dependent variable）是第五年的“求学状态”，分别讨论就读于中学后教育机构、通过中学毕业考试者及未通过中学毕业考试者，仍就读于中学的学生，以及从“顺畅型”和从“其他”路径过渡到既未就业也未接受教育或培训状态的人。两组回归分析中的基础类别（base category）均为就读于中学后教育机构、成功通过中学毕业考试的学生。因此，系数反映了与这类“标杆”相比，某一特征与主要教育成果之间的关系。第一项回归分析包括个人特征、家庭社会经济背景、学校特征以及学生本人在校求学态度、期待、经历等指标。第二项回归分析加入的参照项为学生在9年级时（研究基线）参加国际数学和科学趋势研究的成绩。

在第一项回归分析中，年龄为正数，这一重要指标表明，全部四种类型学生的年龄均大于参照组中就读于中学后教育机构、通过中学毕业考试的学生年龄，意味着其在校过渡受到干扰。这一点对于从“顺畅型”过渡到既未就业也未接受教育或培训状态的人来说十分显著，他们可能在9年级以前留过级，实际情况我们就无法考察了。当我们在第二项回归分析中引入学生过往学业表现时，以上关联仍然存在。就种族而言，“白人、印度裔/亚裔、其他”一项中的负系数表明，相比非洲黑人，这些学生就读于中学后教育机构时通过12年级毕业考试的几率较高，将在第五年仍就读于中学，或将从“顺畅型”过渡到既未就业也未接受教育或培训状态。在

表 2.6

第五年主要活动几率的多项逻辑回归

参照组：就读于中学后教育机构、通过中学毕业考试（人数：493 人）			就读于中学后教育机构、未通过中学毕业考试						仍就读于中学					
变量			(1)			(2)			(1)			(2)		
个人特征	年轻人为女性		0.39	(0.35)		0.31	(0.34)		0.01	(0.17)		-0.17	(0.17)	
	第一年（2011 年）年龄		0.57	(0.18)	***	0.46	(0.18)	***	0.66	(0.10)	***	0.49	(0.11)	***
	种族（参照组：黑人）	有色人种	-0.06	(0.79)		0.11	(0.83)		-0.43	(0.47)		-0.17	(0.62)	
		白人、印度裔/亚裔、其他	-1.59	(0.82)	*	-0.96	(0.87)		-1.26	(0.31)	***	-0.59	(0.35)	*
家庭社会经济背景	家庭最高受教育程度		0.00	(0.17)		0.05	(0.17)		-0.03	(0.08)		0.01	(0.08)	
	家庭藏书数量		-0.07	(0.14)		0.00	(0.25)		-0.20	(0.08)	*	-0.11	(0.09)	
学校特征	学校类型（参照组：一类学校）	二类学校	0.16	(0.72)		0.10	(0.72)		0.10	(0.30)		0.09	(0.30)	
		三类学校	0.05	(0.72)		0.21	(0.75)		0.21	(0.29)		0.52	(0.30)	*
		四类学校	0.88	(0.63)		1.21	(0.67)	*	-0.30	(0.29)		0.20	(0.30)	
		五类学校	-0.23	(0.83)		0.80	(0.84)		-0.78	(0.30)	**	0.59	(0.35)	*
		独立学校	0.35	(0.60)		1.40	(0.66)	**	-0.96	(0.32)	**	0.55	(0.37)	
	学校弱势背景学生比例		0.67	(0.24)	***	0.57	(0.25)	**	0.29	(0.09)	**	0.18	(0.11)	
学生求学态度与经历	年轻人自身求学期待		-0.22	(0.32)		0.14	(0.35)		-0.79	(0.15)	***	-0.28	(0.16)	*
	年轻人对数学的态度		-0.60	(0.18)	***	-0.46	(0.20)	**	-0.13	(0.08)		0.01	(0.09)	
	年轻人对科学的态度		0.27	(0.25)		0.29	(0.27)		0.03	(0.08)		0.13	(0.10)	
	遭受霸凌和暴力的经历		0.39	(0.22)	*	0.30	(0.26)		0.32	(0.09)	***	0.15	(0.10)	

续表

参照组：就读于中学后教育机构、通过中学毕业考试（人数：493 人）		就读于中学后教育机构、未通过中学毕业考试						仍就读于中学					
变量		（1）			（2）			（1）			（2）		
学业表现	国际数学和科学趋势研究数学成绩				-0.01	（0.01）					-0.01	（0.00）	***
	国际数学和科学趋势研究科学成绩				0.00	（0.00）					-0.01	（0.00）	***
人数（人）		52						1015					
伪 R 平方		0.15			0.20			0.15			0.20		

资料来源：南非青年小组研究（2011—2015）。

注：括号中为标准误。*** $p<0.01$，** $p<0.05$，* $p<0.1$。学生求学态度与经历数据经标准化处理，平均值 =0，标准差 =1。遭受霸凌和暴力的经历数据为正数，数值越高说明经历霸凌和暴力越多。采用逆概率加权解释组际数据损耗，采用缺失虚拟变量解释单项数据损耗。

表 2.6（续）

参照组：就读于中学后教育机构、通过中学毕业考试（人数：493 人）			从“顺畅型”过渡到既未就业也未接受教育或培训状态						从“其他”路径过渡到既未就业也未接受教育或培训状态					
变量			(1)			(2)			(1)			(2)		
个人特征	年轻人为女性		0.17	(0.20)		0.07	(0.21)		0.05	(0.28)		-0.24	(0.30)	
	第一年（2011 年）年龄		0.62	(0.11)	***	0.52	(0.12)	***	1.27	(0.14)	***	1.06	(0.15)	***
	种族（参照组：黑人）	有色人种	0.44	(0.50)		0.62	(0.58)		0.59	(0.70)		0.98	(0.87)	
		白人、印度裔/亚裔、其他	-1.48	(0.43)	***	-0.84	(0.46)	*	-0.10	(0.49)		0.30	(0.56)	
家庭社会经济背景	家庭最高受教育程度		-0.07	(0.09)		-0.03	(0.09)		0.08	(0.12)		0.11	(0.13)	
	家庭藏书数量		-0.16	(0.09)		-0.09	(0.10)		-0.13	(0.14)		-0.06	(0.14)	
学校特征	学校类型（参照组：一类学校）	二类学校	0.52	(0.33)		0.45	(0.33)		0.34	(0.43)		0.42	(0.44)	
		三类学校	0.44	(0.33)		0.59	(0.33)	*	0.49	(0.43)		0.94	(0.45)	**
		四类学校	-0.06	(0.33)		0.22	(0.34)		0.52	(0.46)		1.29	(0.48)	***
		五类学校	-0.55	(0.35)		0.34	(0.39)		-2.59	(0.87)	**	-0.69	(0.93)	
		独立学校	-0.93	(0.37)	**	0.03	(0.41)		-1.81	(0.68)	**	0.45	(0.71)	
	学校弱势背景学生比例		0.36	(0.12)	***	0.26	(0.13)	**	0.07	(0.15)		0.00	(0.16)	
学生求学态度与经历	年轻人自身求学期待		-0.38	(0.17)	**	-0.06	(0.19)		-0.97	(0.20)	***	-0.32	(0.22)	
	年轻人对数学的态度		-0.15	(0.11)		-0.03	(0.11)		-0.35	(0.16)	*	-0.11	(0.17)	
	年轻人对科学的态度		0.09	(0.11)		0.11	(0.11)		0.11	(0.16)		0.29	(0.18)	
	遭受霸凌和暴力的经历		0.04	(0.11)		-0.05	(0.12)		0.35	(0.15)	*	0.12	(0.16)	

续表

参照组：就读于中学后教育机构、通过中学毕业考试（人数：493 人）		从“顺畅型”过渡到既未就业也未接受教育或培训状态						从“其他”路径过渡到既未就业也未接受教育或培训状态					
学业表现	国际数学和科学趋势研究数学成绩				-0.01	(0.00)	***				-0.02	(0.00)	***
	国际数学和科学趋势研究科学成绩				0.00	(0.00)					-0.01	(0.00)	**
人数（人）		333						141					
伪 R 平方		0.15			0.20			0.15			0.20		

第二项回归分析中加入过往学业表现的参照项后，这一关联相对减弱，但仍然显著，不过只在仍就读于中学以及从“顺畅型”过渡到既未就业也未接受教育或培训状态这两个群体上比较显著。换言之，一旦将学业能力指标纳入考量，通过中学毕业考试直接进入中学后教育机构的学生、没有通过中学毕业考试而接受中学后教育的学生，这两个群体之间基本没有种族差异（见本书第五章范布鲁克赫伊曾等人从种族角度分析大学教育成果的文章）。

就家庭社会经济背景而言，父母受教育程度、家庭藏书量均与学生主要活动没有强关联。在第五年仍就读于中学的年轻人，以及从“顺畅型”过渡到既未就业也未接受教育或培训状态的年轻人，他们的家庭藏书数量均少于参照组，但加入个人学业表现的参照项后，这一关联减弱。此前关于南非青年小组研究的分析也未发现家庭层面的社会经济特征有何显著影响，上述发现与该结论一致，也与强调个人学业表现在求学路径中的独特作用的文献的观点一致，但与认为社会和人力资本显著影响年轻人人生选择的研究相反。（见本书第三章布兰森等人从家庭收入预测中学后教育入学机会的文章）

但我们发现，将过往学业表现纳入考察后，学校类型和其他在校生的社会经济背景之间仍存在显著关联。仍就读于中学的学生，以及从“其他”路径过渡到既未就业也未接受教育或培训状态的人，其入读五类学校、独立学校的几率低于入读一类学校的几率；从“顺畅型”过渡到既未就业也未接受教育或培训状态的人，此前不大可能入读独立学校。在第二项回归分析加入学业表现的参照项后，一些关联的显著性会减弱，即学校类型和第五年活动之间的某些关联受到学业表现的影响。但是，就读于中学后教育机构、未通过中学毕业考试的学生此前入读四类学校、独立学校的几率要高于入读一类学校的几率；从四种类型过渡到既未就业也未接受教育或培训状态的人，更有可能入读二类学校、三类学校。除学校类型外，在弱势背景年轻人占比较高的学校中就读的学生，更有可能在第五年就读于中学后教育机构时未通过中学毕业考试，并在12年级之后的一年间从“顺畅型”过渡到既未就业也未接受教育或培训状态。

学生自身的求学态度与经历之间的关系为考察年轻人的成年早期过渡期提供了新的视角。就读于中学后教育机构、未通过中学毕业考试的学生对数学的态度相对消极，认为该科目价值较低，自我效能（self - efficacy）

信念较低。与就读于中学后教育机构的参照组相比，这一群体此前在中学时遭受霸凌和暴力和暴力的几率更高。不过需要注意，加入学业表现的参照项后，这一关联的显著性会减弱，即遭受霸凌和暴力的经历对第五年的去向有影响，而个人学业表现也会起到一定作用。与之类似，在第五年仍就读于中学的学生遭受的霸凌和暴力更多，与顺利进入中学后教育、通过中学毕业考试的学生相比，他们的求学期待较低。在第一项回归分析中，过早辍学、既未就业也未接受教育或培训的人求学期待极低，对数学的态度更为消极，在校时遭受的霸凌和暴力更为严重。

与就读于中学后教育机构、通过中学毕业考试的参照组相比，其他各组学生的学业成绩均较低。如前所述，将过往学业表现纳入考察后，各变量关联的显著性会有所减弱，说明学业表现对分析成年早期过渡期十分重要，与间接影响求学路径的很多因素有关。

暂不考虑过往学业表现，当我们通盘考察其他所有变量时，最能凸显群体差异的因素是社会优势，涉及学校特征（仍就读于中学以及既未就业也未接受教育或培训的人不大可能入读较高级别学校和独立学校）、学生态度、求学期待、遭受霸凌和暴力的经历。

讨论与结论

南非小学、中学的入学率较高，与其他国家相当（据“劳动力市场信息伙伴”项目数据，Reddy et al. 2016a），但第三级教育的入学率远低于国际水平［据联合国教科文组织统计研究所（UNESCO Institute for Statistics）2017 年数据］。本书研究南非中学后教育与培训。作为其他章节的先导，本章考察了一群来自南非各地的年轻人自 9 年级起为期五年的过渡情况，旨在了解哪些人在进步、哪些人没有进步、主要的瓶颈在哪里、阻碍年轻人进入中学后教育系统的壁垒是什么。

我们的主要发现与此前南非青年小组研究的分析（Isdale et al. 2016）一致，即过渡期的情况比较复杂，不同学生的路径差异显著，很多学生在完成中学学业之前陷入困境或者停学。我们发现，个人学业表现仍是学业过渡成功与否的主要影响因素。我们指出，学生克服困难的可能性是存在的，而提高教育系统升学率的关键是在所有学生入学之初就帮助他们打好识字、算术基础。此外，我们指出，涉及学校层面特征的社会优势在学生的过渡期中发挥着重要作用。

自 9 年级参与南非青年小组研究起，五年后仍有逾 40% 的学生就读于中学，其中，11 年级似乎是学生求学过程中的一个巨大难关，很多人在努力升至 11 年级以上阶段。这一发现与其他文献（Hofmeyr et al. 2013）的看法一致，尽管通过中学毕业考试的学生人数有所增长，但与中学整体入学率的增长情况并不匹配，说明学生并未为考试做好准备，不具备毕业资质。

中学阶段存在明显的留级现象，且在后义务教育阶段尤为突出。在 10 年级、11 年级、12 年级，如果不能一次升级，留级情况呈加剧趋势。我们还在分析中指出，每留级一次，升至 12 年级及毕业的几率就会降低。

总体而言，蹒跚型路径正在成为南非学生求学进程中的新常态。本书中范布鲁克赫伊曾等人的文章指出，极少数学生在中学离校后六年内取得大学资质。蹒跚型路径不仅存在于中等教育阶段，还可能延续至中学后教育阶段。因此，现在的挑战恐怕是要大力提升各类型学校中顺利升至 9 年级学生的比例，而非仅仅关注通过国家高级证书考试的学生人数。这样才能提升从中学到中学后教育机构的升学率，同时缩短学生毕业所需时间。

政策启示

南非计划将高等教育参与度提升至 20%，并培养一支技能高超的劳动力大军以促进经济持续发展。就此目标而言，有些年轻人有资格入读某种形式的中学后教育机构却并未就业或求学，其计划的比例就显得过高了。

本章指出，在研究的第四年就读于 11 年级的学生进展有限，基础教育部则实施了一项将部分学生升至 12 年级的政策。如果希望通过这一举措提升从中学到中学后教育机构的升学率、改善劳动力市场前景，就必须有切实的支持方案。准确地说，现在的挑战是要增加中学阶段顺利升级的学生人数、确保基础教育系统在各类型学校中运转良好，而非通过 11 年级升级政策等途径人为操纵统计数据。此外，当前从 10 年级升至 12 年级的单一标准过于学术化，显然并不适合所有学生。技术职业教育与培训学院、现代学徒制、传统学徒制都是可以考虑的选项，但如表 2.1 所示，鲜有学生在9年级之后选择这些路径（见本书第十一章）。因此，另一个政策考量是让学生充分意识到，他们有一系列教育与培训去向可供选择。

最后，在第五年时既未就业也未接受教育或培训的群体中，超过三分之二的人（70.1%）在前期求学阶段一直保持“顺畅”状态，因此，我们不仅要重新审视对于未求学或未就业群体的传统看法，还要思考什么样的政策能够满足他们的不同需求，例如，国家学生资助计划如何帮助这一群体？否则，大量学生成功通过国家高级证书考试却无法继续求学，这种情况既意味着教育投资的极大浪费，也意味着他们将失去机遇。针对这一问题，下一章将考察12年级后求学选择的影响因素，其中包括资金对于学生选择不同类型教育机构的制约作用。

参考文献

Banerjee A, Galiani S, Levinsohn J, McLaren Z & Woolard I (2009) Why has unemployment risen in the new SouthAfrica? *Economics of Transition* 16 (4) 715 – 740.

Bhorat H & Kimani ME (2017) *The role of post – school education and training institutions in predicting labour market outcomes*. LMIP Report No. 23. Pretoria: Labour Market Intelligence Partnership (LMIP), Human Sciences Research Council.

Branson N, Garlick J, Lam D & Leibbrandt M (2012) *Education and inequality: The South African case*. Southern Africa Labour and Development Research Unit (SALDRU) Working Paper No. 75. Cape Town: SALDRU.

Branson N, Hofmeyr C & Lam D (2013) *Progress through school and the determinants of school dropout in South Africa*. A Southern Africa Labour and Development Research Unit Working Paper Number 100. Cape Town: SALDRU.

Cloete N (2004) Equity & development in post – apartheid South African higher education. In N Cloete, P Pillay, S Badat & T Moja (Eds) *National policy and a regional response in South African higher education*. Cape Town: David Philip.

Cloete N (2009) Chapter 1: Synthesis. InN Cloete (Ed.) *Responding to the educational needs of post – school youth: Determining the scope of the problem and developing a capacity – building model.* Cape Town: CHET.

Cosser M & Du Toit J (2002) *From school to higher education? Factors affecting the choices of Grade 12 learners.* Pretoria: HSRC.

Hofmeyr C, Branson N & Leibbrandt M (2013) *The matric certificate is still valuable in the labour market.* Econ3x3. Accessed January 2017, http://opensaldru. uct. ac. za/bitstream/handle/11090/728/Hofmeyr% 20et% 20al% 202013% 20Matric% 20certificate% 20is% 20valuable% 20in% 20the% 20labour% 20market. pdf? sequence = 1.

Isdale K, Reddy V, Zuze TL & Winnaar L (2016) *Smooth, staggered or stopped? Educational transitions in the South African Youth Panel Study.* Pretoria: HSRC.

Lam D, Ardington C, Branson N & Leibbrandt M (2014) *More financial aid is not the best way to close the racial gap in tertiary education.* Econ 3x3. Accessed October 2018, http://www. econ3x3. org/article/more – financial – aid – notbest – way – close – racial – gap – tertiary – education.

Mullis IVS, Martin MO, Foy P & Arora A (2012) *TIMSS 2011 International results in mathematics.* Chestnut Hill & Amsterdam: TIMSS & PIRLS International Study Center & International Association for the Evaluation of Educational Achievement.

Pillay P (2004) Strategic co – operation scenarios for post – school education in theEastern Cape. In N Cloete, P Pillay, S Badat & T Moja (Eds) *National policy and a regional response in South African higher education.* Cape Town: David Philip.

Ranchhod V (2013) *Earnings volatility in South Africa.* SALDRU Working Paper Number 121/NIDS Discussion Paper 2013/3. Cape Town: SALDRU.

Reddy V, Bhorat H, Powell M, Visser M & Arends A (2016a) *Skills supply and demand in South Africa.* Pretoria: HSRC.

Reddy V, Isdale K, Juan A, Visser M, Winnaar L & Arends F (2016b) *TIMSS 2015: Highlights of mathematics achievement of grade 5 South African learners.* Accessed January 2017, http://www. hsrc. ac. za/en/research – data/view/8457.

Seaman SR & White IR（2013）Review of inverse probability weighting for dealing with missing data. *Statistical Methods in Medical Research* 22：278－295.

Stats SA（Statistics South Africa）（2012）*Census* 2011 *Statistical release－Report No. P*0301. 4. Pretoria：Stats SA.

UIS（UNESCO Institute for Statistics）（2017）UIS. Stat Data Portal. Accessed March 2017，http：//data. uis. unesco. org/.

Van Wyk C（2015）*An overview of education datasets in South Africa*：*An inventory approach*. Stellenbosch Working Paper 19/15. Stellenbosch University.

Van Wyk C，Gondwe A & De Villiers P（2017）*Learner flow through patterns in the Western Cape using CEMIC datasets from* 2007 *to* 2014：*A longitudinal cohort analysis*. Stellenbosch Economic Working Papers（WP02/2017）. Stellenbosch：ReSEP，Stellenbosch University.

World Bank（2017）*South Africa economic update*. *Private investment for jobs*. Accessed March 2017，https：//openknowledge. worldbank. org/handle/10986/25971.

附录1：变量描述

个人特征

女性 年轻人性别标记方式：0 = 男性，1 = 女性。

年龄 以2011年访问时的年龄为基线。

种族 分为五类：非洲黑人（89.7%）、有色人种（4.1%）、印度裔或亚裔（1.2%）、白人（4.5%）、其他（0.5%）。鉴于“印度裔/亚裔”“其他”两个群体占比极小，与“白人”合并为一组，因此种族这一变量由三部分构成。

家庭社会经济背景

家庭最高受教育程度 国际数学和科学趋势研究调查问卷设如下问题：你的母亲和父亲（或继母/继父，或女性/男性监护人）的最高受教育程度如何？该变量按以下类型分别记录两人的情况：未受教育/程度较低、仅读完9年级、读完12年级、获得中学后教育证书/文凭、获得学士或更高学位。在双亲家庭的两个结果中，考察受教育程度较高的一个；单亲家庭仅涉及一个结果。

家庭藏书数量 调查对象回答家中约有多少书籍，不包括杂志、报纸、教科书。该变量的量表分为五档，从“没有或极少”（0—10本）到“能放满三个或更多书架”（200本以上）。

学校特征

学校类型 公立学校分为五类（一类至三类为免费学校，四类、五类为收费学校）。

独立学校 如果年轻人入读独立学校，标记为1，否则为0。

在校学生经济背景 据国际数学和科学趋势研究面向学校的调查问卷，该变量将弱势背景学生的占比情况分为四类：0%—10%、11%—25%、26%—50%、50%以上。

学生求学态度与经历

求学期待　国际数学和科学趋势研究调查问卷设如下问题：你打算接受教育到什么程度？该变量的指标与父母最高受教育程度的问题一样，从“读完9年级”到“获得学士、荣誉或更高学位”。

在校遭受霸凌和暴力的经历　作为衡量学校氛围的一个指标，通过6个问题调查年轻人经历各种霸凌行为的频率，量表分为四档，从“至少每周一次”到“从未”。遭受的霸凌行为包括：被取笑、被拒绝一起参加游戏或活动、被盗、被打或被伤。国际数学和科学趋势研究按频率赋值，数值低代表经常遭受霸凌，数值高表示极少遭受霸凌（详情见 https：//timssandpirls. bc. edu/methods/pdf/T11_ G8_ G_ Scales_ SBS. pdf），我们采用了其数据。

对数学和科学的态度和认识　参与国际数学和科学趋势研究时，学生分别回答其对数学、科学的态度和认识，涉及对这两个科目的好恶、评价、自信程度、学习情况。对这四个量表进行因子分析后，形成对这两个科目态度和认识的一个指标。

学业表现

国际数学和科学趋势研究成绩　国际数学和科学趋势研究于1994—1995年在45个国家首次实施，是一项考察4年级、8年级学生数学、科学知识的跨国性评价研究，旨在对接参与该研究的国家的数学、科学课程。2011年，南非285所学校的11969名9年级学生参与。

在数学方面，2011年的考察内容有算术、代数、几何、数据、概率。在科学方面，2011年考察了生物、化学、物理、地球科学。

国际数学和科学趋势研究学业表现考试分数的量表数值为0—1000，中心值为500，标准差为100。

附录2：缺失数据处理

在南非青年小组研究的第五年，样本人数减少至2224名学生，比第四年的3613人减少近40%，是第一年最初样本规模的约20%（Isdale et al. 2016）。

在此前关于南非青年小组研究的分析中，缺失数据分析显示，跟踪小组中占比更高的是女性，来自优越的家庭、级别较高的学校或独立学校的学生，以及在2011年国际数学和科学趋势研究中表现更为出色的学生（详见 Isdale et al. 2016）。此外，在研究早期，样本的多数数据损耗来自过早辍学、处于未就业或未求学状态的年轻人。我们在测算中采用逆概率加权，以校正第五年样本中的缺失数据。（如需详细了解逆概率加权的分析方法，请联系作者）

逆概率加权是一种常用的统计方法，用以调整调查数据中的不等概率抽样比（unequal sampling fraction）（Seaman & White 2013）。逆概率加权法给每个调查对象赋予抽样权重，调查对象的被选几率与这一权重成比例。该方法旨在校正由数据损耗引起的偏差，偏差问题在第一年至第二年尤为突出。但我们仅对一组数据进行加权，因此在测算时可能还是漏算了退出调查的人数，他们多为男性、在社会经济方面更为弱势、就读的学校级别较低、学业表现较差。对这些学生而言，求学路不顺、过早辍学的几率远超其他学生。

考察在第四年至第五年退出调查的学生意义不大。因此我们使用带虚拟变量的平均数/众数放回抽样解释单项层面的缺失数据。

附表 2A

第五年各群体的描述性特征

变量			第五年全部学生（人数：2224）		就读于中学后教育机构、通过中学毕业考试（人数：493）		就读于中学后教育机构、未通过中学毕业考试（人数：52）	
			平均数	标准差	平均数	标准差	平均数	标准差
个人特征	年轻人为女性		0. 58	（0. 49）	0. 66	（0. 48）	0. 60	（0. 50）
	第一年（2011 年）年龄		15. 70	（1. 07）	15. 21	（0. 64）	15. 59	（0. 93）
	种族（参照组：黑人）	有色人种	0. 04	（0. 20）	0. 05	（0. 21）	0. 6	（0. 24）
		白人、印度裔/亚裔、其他	0. 06	（0. 24）	0. 14	（0. 35）	0. 04	（0. 19）
家庭社会经济背景	家庭最高受教育程度		2. 30	（1. 27）	2. 84	（1. 20）	2. 43	（1. 17）
	家庭藏书数量		1. 98	（1. 03）	2. 34	（1. 14）	2. 08	（0. 88）
学校特征	学校类型（参照组：一类学校）	二类学校	0. 21	（0. 41）	0. 12	（0. 32）	0. 15	（0. 36）
		三类学校	0. 22	（0. 41）	0. 14	（0. 34）	0. 13	（0. 34）
		四类学校	0. 19	（0. 39）	0. 17	（0. 38）	0. 27	（0. 45）
		五类学校	0. 14	（0. 35）	0. 39	（0. 46）	0. 12	（0. 32）
		独立学校	0. 09	（0. 29）	0. 19	（0. 39）	0. 15	（0. 36）
	学校弱势背景学生百分比		3. 54	（0. 89）	3. 07	（1. 14）	3. 68	（0. 71）
学生求学态度与经历	年轻人自身求学期待		1. 52	（0. 77）	1. 85	（0. 47）	1. 66	（0. 64）
	年轻人对数学的态度		0. 18	（1. 00）	0. 28	（1. 08）	0. 11	（0. 84）
	年轻人对科学的态度		0. 17	（1. 00）	0. 23	（1. 11）	0. 27	（0. 99）
	遭受霸凌和暴力的经历		−0. 05	（0. 95）	−0. 36	（0. 91）	0. 12	（0. 88）
学业表现	国际数学和科学趋势研究数学成绩		364. 58	（73. 41）	439. 1	79. 5	364. 7	55. 8
	国际数学和科学趋势研究科学成绩		347. 87	（97. 36）	441. 7	95. 1	360. 4	69. 3

资料来源：南非青年小组研究（2011—2015）。

附表 2A（续）

			仍就读于中学（人数：1015）		从“顺畅型”过渡到既未就业、也未接受教育或培训状态（人数：333）		从“其他”路径过渡到既未就业、也未接受教育或培训状态（人数：141）	
变量			平均数	标准差	平均数	标准差	平均数	标准差
个人特征	年轻人为女性		0.57	(0.50)	0.65	(0.48)	0.45	(0.50)
	第一年（2011 年）年龄		15.75	(1.06)	15.58	(0.87)	16.74	(1.33)
	种族（参照组：黑人）	有色人种	0.03	(0.16)	0.05	(0.22)	0.06	(0.23)
		白人、印度裔/亚裔、其他	0.02	(0.14)	0.03	(0.17)	0.06	(0.23)
家庭社会经济背景	家庭最高受教育程度		2.15	(1.25)	2.22	(1.21)	1.97	(1.24)
	家庭藏书数量		1.87	(0.97)	1.87	(0.94)	1.90	(0.99)
学校特征	学校类型（参照组：一类学校）	二类学校	0.23	(0.42)	0.23	(0.42)	0.27	(0.45)
		三类学校	0.26	(0.44)	0.22	(0.41)	0.28	(0.45)
		四类学校	0.19	(0.39)	0.19	(0.39)	0.25	(0.43)
		五类学校	0.08	(0.27)	0.12	(0.33)	0.03	(0.17)
		独立学校	0.06	(0.24)	0.07	(0.25)	0.03	(0.17)
	学校弱势背景学生百分比		3.70	(0.71)	3.66	(0.80)	3.64	(0.84)
学生求学态度与经历	年轻人自身求学期待		1.37	(0.84)	1.62	(0.70)	1.08	(0.89)
	年轻人对数学的态度		0.17	(0.94)	0.25	(1.01)	-0.06	(0.97)
	年轻人对科学的态度		0.15	(0.92)	0.32	(1.01)	-0.02	(0.99)
	遭受霸凌和暴力的经历		0.10	(0.90)	-0.18	(0.99)	0.32	(1.02)
学业表现	国际数学和科学趋势研究数学成绩		343.1	56.8	370.5	55.4	310.6	52.9
	国际数学和科学趋势研究科学成绩		318.7	78.4	359.5	82.1	278.6	72.3

附表 2B　　第一年至第四年过渡类型总结（Isdale et al. 2016）

顺畅型	踌跚型	困陷型	停学型
既未就业也未接受教育或培训的人，在校期间逐年升级	在南非青年小组研究前四年一直在校的学生，但至少经历过一次留级或入读继续教育与培训学院；以及在第四年复学的人，但至少有一年时间未就学（可能就业，也可能既未就业也未接受教育或培训）	在南非青年小组研究前四年一直在校的学生，但在 9 年级或 10 年级就读三年或更久	在第四年之前辍学且未复学的人
47%	39%	7%	7%

第三章

中学毕业后的求学选择：公立技术职业教育与培训学院是否可行？

妮古拉·布兰森(Nicola Branson)
埃米·卡恩(Amy Kahn)

如第二章所述，对于大多数南非学生而言，在教育系统中顺利升级并完成12年级学业并非常态。对很多人来说，完成12年级学业可算是一个巨大成就。本章要讨论的问题是：毕业之后怎么办？我们考察了中学毕业生的求学选择，重点关注公立技术职业教育与培训学院的职业培训项目。中学后教育与培训领域的很多文献都关注的是大学的教育成果。南非劳动力市场对大学毕业生的需求量固然很大（Van der Berg & Van Broekhuizen 2012)，而学生完成任何形式中学后教育的学业都会显著改善劳动力市场的前景（Branson & Kahn 2017)。因此，实现中学后教育领域的扩招有助于解决南非长期存在的极度不平等与贫困问题，对于南非劳动力市场的作用也极为重要。

这在一些政策文件中已有体现。2013年，南非高等教育与培训部(DHET) 在《中学后教育与培训白皮书》(以下简称《白皮书》) 中计划增加中学后教育领域的招生人数，以解决入学率低、学业表现差及与之相关的不平等问题。其中一项重点工作就是尽快增设公立技术职业教育与培训学院。2014年，尽管学院的入学要求有所降低，但公立、私立学院一共招生781378人，而公立大学则招生969155人（DHET 2016)。学院的招生人数相比大学偏低，说明技术职业教育与培训学院尚未达到为学生提供职业或中等技能教育的预期目标。《白皮书》计划，到2030年，技术职业教育与培训学院招生人数达到250万，比2012年增加近四倍；同时，公立大学招生人数增加70%，达到160万（DHET 2013)。

要通过规模变化对当前的中学后教育与培训系统产生积极影响，就要增加招生人数，提供更多求学机会。很多文献指出了技术职业教育与培训学院目前所面临的供给侧挑战：管理与运行不善、授课内容与劳动力市场所需技能脱节、课程结构与实施过程不清、缺乏对学生的支持、资助限制（Cosser et al. 2011；见本书第九章和第十章）。此外，对于无法入读大学的学生而言，技术职业教育与培训学院是一个退而求其次的选项（学生对其的认知见 Branson et al. 2015）。在上述问题方面，全国性实证研究的数量有所增加，但仍然有限（如 Cosser et al. 2011）。现有文献没有充分研究技术职业教育与培训学院潜在学生的想法与他们获取此类学院入学机会的壁垒之间的关系。本章旨在从学生入学壁垒的角度评估高等教育与培训部政策目标的可行性，为政策制定提供借鉴。因此，本章主要考察学生的社会经济地位、资助来源、学业表现对其入读公立技术职业教育与培训学院的影响程度。

本章分析家庭背景、中学教学质量、个人能力及其他社会经济因素对中学后教育机构尤其是技术职业教育与培训学院招生的影响。本书第二章指出，蹒跚型过渡是南非中学系统中的常态，即学生并未逐年升级。因此，学生年龄和背景是中学毕业后求学选择的重要因素。本章以南非第一个全国性小组研究——国家收入动态研究的数据（SALDRU 2008—2015）为基础，聚焦处于中学阶段最后一年的年轻人，考察其中学毕业后两年内的求学情况。第二章显示，对于未升至 12 年级的学生而言，从中学过渡至其他形式教育机构的比例较低。因此，参加中学毕业考试的学生群体代表了大多数的过渡群体。

在分析国家收入动态研究数据时，我们重点考察参加中学毕业考试的学生，分析未进入中学后教育机构的学生以及进入大学、技术职业教育与培训学院或其他教育机构的学生之间有何差异。我们希望了解前者为何未接受中学后教育，尤其是未进入技术职业教育与培训学院，毕竟此类学院相对来说入学要求较低、学费较低，且传授的技能是劳动力市场所需的。我们发现，大学生来自更为富足的家庭和学校，在中学毕业时学业表现更好；而技术职业教育与培训学院的学生在社会经济特征的很多方面与未进入中学后教育机构的学生类似，不过他们在算术考试中表现较好，父母受教育程度更高，家庭收入略高。在多变量框架下考察求学选择时，我们发现，在加入社会经济因素的参照项后，家庭收入仍在学生选择各类教育机构时起重要作用。此外，从录取情况来看，不管是大学还是技术职业教育与培训学院，通过算术考试测定的学业表现都是一个重要的决定因素。

本章结构如下：首先概述南非的中学后教育与培训系统，分析当前的录取模式。随后总结国际和南非文献的主要观点，涉及贷款限制、收入与社会经济地位对中学后教育机会的影响。接着简要描述数据与样本，并从不同类型中学后教育机构的录取情况出发对样本进行比较，进而基于多项逻辑回归结果预测收入、社会经济因素、个人能力对录取的影响。最后讨论研究结果、得出结论及对中学后教育与培训领域的启示。

南非的中学后教育系统

南非的中学后教育系统包括公立大学、公立技术职业教育与培训学院、成人教育与培训中心、私立中学后教育机构（包括学院、成人学习中心、私立技术职业教育与培训学院）、工作本位培训机构（包括公立和私立机构）。南非拥有 26 所公立大学（Universitites South Africa 2015），包括传统大学、主要教授技术职业技能的科技大学、集传统大学与科技大学职能于一体的“综合”大学。学生可在大学获取学位、文凭、证书。相比其他类型的教育机构，大学的入学要求更为严格：申请传统大学的学生应当至少在国家高级证书考试中取得学位项目申请资质（bachelor’s pass），申请科技大学的学生应当至少在国家高级证书考试中取得文凭项目申请资质（diploma pass）（见本书第五章）。

公立技术职业教育与培训学院则教授职业或中级技能，主要涉及工程、建筑、旅游、酒店、通用商务与管理等领域。南非设立国家职业课程（National Curriculum Vocational）项目，取代了国家认证技术教育文凭项目。该项目旨在教授学生职业与学业技能，为他们搭建通向大学的桥梁（见本书第十章）。南非拥有 50 所公立技术职业教育与培训学院，共计多达 264 个校区（TVET Colleges South Africa 2016）。学生可在此类学院获取文凭和证书，不能获取学位。其入学资格要求远比大学简单，没有最低国家高级证书要求，完成 9 年级学业的学习者原则上就可以入学。① 但其入

① http：//www. fetcolleges. co. za/Site_ Courses. aspx.

学率比大学低（见图 3.1）。

私立教育机构在填补小众领域（如设计与时尚）技能教育缺失方面起着重要作用，全国私立学院与高等教育机构注册系统每年会发布认证机构（DHET 2017a）。私立机构在规模、结构、质量方面差异很大（McGrath & Akoojee 2010），很难将其作为一个整体进行分析。我们认为，私立机构目前在中学后教育领域发挥着重要作用，但因数据有限，本章不予考虑，只讨论大学、技术职业教育与培训学院等情况。

中学后教育入学率与学业成就

南非教育系统的特征是中学及以前阶段入学率高，但在能够改善劳动力市场表现的关键领域，学业成就水平相对偏低，且种族之间差异显著，这很大程度上反映了南非的财富分布情况（Branson & Kahn 2017）。表 3.1 显示了国家收入动态研究不同组别中 25—29 岁群体的学业成就。可以看出，获取中学毕业资质文凭或证书的该年龄段群体比例低于 19%，获取大学学位的比例更低，为 2%—3%。在获取中学毕业资质的群体中，不到一半的人（第四组的 44%）继续求学以完成某种形式的中学后教育，仅有 4%—6% 的人继续求学以获取大学学位（见本书第五章）。

表 3.1　**25—29 岁群体的学业成就**　（%）

学业成就	国家收入动态研究第一组	国家收入动态研究第二组	国家收入动态研究第三组	国家收入动态研究第四组
低于 9 年级	18	13	13	9
9 年级	10	9	7	9
10 年级	12	12	12	12
11 年级	19	18	19	21
12 年级	29	32	31	27
中学毕业资质文凭/证书	10	13	17	19
大学学位	3	2	2	3
至少 12 年级	42	48	50	49

续表

学业成就	国家收入动态研究第一组	国家收入动态研究第二组	国家收入动态研究第三组	国家收入动态研究第四组
12 年级以后	13	16	19	22
12 年级以后继续求学的比例	31	33	38	44
12 年级以后获取大学学位的比例	6	5	4	6
统计人数（人）	1780	2098	2614	3059

资料来源：SALDRU 2008—2015。

注：中学毕业资质文凭/证书包括 12 年级证书或文凭；大学学位包括传统大学、综合大学、科技大学授予的学士学位、学士学位与文凭、荣誉学位、更高学位（硕士学位、博士学位）；每组采用后分层权重。

学业成就不同导致就业率与收入水平差异显著，体现了南非中学后教育的高回报性，对大学毕业生而言更是如此（Branson & Kahn 2017）。因此，劳动力市场上的低回报并不能解释大学和技术职业教育机构入学率低的现象。

图 3.1 分教育机构类型反映了至少具有 9 年级教育背景与具有中学毕业背景的 15—24 岁群体的入学率。数据来自 2009—2014 年综合家庭户调查（Stats SA 2015），仅考察目前未在接受教育的群体。2009—2014 年的入学率一直极为稳定，至少具有 9 年级教育背景的群体为 16% 左右。仅考察具有中学毕业背景的群体，入学率增至 25%。值得注意的是，尽管差距逐年减小，但公立大学（包括传统大学、综合大学、科技大学）入学率持续高于公立学院入学率。

仅有 50% 的南非人具有中学毕业资质（见表 3.1），其中，极少数人才有资格入读大学（见本书第五章），因此，技术职业教育与培训学院似乎就成为其他人的选择。然而情况并非如此，技术职业教育与培训学院的入学率仅占中学后教育机构入学率的约 26%。图 3.1 显示，技术职业教育与培训学院入学率逐年递增，表明南非高等教育与培训部努力推动该领域发展。但是，这种递增似乎是从大学和私立机构入学率转移而来的，不是因为未接受中学后教育的人数有所下降。要提高中学后教育的整体入学水平，单靠改变入学率的构成是不够的，我们需要关注目前未接受任何形式中学后教育的群体。

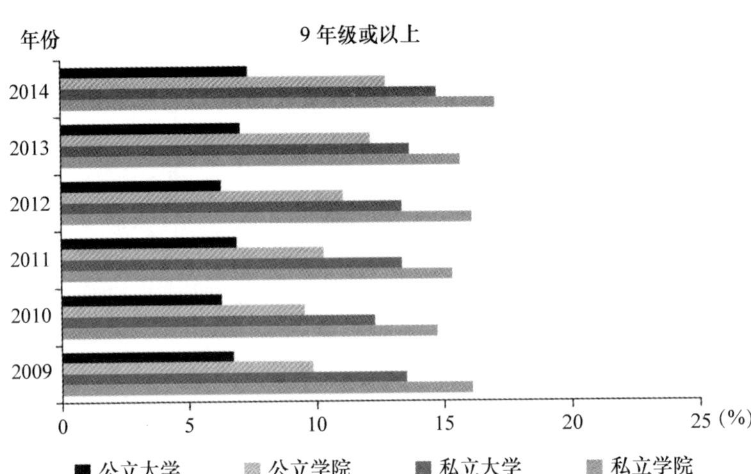

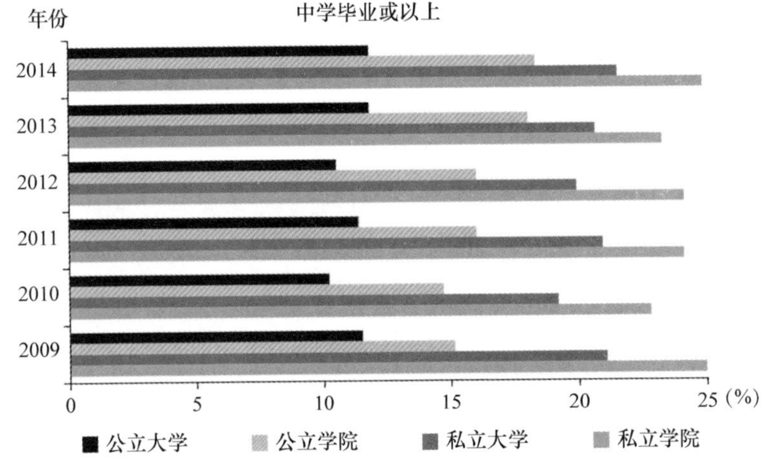

图 3.1　15—24 岁群体学院与大学入学率：综合家庭户调查

资料来源：Stats SA 2015.

注：包括具有 9 年级或中学毕业背景但目前未接受中学教育、成人教育/培训、识字班、家庭教育的全部 15—24 岁群体。

中学后教育入学决定的贷款限制

一个学生是否继续接受中学后教育，受到多个相互关联的因素制约，包括学费和筹措学业所需费用的能力。大量国际文献分析了相关因素的重要性，如家庭收入、家庭背景、影响中学后教育入学率的能力、高等教育领域资助政策的有效性[①]。其中一项研究对比了短期流动性约束和促进认知与非认知能力的长期因素（Carnerio & Heckman 2002）。学生决定是否继续接受中学后教育时，其家庭收入可以体现短期贷款限制，而通常由父母教育背景所决定的长期家庭收入将影响其一生及其家庭环境、学业表现、能力、继续接受教育的愿望。

国际文献表明，在分析入学决定时，长期家庭收入比短期贷款限制更为重要（Carnerio & Heckman 2002；Cameron & Heckman 2001；Keane & Wolpin 2001）。近期研究显示，家庭收入对入学决定和学业表现的影响正与日俱增（Belley & Lochner 2008；Lovenheim 2011；Lochner & Monge - Naranjo 2011）。其原因可能在于学费上涨、教育的回报增加、公共资助不足。对一个家庭尤其是相对贫困的家庭而言，家庭净财富以及与之相关的贷款/抵押可及度对入学决定有显著影响（Belley & Lochner 2008；Lovenheim 2011；Lochner & Monge - Naranjo 2011）。

南非的文献相对较少。开普地区小组研究的纵向数据（Lam et al. 2013）显示，中学后教育入学率的种族差距显著，其主因是父母教育背景和中学表现的差异，而非由中学期间家庭收入所测算的贷款限制。有些学者（Gurgand et al. 2011）借助借贷机构 Eduloan 的个人匹配数据和南非教育部 2004—2007 年的数据，使用断点回归设计估测，相比于未取得贷款的学生，取得贷款的学生入读大学的几率要高出 20%。

理解南非的中学后教育入学决定

数据与变量建构

我们在分析中使用国家收入动态研究数据的前四组。第一轮数据收集于 2008 年，现有 2008 年、2010/2011 年、2012 年、2014/2015 年四组数据。在每组数据中，家庭中的所有成年人拿到一份成人问卷，居家儿童

---

① 例如，Dynarski（2002）关于美国文献的综述、Solis（2013）对智利的研究、Cardak 和 Vecci（2015）对澳大利亚的研究，等等。

（14 岁及以下）的主要看护人拿到一份儿童问卷。这些个人问卷收集的教育信息涵盖调查当年和前一年。在第一组中，经同意后，12—59 岁调查对象参加了一项算术考试（该调查的细节信息见 Chinhema et al. 2016）。

学生中学离校时的社会经济因素会影响其是否继续接受中学后教育。国家收入动态研究经过 8 年得到四组数据，可以帮助我们考察整个中学后教育系统的入学情况，以及年轻人在接受中学后教育之前的人生关键时刻的社会经济信息。

本章的创新之处在于追踪具有中学毕业资质的学生如何抉择自己的中学后教育与培训去向。国家收入动态研究收集了调查对象所就读的中学后教育机构的名称与地址。我们将这些信息与收集到的南非所有公立中学后教育机构名单进行比对（详见 Branson & Kahn 2017），分为公立大学（包括传统大学、综合大学、科技大学）和公立技术职业教育与培训学院两类。通过网络检索，其余机构分为私立学院与高等教育机构、私立技术职业教育与培训学院、成人教育与培训中心、中学。其中，成人教育与培训中心和中学与我们的研究目标不符，私立学院与高等教育机构、私立技术职业教育与培训学院统一归为第三大类“其他”[①]。

这一全国性数据集不以年轻人为主，从样本规模来讲，使用起来有些麻烦（见本书布兰森的文章）。为使样本最大化，我们不逐一使用每组的小组数据，而是挑选每组中的调查对象，保证我们有其 12 年级时的信息及其中学离校后两年内某时间节点的信息[②]。样本中的群体在 30 岁以下，曾于 2007—2014 年就读于 12 年级，在 12 年级后两年内接受调查（取样与损耗分析见 Branson & Kahn 2017）。

我们以个体在 12 年级时的年份为基线构建其社会经济信息，当调查年份与调查对象在 12 年级时的年份不一致时，取相邻年份[③]。通过比对国家收入动态研究关于调查对象学校名称与地址的可靠数据[④]以及国家高级证

① 由于没有官方网站，某些“其他”机构难以归类（如护士学院、社会企业）。因此，从有钱的私立学院到半正式的培训中心，这一大类囊括了种类多样的非公立机构。

② 我们将样本限制在中学离校后两年内入读中学后教育机构的群体，不考虑其耗时差异，以使样本最大化。在 12 年级后三年或更长时间才入读中学后教育机构的群体，他们所面临的制约因素可能不同，但这超出了本文的研究范畴。

③ 调查对象 12 年级时的年份与基线年份的差异，详见 Branson & Kahn 2017。

④ 详见 Branson & Kahn 2017。

书考试的行政机构数据，我们进一步补充了国家收入动态研究的数据。

入学决定之前的特征差异

将样本限定在中学毕业后两年内的毕业生，我们得到的样本共计 2318 人。其中，226 人入读大学，214 人入读公立技术职业教育与培训学院，208 人入读“其他”类型中学后教育机构，其余 1670 人未被任何形式的中学后教育机构录取。如前所述，“其他”机构包括种类多样的私立中学后教育机构。因此，我们不对这一大类进行讨论。图 3.2 分类反映了中学后教育机构录取情况，其中，13% 的中学毕业生在两年内入读大学[①]，8% 入读技术职业教育与培训学院，11% 入读其他教育机构。附表 3A 按机构类型总结了样本在基线年份（与调查对象中学毕业年份最接近的年份，我们有其当年的社会经济数据）时的特征的平均值、标准差、样本（N）值[②]。

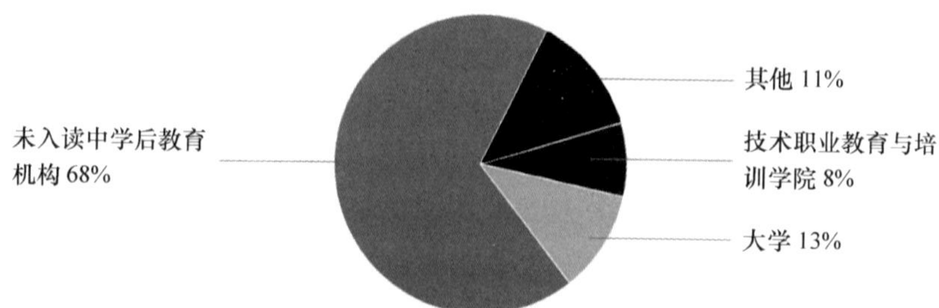

图 3.2　中学毕业后两年内入学情况（按机构类型划分）

资料来源：SALDRU 2008—2015。

注：本图显示国家收入动态研究样本中中学毕业后两年内入读各类中学后教育机构的学生比例。

未被录取的群体在基线年份的平均年龄最高，近 19 岁，44.8% 的人

① 这一比例类似于高等教育管理信息系统比对的数据中入读大学的中学毕业生的比例（见本书第五章）。

② 请注意，不同变量的样本规模有所不同，并非所有变量在成人问卷与代理问卷（成年人如无法填写成人问卷，则由代理人填写）中均有涉及，且有些项目（如教育开支）仅收集调查之前一年的信息。

12 年级时超过 19 岁。这说明，中学时有过留级现象、获得国家高级证书晚于预期的群体不大可能被中学后教育机构录取。入读技术职业教育与培训学院的群体，其平均基线年龄为 18. 42 岁，略低于未被录取的群体。但是，这仍高于 12 年级时的预期年龄（17—18 岁），且 36. 6% 的人 12 年级时超过 19 岁，说明入读技术职业教育与培训学院的群体也留过级。相比之下，入读大学的群体平均年龄为 17. 71 岁，与 12 年级时的预期平均年龄相仿，尽管其中 11. 3% 的人 12 年级时超过 19 岁，但仍说明该群体在完成中学学业之前留级的几率较小。非洲黑人在技术职业教育与培训学院的比例最高，而白人在大学的比例最高。未被录取群体的种族构成与入读技术职业教育与培训学院群体的种族构成类似，与入读大学群体的种族构成不同。

基线年份时的家庭环境变量包括家庭规模、构成、收入、父母教育背景。在这个方面，入读技术职业教育与培训学院的群体与未被录取的群体情况类似，与入读大学的群体不同。入读技术职业教育与培训学院的群体家庭规模与未被录取群体类似，但前者的家庭收入略高于后者，前者父母的受教育程度也高于后者。与这两个群体相比，入读大学的群体家庭规模较小，家庭收入高出三倍，父母的受教育经历多出 2. 5 年①。前两个群体的籍贯类似，来自城镇的人口所占比例类似、来自传统（农村）地区的人口所占比例也类似。与之相反，入读大学的群体来自城镇的比例更高，只有不到三分之一来自农村地区。此外，与入读大学的群体相比，前两个群体当年就读的中学离家更近，且入读技术职业教育与培训学院的群体就读的中学比未被录取的群体离家近得多。

算术考试成绩来自国家收入动态研究 2008 年的第一组数据。在该组中，所有 12—59 岁调查对象均参加一项小型算术考试。试题有四套，从 1 级到 4 级难度递增。调查人员根据调查对象以往最高的数学成绩向其分发相应难度的试题②。入读大学的群体算术平均 Z 分数（Z - score）最高（0. 002），入读技术职业教育与培训学院的群体次之（ - 0. 133），未被录

① 入读大学的群体与未被录取的群体的平均差在 0. 01% 显著性水平上有所不同。

② 有些调查对象会选择更难或更简单的试题。请注意，仅有 875 名调查对象有考试成绩，即样本的 38%。原因在于很多调查对象拒绝参加考试，且部分样本并非来自第一组数据。考试成绩在数据中仅作为 Z 分数（Z - score）处理。

取的群体最低（-0.545）[①]。入读技术职业教育与培训学院的群体成绩好于未被录取的群体，这一重要结果表明，中学学业结束之前评估的个人数学能力能够帮助前者入读技术职业教育与培训学院。请注意，我们并不是说这些成绩反映了他们的知识水平或天生能力，成绩的好坏可能受一系列因素影响，如个人因素、中学教育质量、家庭背景。

能够入读大学的群体，其中学学费和开支显著高于其他群体，这说明，能够负担更为高昂的中学学费、为自己的教育投入更多资金的学生更有可能入读大学。入读技术职业教育与培训学院的群体，其平均中学学费与未被录取的群体相比并无较大差别，但前者的中学开支总额是后者的近乎两倍。

最后，附表 3A 基于学生 12 年级时就读的中学总结了不同群体此前所在中学的特征。结果显示，从 12 年级学业表现来看，与入读大学的群体相比，入读技术职业教育与培训学院的群体与未被录取的群体此前所在中学教学质量较差。入读技术职业教育与培训学院的群体与未被录取的群体在以下方面情况类似：参加 12 年级考试的学生比例以及国家高级证书考试中的数学、第一语言英语的平均成绩，而入读大学的群体此前所在中学在上述指标上表现更好。但是，入读技术职业教育与培训学院的群体此前所在中学 12 年级考试整体通过率为 67.9%，高于未被录取的群体此前所在中学的 65.6%；在英语作为第一附加语言（English First Additional Language）的考试成绩方面，前者也比后者高出 0.5 个百分点。政府资源在各行政机构之间的分配极不平等，此外，为数众多的中学此前一直由非白人政府机构管辖至 1994 年且负面影响延宕至今，前教育部[②]的变量也可以用来衡量中学的教学质量。前教育机构下辖的中学分布情况与入读技术职业教育与培训学院的群体、未被录取的群体的情况类似[③]。

表 3.2 总结了不同类型机构相关的成本、资助、距离。大学学费是技术职业教育与培训学院学费的两倍多，前者的平均教育总开支是后者的近

① 入读技术职业教育与培训学院的群体与未被录取的群体选择的考试难度类似（与其以往的数学成绩相比），考试完成率也类似。

② 教育与培训部（Department of Education and Training，曾管辖非洲黑人中学）、众议院（House of Representatives，曾管辖有色人种中学）、参议院（House of Assembly，曾管辖白人中学）、代表院（House of Delegates，曾管辖印度裔/亚裔中学）、新教育部中学（1994 年起建立）。

③ 鉴于样本规模较小，该结果应谨慎对待。

三倍①。考虑到附表3A中12年级毕业生的家庭收入，技术职业教育与培训学院的年均教育总开支（约12000兰特，约合4600元人民币）不算太少，因为对技术职业教育与培训学院的全额资助仅限于最为贫困的家庭。约有32%的技术职业教育与培训学院学生获得过某种形式的奖助学金，略少于大学学生的比例②。最后，在中学离校当年，入读技术职业教育与培训学院的群体与各类教育机构之间的距离较远，增加了赴中学后教育机构就读的成本。

整体而言，数据显示，在人口统计与某些社会经济特征方面，入读技术职业教育与培训学院的群体与未被录取的群体更为相似，与入读大学的群体不同。不过，入读技术职业教育与培训学院的群体在学业方面比未被录取的群体表现得好。此外，尽管技术职业教育与培训的费用远远低于大学教育，但对平均收入较低的家庭而言，大大增加了其开支成本。

收入、考试成绩与入学情况的关系

我们的研究兴趣在于收入限制、学业表现、中学后教育入学决定之间的关系。尽管只收集到38%的调查对象（约900人）的考试成绩信息，但依然可以得出有代表性的结论，研究（Branson & Kahn 2017）表明，按家庭收入分组的标准化成绩分布的差异并不显著，高收入组的成绩最高，中收入组的成绩次之，低收入组的成绩最低③。如图3. 3A—图3. 3C（每张图代表一种中学后教育机构的情况），我们按考试成绩考察每个收入组的入学情况及整体情况④。图3. 3A显示，大学的入学水平与整体考试成绩之间存在明显的正相关关系。在高收入组，成绩与大学入学情况之间的关系基本上呈直线形，几乎每个成绩节点上的入学情况都好于中收入组或低收入组。最值得注意的是低收入组的入学情况与考试成绩的关系。可以看出，在低收入组，低于平均值2个标准差的入学率几乎为零，高于平均值1个

① 鉴于样本规模较小，解读该数据应谨慎。

② 但我们无法区分其中基于成绩的奖学金和基于需求的奖学金类别。

③ 收入分组仅基于样本，因此不代表南非全部人口的收入分组。

④ 这些图反映了局部平滑（locally－smoothed）数字，仅限于平均值2个标准差以内的成绩。

表 3.2

成本与资助（按机构类型划分）

	大学（人数：226）			公立技术职业教育与培训学院（人数：214）			其他（人数：208）		
变量	平均值	标准差	人数	平均值	标准差	人数	平均值	标准差	人数
成本（单位：兰特）									
学费	17618.43	16987.83	114	7462.18	19416.84	88	12343.55	17859.86	104
教育总支出	35497.63	82786.98	91	11988.98	22429.25	80	17906.86	21095.25	85
资助									
奖助学金	0.376	0.487	116	0.318	0.468	90	0.139	0.347	97
非政府组织支付	0.019	0.138	115	0.063	0.245	90	0.020	0.140	97
奖助学金或非政府组织支付	0.388	0.489	116	0.364	0.484	90	0.141	0.350	97
毕业时学校与家的物理距离（单位：公里）									
公立技术职业教育与培训学院或大学的距离	11.240	14.720	218	15.742	17.003	202	12.324	14.774	199
公立大学的距离	39.406	44.802	218	50.850	42.740	202	42.290	45.542	199
公立技术职业教育与培训学院的距离	12.900	15.511	218	17.073	17.994	202	13.430	15.591	199
公立科技大学的距离	98.763	106.645	218	114.952	97.727	202	119.186	113.523	199

资料来源：SALDRU 2008—2015。

注：本表包括小组中中学毕业后两年内入读中学后教育机构的毕业生。毕业时的物理距离测算基于与调查对象中学毕业年份最接近的年份的家庭位置，我们有其当年的社会经济数据。大学包括传统大学、综合大学、科技大学。“其他”包括私立学院与技术职业教育与培训学院。调查对象基线组采用后分层权重。

标准差时才逐渐上升。后续的入学率快速提升，高于平均值 1.8 个标准差时接近高收入组的入学水平。

图 3.3A—图 3.3C 显示了全部样本中每个收入组入读每类中学后教育机构的比例（按标准化成绩划分）。

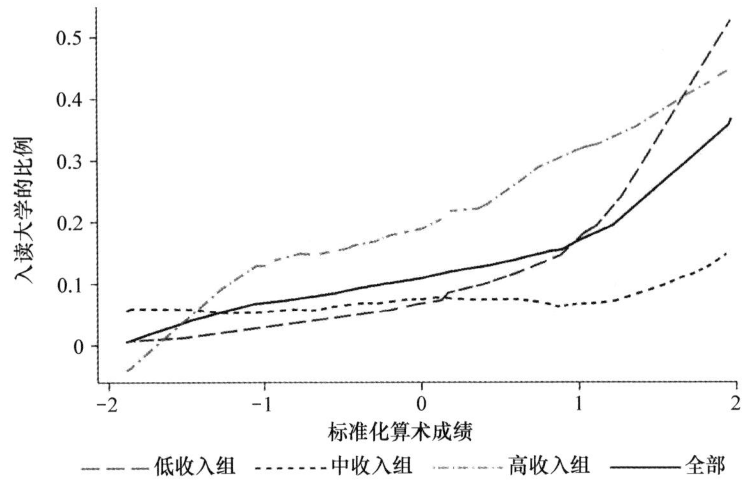

图 3.3A　大学入学情况（按算术考试成绩和收入组划分）

但在中收入组，入学水平与考试成绩没有关联。当前的资助政策可以解释不同收入组的入学模式存在差异。南非“国家学生资助计划”目前的资助对象是最低收入群体。因此，如果收入尚未低至有资格申请这一政府资助项目，中收入组群体可能没有资格获得资助。同时，他们可能没有资金支持以获取私人贷款。在当前关于资助的研究中，他们被称为“失落的中收入组”（missing middle）（DHET 2017b）。

图 3.3B 反映了按考试成绩和收入划分的技术职业教育与培训学院入学情况，成绩越好入学率越高，但与大学的入学模式不同。在中收入组，技术职业教育与培训学院的入学水平随着成绩的增加而提高，进一步印证了上述的“失落的中收入组”理论。在高收入组，入学水平先升后降。这一定程度上表明，成绩高于某个分值时，学生更倾向于选择大学而非技术职业教育与培训学院，这一模式在低收入组的好成绩学生中也有体现。最后，在低收入组的整个考试成绩分布中，技术职业教育与培训学院的入学率普遍较低，这说明，资助限制可能将有能力的调查对象挡在学院门外。

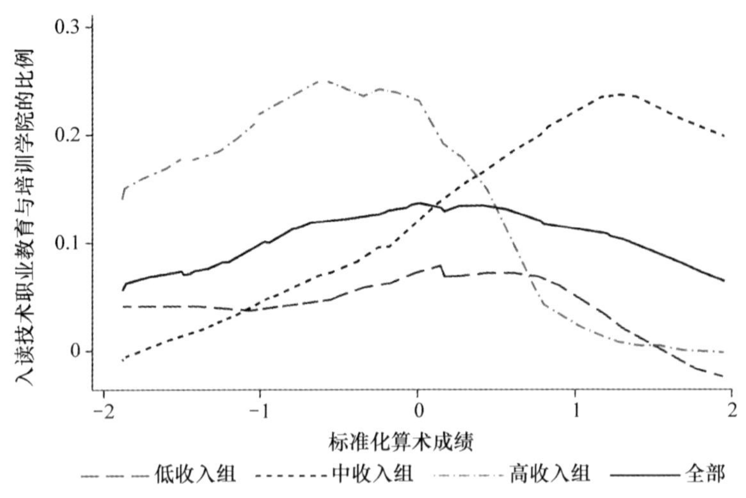

图 3.3B　技术职业教育与培训学院入学情况
（按算术考试成绩和收入组划分）

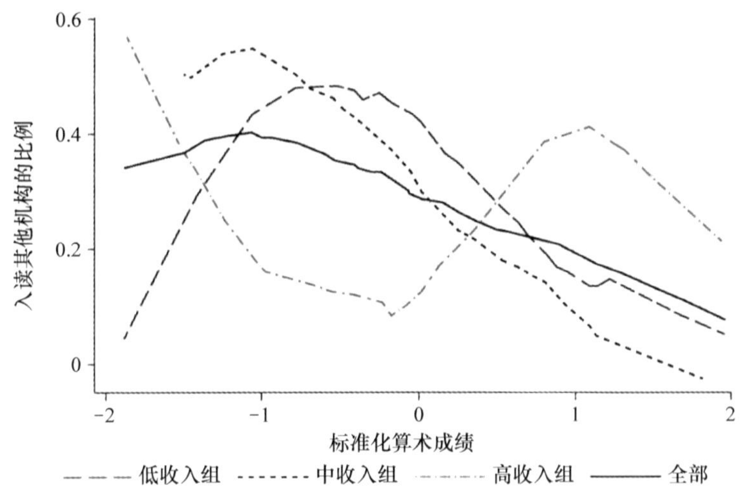

图 3.3C　其他机构入学情况（按算术考试成绩和收入组划分）

资料来源：SALDRU 2008—2015。

注：这些图包括样本中在第一组参加算术考试的调查对象。成绩高于或低于平均值 2 个标准差的调查对象未予收录。调查对象基线组采用后分层权重。

图 3.3C 反映了按成绩划分的其他机构入学情况。其中的“尖状”模式一定程度上反映了这一组的异质性。但整体而言，其他机构的入学水平随着考试成绩的提高而降低。

录取情况的相关分析：谁进入了哪所中学后教育与培训机构？

表 3.3 反映了 6 个多项逻辑回归的结果。因变量为机构类型（大学、技术职业教育与培训学院、其他、未被录取），解释变量包括前述的个人、家庭、学校特征。所有回归中因变量的基准类型为未被录取的群体。因此，与未被录取至中学后教育机构的情况相比，系数反映了解释变量与某类机构录取情况的关系。第一个回归仅包括两项中学教学质量的指标：12 年级时超过 19 岁的群体的人数和他们的最高数学成绩。其中，超过 19 岁的群体是判断是否留级的指标①。在第二个回归中，我们增加了家庭人均收入对数，并在后续的每项回归中增加其他参照项，包括人口统计信息、中学与家庭特征。

表 3.3　**入学几率的多项逻辑回归（按机构类型划分）**

变量	大学	技术职业教育与培训学院	其他
中学毕业时超过 19 岁	-1.779*** (0.281)	-0.25 (0.232)	-0.539** (0.222)
收入对数（平均值 0）			
参照项			
年龄、性别、种族	否	否	否
所毕业中学的特征	否	否	否
父母受教育程度与家庭规模	否	否	否
毕业时与中学后教育与培训机构的距离	否	否	否

① 其他研究（Branson & Kahn 2017）使用了更为直接的判断留级与否的指标，并得出类似结果。但该指标似乎有误，显示入读大学的群体中有相当一部分人至少曾留级一次。因此，我们倾向于以超龄作为指标，这样就不大可能出现测算错误。

续表

变量	大学	技术职业教育与培训学院	其他
观测人数	2264	2264	2264
伪 R 平方	0.046	0.046	0.046

变量	大学	技术职业教育与培训学院	其他
中学毕业时超过 19 岁	-0.055 (0.358)	0.0816 (0.329)	0.306 (0.309)
收入对数（平均值 0）	0.736 *** (0.134)	0.418 *** (0.0978)	0.597 *** (0.129)
参照项			
年龄、性别、种族	是	是	是
所毕业中学的特征	是	是	是
父母受教育程度与家庭规模	否	否	否
毕业时与中学后教育与培训机构的距离	否	否	否
观测人数	2263	2263	2263
伪 R 平方	0.137	0.137	0.137

大学	技术职业教育与培训学院	其他	大学	技术职业教育与培训学院	其他
-1.401 *** (0.283)	-0.174 (0.24)	-0.369 (0.229)	-0.645 * (0.361)	0.0678 (0.325)	0.404 (0.329)
0.770 *** (0.116)	0.219 ** (0.0851)	0.425 *** (0.114)	0.839 *** (0.133)	0.409 *** (0.0975)	0.643 *** (0.131)
否	否	否	是	是	是
否	否	否	否	否	否
否	否	否	否	否	否
否	否	否	否	否	否
2263	2263	2263	2263	2263	2263
0.089	0.089	0.089	0.121	0.121	0.121

续表

大学	技术职业教育与培训学院	其他	大学	技术职业教育与培训学院	其他
-0.546 (0.354)	0.0433 (0.33)	0.312 (0.303)	-0.521 (0.356)	0.173 (0.325)	0.331 (0.305)
0.569*** (0.143)	0.365*** (0.111)	0.457*** (0.134)	0.541*** (0.145)	0.335*** (0.113)	0.426*** (0.138)
是	是	是	是	是	是
是	是	是	是	是	是
是	是	是	是	是	是
否	否	否	是	是	是
2263	2263	2263	2263	2263	2263
0.148	0.148	0.148	0.155	0.155	0.155

资料来源：SALDRU 2008—2015。

注：括号中为标准误。显著性：*** $p<0.01$，** $p<0.05$，* $p<0.1$。各项回归包括小组中 12 年级离校后两年内入读中学后教育机构的毕业生。所有回归中因变量的基准类型为未被录取的群体，因此，与未被录取至中学后教育机构的情况相比，系数反映了解释变量与某类机构录取情况的关系。参照项取自与调查对象 12 年级时最接近的年份，我们有其当年的社会经济数据。12 年级时中学的特征包括：未匹配中学的虚拟变量、负责中学事务的前教育部的虚拟变量、中学毕业考试通过率的虚拟变量。所有回归中的其他参照项还包括数学最好成绩。大学包括传统大学、综合大学、科技大学。“其他”包括私立学院与技术职业教育与培训学院。

在前两个回归中，在分析大学及其他机构的录取情况时，“超龄”的虚拟变量显著性较强。系数显示，如果 12 年级时超过 19 岁，入读中学后教育机构的几率会减小，入读大学的几率比入读其他类型机构的几率更小。加入社会经济参照项后，在分析技术职业教育与培训学院和其他机构录取情况时，超龄系数的显著性较弱，这说明两者无直接关系。换言之，12 年级时的超龄现象（可能由留级导致）大概是家庭背景薄弱、中学教学质量不高的副产品。另有证据显示，在南非，学生是否留级是中学教育能力高低的显著指标，对资源匮乏的中学更是如此（Lam et al. 2011）。

对任何类型的机构来说，即便加入社会经济特征和中学特征的参照项，12 年级时的家庭收入与教育机构录取情况之间的关系仍极为密切。大学录取情况的系数高于技术职业教育与培训学院录取情况的系数，这说明，相较于对入读技术职业教育与培训学院的影响而言，家庭收入对入读大学的影响更大。鉴于大学学费比其他机构学费都高，这一点不足为奇。因此，结果显示，在关于入读何种中学后教育机构的问题上，短期家庭收入比长期家庭财富（以父母教育背景为指标）和中学教学质量更为重要。请注意，加入参照项后，用于分析技术职业教育与培训学院录取情况的收入系数在量级上基本保持不变。短期收入的显著性一直较强，这一现象与我们的分析最为相关，有力证明了来自低收入家庭的12年级毕业生不大可能入读技术职业教育与培训学院。

在表3.4中，我们加入算术考试成绩和考试成绩缺失的指标，重新做了六个回归①。加入人口统计、家庭背景、中学因素的参照项后，成绩反映了个人能力在一定程度上对录取情况的影响。相较于未被任何形式中学后教育机构录取的情况，在分析大学和技术职业教育与培训学院的录取情况时，考试成绩的显著性极强。而且在加入收入、社会经济、中学的参照项后，显著性仍然很强。在“其他”类型中，可能由于该组内部的异质性，成绩的显著性不强。这些结果表明，在大学和技术职业教育与培训学院的录取问题上，与家庭背景、中学教学质量无关的个人能力比较重要。

表3.4　**入学几率的多项逻辑回归（按机构类型划分，包括算术成绩）**

变量	大学	技术职业教育与培训学院	其他
算术Z分数	0.616*** (0.218)	0.543*** (0.175)	0.250 (0.171)
中学毕业时超过19岁	-1.761*** (0.283)	-0.239 (0.236)	-0.565** (0.229)
收入对数（平均值0）			
参照项			
年龄、性别、种族	否	否	否
所毕业中学的特征	否	否	否
父母受教育程度与家庭规模	否	否	否
毕业时与中学后教育与培训机构的距离	否	否	否

①　相关研究（Branson & Kahn 2017）的附表7复现了将样本仅限于有考试成绩的调查对象之后的结果，与表3.4的结果基本一致。

续表

变量	大学	技术职业教育与培训学院	其他
观测人数	2264	2264	2264
伪 R 平方	0.0584	0.0584	0.0584

变量	大学	技术职业教育与培训学院	其他
算术 Z 分数	0.500*** (0.190)	0.547*** (0.182)	0.305* (0.170)
中学毕业时超龄	-0.516 (0.362)	0.106 (0.330)	0.318 (0.312)
收入对数（平均值 0）	0.728*** (0.134)	0.406*** (0.0982)	0.587*** (0.128)
参照项			
年龄、性别、种族	是	是	是
所毕业中学的特征	是	是	是
父母受教育程度与家庭规模	否	否	否
毕业时与中学后教育与培训机构的距离	否	否	否
观测人数	2263	2263	2263
伪 R 平方	0.146	0.146	0.146

大学	技术职业教育与培训学院	其他	大学	技术职业教育与培训学院	其他
0.485*** (0.196)	0.545*** (0.177)	0.234 (0.170)	0.493** (0.192)	0.542*** (0.175)	0.279 (0.171)
-1.360*** (0.283)	-0.167 (0.244)	-0.388* (0.234)	-0.619* (0.365)	0.0904 (0.325)	0.405 (0.331)
0.753*** (0.117)	0.200** (0.0870)	0.420*** (0.113)	0.826*** (0.133)	0.394*** 0.0974	0.630*** (0.128)
否	否	否	是	是	是
否	否	否	否	否	否
否	否	否	否	否	否
否	否	否	否	否	否

续表

大学	技术职业教育与培训学院	其他	大学	技术职业教育与培训学院	其他
2263	2263	2263	2263	2263	2263
0.0975	0.0975	0.0975	0.131	0.131	0.131
大学	技术职业教育与培训学院	其他	大学	技术职业教育与培训学院	其他
0.479*** (0.193)	0.523*** (0.179)	0.270 (0.173)	0.478** (0.194)	0.526*** (0.178)	0.275 (0.173)
-0.522 (0.358)	0.0685 (0.328)	0.321 (0.306)	-0.498 (0.360)	0.189 (0.324)	0.339 (0.308)
0.568*** (0.140)	0.360*** (0.110)	0.456*** (0.134)	0.539*** (0.143)	0.330*** (0.112)	0.427*** (0.137)
是	是	是	是	是	是
是	是	是	是	是	是
是	是	是	是	是	是
否	否	否	是	是	是
2263	2263	2263	2263	2263	2263
0.157	0.157	0.157	0.163	0.163	0.163

资料来源：SALDRU 2008—2015。

注：括号中为标准误差。显著性：*** $p<0.01$，** $p<0.05$，* $p<0.1$。各项回归包括小组中毕业后两年内入读中学后教育机构的毕业生。所有回归中因变量的基准类型为未被录取的群体，因此，与未被录取至中学后教育机构的情况相比，系数反映了解释变量与某类机构录取情况的关系。参照项取自与调查对象12年级时最接近的年份，我们有其当年的社会经济数据。所毕业中学的特征包括：负责中学事务的前教育部的虚拟变量、中学毕业考试通过率的虚拟变量。所有回归中的其他参照项还包括：缺失虚拟变量、最好数学成绩、考试成绩缺失的虚拟变量、实际算术考试级别与建议级别之间的差异。大学包括传统大学、综合大学、科技大学。“其他”包括私立学院与技术职业教育与培训学院。

加入家庭收入的因素后，入读大学的群体的成绩系数降低，而入读技术职业教育与培训学院群体的系数保持不变。换言之，家庭收入在一定程度上反映了个人能力与大学录取情况之间的关系，但不反映其与技术职业教育与培训学院录取情况之间的关系。

讨论与结论

就其多个基线社会经济特征而言，入读技术职业教育与培训学院的群体与离开中学后两年内未入读任何中学后教育机构的群体没有本质上的差异，但还是有些重要区别：前者的家庭收入略高，其母亲的受教育程度更高，考试成绩也好得多。在分析大学与技术职业教育与培训学院的录取情况时，加入长期社会经济背景和中学教学质量变量的参照项，中学毕业当年家庭收入的显著性极强。这对政府决策至关重要。在分析大学和技术职业教育与培训学院的录取情况时，即便加入社会经济背景和中学教学质量变量的参照项，以考试成绩为指标的个人能力也很重要。

这些结果十分重要。第一，在分析技术职业教育与培训学院（及大学）的录取情况时，短期的资金限制是重要因素，这一发现说明，目前的资助范围还不够大。因此，如果仅扩大技术职业教育与培训学院的招生规模，而不改革资助制度，可能不足以增加招生人数。第二，仅扩大资助范围也不见得能解决技术职业教育与培训学院的招生规模问题。目前，入读技术职业教育与培训学院的学生个人能力高于未被录取的群体，这说明，能力较弱或中学学业表现欠佳的学生被挡在技术职业教育与培训学院门外。技术职业教育与培训学院的的初衷是招收受教育程度至少达到 9 年级的学生并将其培养成才，而现状则令人忧虑。如果按照学生的成功率来评估技术职业教育与培训学院，那么这些学院是否从中学专门挑选了表现最好的学生来提高自身的整体水平？面对中学后教育系统中这样一类难以理解、不为人知、关注不够的教育机构，学习能力较差的学生没有动力，也不大可能入读其中。

我们的研究成果表明，要想做大中学后教育领域并使之造福社会，有两点至关重要：一是为大学学生尤其是技术职业教育与培训学院学生提供资助，二是促进中学毕业生所学技能与大学、学院的入学要求对接。我们承认，这些成果没有涉及技术职业教育与培训学院所面临的供给侧挑战。如果不解决供给侧挑战，上述举措的成效就会大打折扣。

参考文献

Belley P & Lochner L（2008）*The changing role of family income and ability in determining educational achievement*. CIBC Working Paper Series Working Paper # 2008 – 1. Ontario：Department of Economics，Social Science Centre，the University of Western Ontario.

Branson N，Hofmeyr C，Papier J & Needham S（2015）Post – school education：Broadening alternative pathways from school to work. In A De Lannoy，S Swartz，L Lake & C Smith（Eds）*South African Child Gauge*. Cape Town：Children's Institute，University of Cape Town.

Branson N & Kahn A（2017）*The post – matriculation enrolment decision：Do public colleges provide students with a viable alternative? Evidence from the first four waves of the National Income Dynamics Study*. LMIP Report No. 31. Pretoria：The Labour Market Intelligence Partnership（LMIP），Education and Skills Development（ESD）Programme，Human Sciences Research Council.

Cameron SV & Heckman J（2001）The dynamics of educational attainment for black，Hispanic，and white males. *Journal of Political Economy* 109（3）：455 – 499.

Carneiro P & Heckman J（2002）The evidence on credit constraints in post – secondary schooling. *Economic Journal* 112（482）：705 – 734.

Cardak BA & Vecci J（2015）*Graduates，dropouts and slow finishers：The effects of credit constraints on university outcomes*. Oxford Bulletin of Economics and Statistics. Oxford：Oxford University Press.

Cosser M，Kraak A & Winnaar L & FET Audit Project Team（2011）*Further education and training（FET）colleges at a glance in* 2010. *FET colleges audit May – July* 2010. Pretoria：HSRC.

DHET（Department of Higher Education and Training）（2013）*White paper for post – school education and training：Building an expanded，effective and integrated post – school system*. Pretoria：DHET.

DHET（Department of Higher Education and Training）（2016）*Statistics on post – school education and training in South Africa*：2014. Pretoria：DHET.

DHET（Department of Higher Education and Training）（2017a）*Register of private higher education institutions*. Pretoria：DHET.

DHET（Department of Higher Education and Training）（2017b）*Ministerial task team report on a support and funding model for poor and 'missing middle' students*. Pretoria：DHET. .

Dynarski S（2002）The behavioral and distributional implications of aid for college. *American Economic Review* 92（2）：279 –285.

Gurgand M，Lorenceau AJ & Melonio T（2011）*Student loans：Liquidity constraints and higher education in South Africa*. Agence Française de Développement Working paper 117. Paris：AFD.

Keane MP & Wolpin KI（2001）The effect of parental transfers and borrowing constraints on educational attainment. *International Economic Review* 42（4）：1051 –1103.

Lam D，Ardington C，Branson N & Leibbrandt M（2013）*Credit constraints and the racial gap in post – secondary education in South Africa*. A Southern Africa Labour and Development Research Unit Working Paper Number 111. Cape Town：SALDRU，University of Cape Town.

Lam D，Ardington C & Leibbrandt M（2011）Schooling as a lottery：Racial differences in school advancement in urban South Africa. *Journal of Development Economics* 95（2）：121 –136.

Lochner L & Monge – Naranjo A（2011）The nature of credit constraints and human capital. *American Economic Review* 101（6）：2487 –2529.

Lovenheim M（2011）The effect of liquid housing wealth on college enrollment. *Journal of Labor Economics* 29（4）：741 –771.

McGrath S & Akoojee S（2010）Regulating private vocational education and training（VET）inSouth Africa：the national development imperative. *Africa Education Review* 7（1）：16 –33.

SALDRU（Southern Africa Labour and Development Research Unit）（2008—2015）*National income dynamics study*，*Waves* 1 – 4. Cape Town：SALDRU，University of Cape Town. Accessed January 2017，http：//www.

nids. uct. ac. za/nids – data/data – access.

Solis A（2013）*Credit access and college enrolment*. Working Paper No. 2013：12. Uppsala：Department of Economics，Uppsala University.

Stats SA（Statistics South Africa）（2015）*General household survey* 2009 – 2014. Pretoria：Stats SA.

TVET Colleges South Africa（2016）*Public TVET colleges*. Accessed January 2017，http：//www. fetcolleges. co. za/Site_ Public_ FET. aspx.

UniversitiesSouth Africa（2015）*Public universities in South Africa*. Accessed January 2017，http：//www. universitiessa. ac. za/public – universities – south – africa.

Van Der Berg S & Van Broekhuizen H（2012）*Graduate unemployment in South Africa：A much exaggerated problem*. A Working Paper of the Department of Economics and the Bureau for Economic Research 22/12. Stellenbosch：Stellenbosch University.

附　　录

附表 3A　　**入学学生特征（按机构类型划分）**

变量	大学（人数：226）				公立技术职业教育与培训学院（人数：214）				其他（人数：208）			未接受中学后教育（人数：1670）		
入学特征	平均值		标准差	人数	平均值		标准差	人数	平均值	标准差	人数	平均值	标准差	人数
人口统计														
基线年份的年龄	17.711	***	1.586	226	18.462	***	2.083	214	18.173	1.925	208	18.922	2.398	1670
中学毕业时超过 19 岁	0.113	***	0.317	222	0.366	***	0.483	212	0.313	0.465	203	0.448	0.497	1644
女性	0.581		0.494	226	0.576		0.495	214	0.678	0.468	208	0.546	0.498	1670
非洲人	0.726		0.447	226	0.951		0.217	214	0.920	0.272	208	0.884	0.321	1670
有色人种	0.091		0.288	226	0.043		0.203	214	0.007	0.086	208	0.063	0.242	1670
印度裔	0.042	*	0.200	226	0.001		0.029	214	0.014	0.119	208	0.028	0.165	1670
白人	0.141	***	0.349	226	0.006		0.076	214	0.058	0.235	208	0.026	0.159	1670
家庭（中学毕业时）														
家庭规模	5.078	***	2.439	226	6.027		2.577	214	5.499	3.393	208	6.369	3.450	1670
6—18 岁人数	1.968	*	1.275	226	2.174	**	1.266	214	2.028	1.541	208	2.267	1.674	1670
19—22 岁人数	0.506	***	0.709	226	0.705		0.771	214	0.802	0.792	208	0.965	0.843	1670
补助收入	0.387	***	0.488	226	0.663	*	0.474	213	0.478	0.501	206	0.647	0.478	1662

续表

变量	大学（人数：226）				公立技术职业教育与培训学院（人数：214）				其他（人数：208）			未接受中学后教育（人数：1670）		
入学特征	平均值		标准差	人数	平均值		标准差	人数	平均值	标准差	人数	平均值	标准差	人数
家庭收入	3784.83	***	5301.02	226	1140.38	**	2063.70	214	2199.46	3644.87	208	971.71	1753.37	1670
母亲教育背景	10.410	***	4.207	222	7.822	***	3.866	208	9.414	3.901	201	7.149	4.308	1609
父亲教育背景	10.421	***	3.827	145	7.703	*	4.434	136	8.874	4.349	125	6.593	4.693	934
地理类型														
传统	0.306	**	0.462	226	0.479		0.501	214	0.304	0.461	207	0.507	0.500	1670
城镇	0.679	***	0.468	226	0.505	*	0.501	214	0.692	0.463	207	0.466	0.499	1670
农场	0.014	*	0.120	226	0.016		0.127	214	0.004	0.064	207	0.027	0.163	1670

附表 3A（续） **入学学生特征（按机构类型划分）**

变量	大学（人数：226）				公立技术职业教育与培训学院（人数：214）				其他（人数：208）			未接受中学后教育（人数：1670）		
入学特征	平均值		标准差	人数	平均值		标准差	人数	平均值	标准差	人数	平均值	标准差	人数
毕业时离中学的远近														
距就读中学较远[a]	4.598		200.84	194	2.179	**	1061.43	181	3.662	641.83	166	2.865	414.47	1445
个人学业表现和支出														
算术 Z 分数	0.002	***	0.990	93	-0.133	**	0.825	81	-0.358	0.859	70	-0.545	0.926	631
实际试题难度	0.127		0.512	93	-0.110		0.757	81	-0.211	0.842	70	-0.110	0.886	631
未参加考试	0.538		0.500	226	0.526		0.500	214	0.561	0.497	208	0.506	0.500	1670
最好数学成绩	9.985	**	2.930	222	9.413		3.276	209	10.190	2.306	206	9.663	2.842	1633
学费	3696.18	***	6516.43	201	568.99		1483.05	186	2264.65	4430.69	183	610.76	2307.44	1402
未付学费	0.343	***	0.476	143	0.689		0.465	150	0.487	0.502	119	0.590	0.490	1027
中学总开支	5095.68	***	8442.51	146	2810.60	**	5997.10	146	3819.88	6109.99	135	1489.99	3389.82	1107
所毕业中学的特征														
参加考试毕业生比例	0.975	*	0.036	187	0.955		0.131	182	0.974	0.041	168	0.965	0.067	1408
通过考试毕业生比例	0.813	***	0.200	187	0.679	**	0.194	181	0.705	0.197	168	0.656	0.219	1407
升学毕业生通过考试比例	0.796	***	0.205	187	0.649	**	0.209	182	0.688	0.199	168	0.636	0.221	1408
参加数学考试毕业生比例	0.414	***	0.229	187	0.340		0.205	180	0.338	0.230	165	0.295	0.210	1394
参加数学考试而非数学素养考试毕业生比例	0.463	***	0.231	186	0.407		0.234	182	0.429	0.262	168	0.371	0.235	1406
数学平均成绩	45.457	***	11.720	185	37.398		8.985	176	40.405	10.482	166	37.977	10.342	1372

续表

变量	大学（人数：226）				公立技术职业教育与培训学院（人数：214）				其他（人数：208）			未接受中学后教育（人数：1670）		
入学特征	平均值		标准差	人数	平均值		标准差	人数	平均值	标准差	人数	平均值	标准差	人数
英语平均成绩（第一语言）	55.014	***	9.514	160	49.974		5.405	173	50.505	8.677	160	49.408	6.605	1348
英语平均成绩（家庭语言）	59.811	***	9.290	56	50.244	***	6.497	16	54.384	8.763	31	53.080	8.224	151
独立定居地	0.120		0.325	189	0.110		0.314	179	0.203	0.403	163	0.123	0.329	1423
自治领地	0.196	**	0.398	189	0.391		0.489	179	0.206	0.406	163	0.373	0.484	1423
教育与培训部中学	0.160	*	0.368	189	0.301	*	0.460	179	0.290	0.455	163	0.233	0.423	1423
参议院中学	0.173		0.379	189	0.073		0.261	179	0.059	0.236	163	0.047	0.211	1423
众议院中学	0.072	***	0.259	189	0.046		0.210	179	0.063	0.243	163	0.076	0.265	1423
代表院中学	0.086	**	0.281	189	0.014		0.118	179	0.013	0.113	163	0.020	0.139	1423
WCED/TED/CED/FED中学	0.074	**	0.263	189	0.005		0.071	179	0.036	0.187	163	0.022	0.148	1423
新教育部中学	0.110		0.313	189	0.053		0.225	179	0.131	0.339	163	0.105	0.307	1423
INDEP 中学	0.010		0.100	189	0.007		0.086	179	0.000	0.000	163	0.000	0.013	1423
城镇中学	0.596	***	0.492	145	0.374	*	0.486	146	0.561	0.498	125	0.404	0.491	1167

资料来源：国家收入动态研究第一组至第四组（2008—2015）。

注：本表包括小组中中学毕业后两年内入读中学后教育机构的毕业生。入学特征取自与调查对象中学毕业年份最接近的年份，我们有其当年的社会经济数据。大学包括传统大学、综合大学、科技大学。“其他”包括私立学院与技术职业教育与培训学院。调查对象基线组采用后分层权重。第 2 列、第 6 列分别体现大学（技术职业教育与培训学院）组与未被录取组的统计显著性，显著性：*** $p<0.01$，** $p<0.05$，* $p<0$。

[a]在各类型中，记录该变量的中位数而非平均值。

第四章

成人教育与培训的孤岛：中学后教育拼图中缺失的一块

佩利维·洛瓦纳(Peliwe Lolwana)

本章聚焦南非中学后教育与培训领域一个常常被人遗忘的角落：成人教育与培训。高等教育与培训部近年启动了一项宏伟的计划，旨在建立一个社区教育与培训系统，为需要接受继续教育但却无法入读大学或技术职业教育与培训学院的成人和青年提供帮助（DHET 2013）。该系统包括基础教育、成人扫盲、成人教育与培训、技能培训等项目。一般认为，社区教育与培训学院在南非是新鲜事物，其实它们是在各种形式的成人教育与培训基础上建立起来的。尽管南非的公立成人教育历史悠久，但尚未形成一个完善的成人教育统计数据库。因此，几乎没有诸如学生个人信息、所学内容、学习时长、学生理想、结业去向之类的信息。

成人教育与培训研究领域的上述问题是由多方面因素导致的，例如，长期以来政府对成人教育的投入不够，支撑成人教育与扫盲事业的非政府组织逐渐消失，该领域所得资源与教育系统内的其他领域相比少之又少（Lolwana 2012）。此外，成人教育本就规模不大的专业力量也分流至资金更为充裕的其他教育领域。由于国家层面未能整合、发展成人教育，尚未分流的教学科研人员及倡导者则退守自己的小圈子无甚作为。在成人教育的发展趋势与模式研究方面，数据缺乏、能力不足的问题使得形势更加严峻。

在这一背景下，半数南非人（2739.7 万人）的教育程度低于国家高级证书级别。此外，852.9 万人有国家高级证书，但未取得学位项目申请资质[①]，占没有国家高级证书群体的三分之一（Stats SA 2016；另见本书第五

① 拥有学位项目申请资质的学生可以申请大学的学位项目。

章）。其中大部分人需要完成中学学业。年轻人中学毕业后如果想继续接受教育，以往的中学后教育系统能够为他们提供若干选项，然而，经过一系列重构，这种情况已经不复存在（Gibbon et al. 2012）。对于建立在现有成人教育与培训机构基础之上的社区教育与培训学院而言，上述背景有其重要启示。换言之，成人教育已经成为南非的一座孤岛，与中学后教育系统的其他领域脱节，也不是年轻人接受继续教育与培训的选项。因此，要想构建社区教育与培训学院系统并使之成功融入整个中学后教育系统，就要解决以上问题。

但首要工作是梳理目前参加成人教育与培训项目学生的详细信息，以便能够分析成人教育领域的入学、就读、成就、进展情况。本章以近年的一项探索性研究为基础，考察参加公立成人学习中心及各技能中心成人教育与培训项目的成人情况。本章的重点是分析这些机构里学生的特征、学生如何进入成人学习中心、学生在这些学习中心的求学体验、学生的理想、学生在中心的收获、学生在这些机构完成学业后继续接受教育或参加工作的路径。本章旨在为建设社区教育与培训学院打下良好的基础，为追踪该领域学生进展提供平台。

本章结构如下：首先介绍成人教育的历史作用及其与宏观经济目标的关系，接着概述南非成人教育的发展，梳理从成人教育到就业过渡的相关文献，随后讨论一项南非成人教育探索性研究的结果。

成人教育与经济发展

第一次世界大战期间及战后不久，发达国家对成人教育的认识发生了重大转变。有些学者（Field 2000）指出，战时及战后要求大量人员学习一系列新技能，战争的“破坏性”影响导致这些国家思想的转变。一战之后，经济增长放缓，工人阶级、女性、移民拥有了公民权利，人的预期寿命增加，传统家庭结构改变。这些变化的净效应是，人们忙于解决失业问题。随着人们花在工作上的时间越来越多，工作本身的意义发生了变化，成为人的属性中的重要组成部分。教育能为职场新人提供机遇，因此，成人对接受教育的需求增加。

在很多发达国家，越来越多的人在成年以后希望继续学习，使得成人教育的形式与性质不断发生变化（De Moura Castro 2012）。在这些国家，结束中学学业后，越来越多的年轻人继续在教育机构学习。在大多数高收入国家，中学教育已经普及，成人教育的形式往往是高等教育。但在其中不少国家，高等教育并非特指大学教育。例如，美国第三级教育系统的机构近半数是两年制社区学院，既可以帮助学生进入大学，也可以为他们提供职业技能培训（Strayhorn 2017）。

相比之下，在发展中国家尤其是在非洲国家，成人教育要解决教育质量提升、宏观发展目标等相关问题，其作用更为重要（Ntiri 2001）。例如，在独立之初，非洲很多国家识字率不高，给经济增长和发展带来了严峻挑战。各国因缺乏正式的教育系统而逐渐形成了系统的成人教育理念，有学者逐年梳理了这段历史（Gebremariam 2001）。在很多实现独立的国家，发展成为主要的政治任务，成人教育也成为重中之重。但是，由于这一历史原因，不少国家的成人教育一直以来只重视提高基础识字率，最多也就是在初等教育阶段开展。

南非成人教育的历史

南非曾大范围实施合法化的种族歧视，受其影响，后种族隔离时期的政府致力于打破各种枷锁，为成人教育擘画新的蓝图。在南非实现民主之初，新一届政府所面临的结构性挑战非常严峻，尽管教育支出占国内生产总值的7.3%，但成人识字率仅为60%，排名在欠发达国家和发展中国家之间（Stewart 2001）。就南非成人教育系统的发展历程而言，政府在20世纪70年代后期通过开办“夜校”开始发展成人教育。夜校创办的初衷是提高教师资质，最后将工作范围拓展至帮助辍学或未通过考试的学生“完成”高中学业。夜校经常使用中学的教学楼，尽管不能与中学教学相比，但可以较大规模地帮助留级学生或申请成人高中证书的学生（Aitchison et al. 2000；McKay 2007）。

私营机构也曾参与成人教育，企业与大型采矿公司在20世纪70年代通过教育部注册的项目开展成人教育（Lolwana 2012）。当时，多数公司是为了满足外国投资者的要求而开展此类项目。但随着20世纪80年代反种族隔离撤资运动的升级，这些公司也缩减了其成人教育与培训的规模。到

20世纪80年代，公司资助的成人教育不断缩水，很多从事成人教育工作的大型非政府组织走到了舞台中央。有些组织颇有名气，如识字与文学局（Bureau of Literacy and Literature）、南非种族关系研究所（South African Institute of Race Relations）以及“行动升级”（Operation Upgrade）、“扫盲项目”（Project Literacy）、“学与教”（Learn and Teach）等组织（Stewart 2001；Lolwana 2012）。

1994年，非洲人国民大会（African National Congress）成为执政党，当时很多人预计，社会对于成人教育的需求问题就要全面解决了。有学者（Stewart 2001）指出，早期的讨论受到种族隔离及以往成人教育与培训模式的影响，最后则由南非工会大会（Congress of South African Trade Unions）主导，其在采矿领域的影响尤为明显。成人基础教育（Adult Basic Education，ABE）是成人基础教育与培训（Adult Basic Education and Training，ABET）的扩展组成部分，成为成人教育蓝图中的核心概念，其他内容基本上从政策与讨论中消失不见（HSRC 2017；Lolwana 2012；McKay 2007）。同时，欧盟资助设立了一项覆盖广泛的“成人替代性中学教育”项目（Alternative Secondary Education for Adults），由南非高等教育委员会（South African Council of Higher Education）运营。高等教育委员会等非政府组织长期致力于该事业，一直在帮助渴望接受高等教育的学生。然而人们很快发现，非政府组织的需求与有组织的工人运动的需求并不一致，后者仅将成人教育视为提高基础识字率。鉴于南非工会大会在后种族隔离政府中的权力和影响，这种对成人教育与培训的狭义理解成为主流，其他提议不受重视（Lolwana 2012；McKay 2007）。

过去二十年，成人教育领域的绝大多数工作都落在提高识字率上。除了这些工作，也尝试过授予成年人一项相当于9年级水平的学校层面的资质认证，使他们有机会获得有意义的技能发展（French 2002；Lolwana 2012；McKay 2007）。1994年以前，政府开办的夜校与相关私立中心颁授南非成人基础教育领域唯一一项官方认证，即标准5级成人考试认证。该项目与班图（Bantu）教育系统有关，强调死记硬背，基于普通中学课程开展（French 2002），大家后来普遍认为这种模式不可接受。实施“2005课程”（Curriculum 2005）后，原有的标准5级官方考试逐渐退出。原本具有局限性的成人基础教育与培训认证开始以公立成人学习中心的评估为基础。面向中学学生的“2005课程”以及重要性日益突显的国家资格框架导致工作乱局，很多公立成人学习中心的发展方向不明，动力不足，质量不高。大家逐渐认识到，成年人因缺少能够证明自己资质的证书而陷于困境。当时，国家资格框架和中学系统中的结果导向型教育正对教育与培训系统进行整体重构，成人教育系统大概就是在这个节点上开始逐渐变成一座孤岛。

2009 年，政府将教育工作划分给两个部门，一个是负责中学事务的基础教育部，另一个是高等教育部。《中学后教育与培训白皮书》（以下简称《白皮书》）（DHET 2013）提议，在公立成人学习中心的基础上成立一个新的机构，即社区教育与培训学院。因此，现有的公立成人学习中心有助于我们理解社区教育与培训学院成人教育的未来。《白皮书》指出，社区教育与培训学院应开展种类多样的项目，如面向成人实施扫盲后项目，给予学生第二次机会以完成中学学业，教授他们劳动力市场所需技能，满足人们的社区学习需求，等等。尤为重要的是，《白皮书》提议构建成人教育系统以帮助学员升学或进入劳动力市场。因此，问题的关键在于，我们能否在现有的公立成人学习中心基础上实现上述构想。换言之，公立成人学习中心是否为这项宏伟的构想做好了准备?

成人学习者向中学后教育与培训及劳动力市场的过渡

当前，全球劳动力市场上的工作都依赖高级信息技术和交际技能，中学后教育与培训在这一背景下显得愈发重要（Levy & Murnane 2004）。例如，在经济合作与发展组织（Organisation for Economic Co-operation and Development）的大多数成员国，工人现在基本上都具有一两年的中学后教育资质（OECD 2014）。工作性质的变化和职场科技的发展使人们越来越关注成人教育与培训的可获得性问题。

总体来看，成人入读中学后教育机构的困难是多方面的。成人教育与培训的潜在学生群体非常多样，包括但不限于学习较差或只有实践能力而无理论知识的学生、起步较晚的学生、未一次性完成中学学业的学生、成人学生、半工半读的学生、受限于特定环境的学生（例如需要照顾孩子的父母）。有些学者（Smyth & Banks 2012）总结了帮助成人向中学后教育过渡的常见因素：个人曾就读中学的制度性习惯（institutional habitus）及其所获取的指导与帮助。这在南非体现得尤为明显，南非成人教育领域多数学生的境遇是社会经济地位低下、中学教育系统低效的结果。因此，他们仅靠自己很难实现这一过渡。

有些国家已经意识到，以往的中学后教育系统将有些群体挡在门外，因此在招生时不再采用选拔精英的模式，而将社会共融与民族团结作为重中之重。换言之，以往中学后教育机构招生的唯一目标就是选拔精英，很多人无法入选，现在多元化的招生规则为更多人带来了接受教育的机会（Clancy et al. 2007；UNESCO 2015）。例如，美国的社区学院以有普通教育文凭（General Education Diploma）作为面向非传统学生招生的主要指标，使很多学生得以接受高等教育。

在帮助学生入学以及向劳动力市场过渡方面，一个国家的成人教育系统中教育机构的类型也很重要。大多数情况下，中学、技术职业教育机构、大学等传统机构与劳动力市场的联系更为密切，因此它们仍是这一领域的主体（Tiramonti 2007）。但在美国等一些国家，社区学院则承担着双重任务，既向学生教授劳动力市场所需技能，又帮助学生实现向高等教育的过渡（Garrod 2009）。

在南非，成人教育的形式和功能仍然有些杂乱无章。尽管《白皮书》提议以新成立的社区教育与培训学院促进成人教育职能转变，但我们对当前的成人教育系统或教育机构（如以往的公立成人学习中心）知之甚少。接下来，我们将分析南非成人教育机构方面的一项探索性研究。该研究旨在考察，在帮助成人学生成功过渡至劳动力市场、继续接受教育与培训、达成理想方面，这些机构目前究竟做到什么程度了。

一项探索性研究

本研究旨在梳理参加成人教育与培训项目学生的信息，以及公立成人学习中心和技能中心的价值。由于样本规模较小，本研究仅是一项探索性的个案研究，但也能够填补南非相关研究的一些空白，帮助研究人员和决策部门解决数据缺乏的问题。

研究对象有两个群体，一是于 2015 年 11 月在公立成人学习中心或技能中心参加普通教育与培训证书（General Education and Training Certificate）考试或国家高级证书考试的成年人，二是于2016年入读公立成人学习中心备考普通教育与培训证书或国家高级证书以期参加技术职业教育与培训学院技能项目的成人学生。我们从豪登省、自由州省这两个地区得到了一份小规模的样本（表4.1）。豪登省的公立成人学习中心和技能中心基本都位于城市，而自由州省的此类机构则位于小镇或不由城市管辖的集镇，有些还开在农场。就南非整个成人教育领域的学生群体而言，这两个省及其相关中心的代表性都不高，但本研究的难得之处在于可以管窥成人教育领域学生的相关信息。

表4.1　**样本规模与分布**　（人）

省份	2015		
	公立成人学习中心	技能中心	总计
豪登省	388	52	440
自由州省	128	62	190
总计	516	114	630
省份	2016		
	公立成人学习中心	技能中心	总计
豪登省	252	0	252
自由州省	115	46	161
总计	367	46	413

我们于2015年11月首次接触了第一组研究对象，采集了他们的生平情况、社会统计学信息、个人相关细节，并于2016年3月对他们进行调查，2016年8月进行了后续采访。至于第二组研究对象，我们只在2016年初接触过一次，采集的内容包括个人信息、家庭住址及其入读公立成人学习中心或技能中心的原因。我们另从普通及继续教育与培训质量保障委员会（Council for Quality Assurance in General and Further Education and Training）获取了普通教育与培训证书考试和国家高级证书考试的成绩，从成人教育与培训领域相关人士所参与的一个焦点小组获取了其他信息。

《白皮书》提议，以当前的公立成人教育与培训系统为基础建立社区教育与培训学院，而本研究的首要目标就是了解这一系统。主要问题如下：

1. 公立成人学习中心的学生是什么样的人？
2. 他们为何入读并通过何种途径入读公立成人学习中心？
3. 他们学些什么、有什么理想？
4. 他们在公立成人学习中心有怎样的体验？
5. 他们在完成教育与培训项目后做什么？

入读公立成人学习中心的成人的背景

表4.2显示，公立成人学习中心的学生年龄相对较小，约70%的人在19岁和24岁之间，只有极少数人超过35岁（约7%）。在白天上课的学生（约97%）中，大多数人（约84%）表示自己是全日制学生，与以往的情况差异显著。绝大多数学生为非洲黑人，住在集镇上，就读的学习中心离家较近。基于以上特征，我们可以得出，本研究中的多数学生家庭贫困，超半数（约54%）学生表示自己的家庭至少受到一项救济。而在受助家庭的学生中，有高达84%的人表示自己的家庭受到两项救济（表中未予显示）。样本中的受助家庭，接受的最为常见的救济形式是儿童帮扶资助。

表4.2　**成人教育与培训学生的主要特征**　（%）

样本的年龄分布	
年龄	百分比
16—18岁	2.4
19—24岁	69.7
25—35岁	21.0
超过35岁	6.9
总计	100.0
部分特征	
女性	61.1
非洲黑人学生	94.8
与父母/兄弟姐妹/祖父母共同生活	77.0
全日制学生	83.5

续表

部分特征	
女性	61.1
住在集镇	91.8
白天上课的学生	97.2
家距公立成人学习中心较近	82.0

多数研究对象在中学教育阶段的最后三年辍学。大多数研究对象（70%）在12年级时辍学。在关于是否完成中学学业的问题上，仅有36%的学生表示此前未完成学业，说明他们未能读完12年级。学生未完成学业的原因（表4.3）各有不同，但最常见的三项包括资金限制、学不进去、怀孕。

表4.3　**未完成学业的原因**　（%）

变量	百分比
资金挑战	36.5
学不进去	35.1
怀孕	25.6
缺乏教师	1.4
家距学校远	1.4

学习选择与期望

很多学生（55%）在12年级辍学入读公立成人学习中心或技能中心是为了备考国家高级证书（表4.4），这与我们的推断一致。尽管这一部分学生是本研究的密集组（modal group），但与整个样本中在12年级辍学的学生（70%）相比，比例还是低得多。样本中有40%的人参加了某种形式的职业或技能项目，这说明，对很多成人学生而言，技能发展比通过中学毕业考试更为重要。我们和教育与培训领域的相关人士开展了焦点小组讨论，结果也证实了接受成人教育的学生这种心态很普遍。这些相关人士的总体感受是，所录取的学生主要是二三十岁的年轻人，他们中的多数人住在城镇，入学的目的是备考国家高级证书。我们很难了解到学生所参加的技能项目的详情，不过焦点小组讨论显示，所有项目都介于国家资格框架2级和4级之间。

表4.4　**成人教育与培训学生的资质分布**　（%）

资质	百分比
国家高级证书或12年级	55
普通教育与培训证书或9年级	5
职业或技能项目	40

我们发现，在当前的成人教育系统中，各个机构所开展的技能培训项目并不是同质化的。成人教育与技能培训项目的学生来自几个不同的机构：豪登西南技术职业教育与培训学院（South West Gauteng TVET College）的乔治·塔博尔技能中心（George Tabor Skills Centre）、中约翰内斯堡技术职业教育与培训学院（Central Johannesburg TVET College）的莫茨威迪技能中心（Motswedi Skills Centre）、天主教教育学会（Catholic Institute of Education）的相关中心。这些机构对于“技能中心”内涵的理解都不一样。例如，莫茨威迪技能中心的所有学生均参加土木建筑项目。在乔治·塔博尔技能中心，部分学生在备考国家高级证书的同时参加电力技能培训项目，部分学生则只参加电力技能培训项目。在天主教教育学会的两个中心，一个中心提供普通教育与培训证书考试及国家高级证书考试培训，并指定一项技能培训项目，最为常见的是蔬菜种植和生活技能培训；另一个中心则提供一系列技能培训，看上去是一个纯粹的技能培训中心。

焦点小组讨论显示，不论是备考国家高级证书还是备考普通教育与培训证书的学生，他们所参加的项目可能与本人实际能力并不相称，要么过高，要么过低。在中学教育系统的义务教育阶段结束时（9年级），并没有一套标准的评估体系，因此，学生入读公立成人学习中心时容易拔高自己的级别。而当学生读到10年级时，由于公立成人学习中心提供的项目有限，学生则将普通教育与培训证书作为起点，从而拉低了自己的级别。尽管公立成人学习中心提供的项目有限，但多数学生还是会入读此类中心以参加其中的技能培训项目。他们好像是要以此为跳板去做生意或找到更好的工作。

社交网络似乎是人们了解公立成人学习中心和技能中心的主要渠道，85%的学生表示从朋友处听说过此类学习中心。仅有8.8%的学生此前除中学外参加过其他形式的学习中心。但在为什么决定入读此类学习中心的问题上，学生的答案五花八门（表4.5），多数调查对象（43%）表示希望能够以此助力升学。

南非的很多文献也讨论过学生的这种升学愿望，这也一定程度上与本书第一章提及的年轻人失业率居高不下问题有关。南非的很多年轻人十分渴望获取某种形式的证书，从而增加自己的就业机会。样本中约四分之一的学生表示，参加成人教育与培训项目的主要目的是找一份更好的工作。迄今为止，其他文献尚未提到这一现象，而这也表明，这些机构在提升学生技能方面是大有可为的。然而，样本中只有不到五分之一的学生表示，参加成人教育项目的主要目的是提升自己的技能。总体而言，这些数据说明，当前想要升学的成人学生和想要接受培训就业的成人学生的分布情况比较平衡。诚然，所有学生最终都想找到好工作，但在学生参加成人教育与培训的主要原因及其中期愿景方面，表4.5中的数据使我们有了新的认识。

表4.5　**理想及继续接受教育的原因**　（%）

	百分比
想找工作	8.0
想找更好的工作	25.0
想提高收入	0.5
想升职	0.3
想提升技能	19.0
受老板派遣	0.2
想升学	43.0
其他	4.0

学生在公立成人学习中心和技能中心的体验

学生的自我评估有助于我们认识当前成人教育与培训项目的价值和作

用。本研究设计了一系列问题，以了解学生在这些机构中的真实求学体验。在公立成人学习中心的入学问题上，绝大多数学生（93.2%）表示申请项目比较容易。在成本问题上，55.6%的学生表示他们的学业涉及一定的花费。47.4%的学生虽然住得离学习中心较近，但还是要支付交通费用。18.5%的学生表示因购买额外的学习资料而产生支出。但总的来说，调查结果显示，公立成人学习中心的入学环节没有太大的障碍，说明此类机构对各种经济背景的学生都能敞开大门。

然而，调查对象表示入学之后会面临各种学业挑战。约18%的学生表示自己没有学习资料；11%的学生表示学习资料不足，必须和其他人分享。中心的授课教师极不稳定，61%的学生表示，一门课程在一年的开课时段内并非只由一名教师一直讲授。在教学效果问题上，54%的学生表示并未从教师那里学到东西。仅有过半数的调查对象（56%）认为自己的求学体验算得上“良好”。尽管71.5%的学生表示学习中心能够在自己有需要时提供帮助，但似乎与期望仍有差距。因此，虽然很多学生对自己的求学体验表示满意，但是很多学生并不认可某些特定的教师。由于公立成人学习中心一般不记录详情，所以无法得知学生具体是对什么感到不满。

在学生还需要哪些额外帮扶的问题上，分别有37%和34%的学生回答技术和图书馆（表4.6）。此类助学设施的匮乏揭示了这些机构的本质，它们只有光秃秃的中学教室，在教学方面无法为学生提供更多支持。而排名第三的所需物资居然是食品。尽管需要餐食支持的学生比例并不高（仅9%），但这说明，入读公立成人学习中心的学生社会经济地位普遍较低。

表4.6　**成人学生所需额外支持的类型**　（%）

额外支持的类型	百分百
额外指导	4.0
特色课程	5.0
学习技巧	5.0
图书馆	34.0
技术	37.0
提供餐食	9.0
增加生活技能培训	3.0
增加商务技能培训	3.0

尽管表4.6列举了不少需改善的问题，但约82%的调查对象表示，他们会向其他人推荐自己在公立成人学习中心参加的项目。18%的学生表示不会推荐，理由见表4.7。少数人（14%）表示，整个成人学习项目是在“浪费时间”，学习资料缺乏、教学质量较差是大家关注的重点。

表4.7 **不向他人推荐学习中心的理由** （%）

理由	百分比
浪费时间	14.0
缺乏支持材料（教材）	44.0
缺乏教师	5.0
教学质量较差	23.0
其他	14.0

参与焦点小组讨论的人士也反映了上述问题，其中一人认为公立成人学习中心是“年轻人的库房”。这一观点引发了其他人的广泛讨论，大家担心成人教育的质量普遍较低，很难发挥其在中学后教育领域的功能。大家一致认为，学生抱怨的很多问题都与教学质量较低有关。就具体的学习障碍而言，数学对于所有水平的学生来说似乎都是最难的科目。这些挑战在普通教育项目和技能培训项目中都普遍存在。例如，有人指出，普通或基础教育领域的差距使学生很难快速有效地习得相关技能。大家表示，这些问题带来的结果是，营利性私立中心在弥合这些差距，将学生从公立教育机构吸引过去。

但是，特定技能培训项目的需求仍然存在。参与焦点小组讨论的人士表示，虽然公立成人学习中心所提供的技能培训项目极少，但很多年轻人还是会以入读中心为跳板，进而参加技能培训项目。很多学生入读此类中心的目的好像是要学习一项技能，以便去做生意或找到一份更好的工作。然而，这些中心对技能培训项目投入的资源有限，项目发展十分受限。此外，各个行业教育与培训局设定的认证条件是设立技能培训项目的一大障碍。即便设立，学生好像也只能接触到两类技能：软技能（生活技能）和硬技能（技术技能）。学生明显更愿意学习后者。

评估成人教育领域的学生求学体验时，务必要认识到教育机构之间的差异。不同的公立成人学习中心拥有不同的资源和不同的师资，有些中心只有全职教师，有些只有兼职教师。拥有全职教师的中心一般资源较为充足，学生学习也更有动力。它们条件完善，学生上午上课，学习循序渐进。只有兼职教师的中心情况完全相反。这类中心一般开在小学，学生晚上上课，授课教师白天在其他地方从事全职工作。资源充足的中心往往开在城镇，而非小镇或新建立的定居点。

资金不足的中心给教师的报酬极少或根本没有工资，从而面临许多挑战，而这显然会对学生的求学体验造成负面影响。这里的教师可能会中途离岗去找其他工作，要么就是不好好上班。多数教师拥有国家高级证书和南非大学（University of South Africa）成人教育与培训文凭（两年制中学后教育资质），可以说，以这种资质去教中学毕业生是不够的。政府规定，为12年级学生授课的教师必须至少拥有“M+4”资质，即国家高级证书加一个四年制教育资质。这一问题也是参与焦点小组讨论的人士重点关注的主要挑战之一。

学习成果与过渡类型

在公立成人学习中心和技能中心，每个学生所学科目/课程的种类和数量可能并不相同，因此很难说如何就算是成功过渡了。研究期间，我们无法获知学生在各个技能领域的表现，总的来说，这种信息渠道不畅问题在成人教育与培训领域非常严重。表4.8是从普通及继续教育与培训质量保障委员会获取的国家高级证书考试和普通教育与培训证书考试的成绩。

表4.8 **调查对象2015年的平均成绩** （分）

资质考试	平均成绩
普通教育与培训证书考试	44.9
国家高级证书考试	34.5
整体情况	37.5

资料来源：Umalusi 2016.

可以看出，参加考试的学生平均成绩非常低，这很难帮助他们成功过渡至职场或更高级别的教育与培训机构。这些学生入读成人学习中心的初衷是提高学习成绩从而能够升学，但他们在中心的学习成果看来无法助其达成目标。由于这一领域信息不畅，我们无法知道哪些学生最终完全通过了资质考试。似乎只有学生本人清楚，连公立成人学习中心、基础教育部都不知道。在年龄方面，年龄较小的学生在普通教育与培训证书考试和国家高级证书考试中比年龄较大的学生表现更好，年龄每增加一岁，考试分数大概会降低2.2%（Umalusi 2016）。但总体而言，每个年龄段学生的成绩都非常差，说明学生能力、教学质量、课程设置这三者之间契合度低，问题严重。

表4.9　**平均成绩（按年龄段划分）**　（分）

资质考试	年龄	平均成绩
整体情况	不到20岁	40.2
	20—25岁	36.1
	超过25岁	37.7
普通教育与培训证书考试	不到20岁	47.5
	20—25岁	44.9
	超过25岁	43.1
国家高级证书考试	不到20岁	38.0
	20—25岁	33.5
	超过25岁	26.8

资料来源：Umalusi 2016.

我们发现，在一项基本回归分析中加入一系列参照项后，有些变量与国家高级证书考试和普通教育与培训证书考试成绩有相关性。受到外部帮扶的学生和无须花钱购买学习资料的学生成绩更好，受制于经济问题的学生成绩较差。普通教育与培训证书考试成绩还和学生平衡个人生活与学业的能力高度相关。由于备考普通教育与培训证书的学生一般比备考国家高级证书的学生年龄大，所以分析这一相关性十分重要。总体而言，结果显示，学生的社会经济地位与其在成人教育项目中的表现相关，这对中学后教育与培训的目标设定有着重要启示。本书中的很多章节也证实了这一点。

另外，我们还问调查对象，完成所学项目以后准备做什么。研究当年年初，调查对象还未拿到考试成绩时，仅有3%的人表示在找工作；通过考试后，39%的人在找工作。在找工作的人中，21%的人通过网上职业介绍所求职，72%的人在线求职，19%的人将职业介绍所或招聘服务机构作为求职的主要渠道。其他求职策略还包括查阅报纸信息（49%）、请朋友和家人帮忙留意工作机会（41%）。

在最终求职结果方面，仅有36%的人表示后来找到工作了，其中，不到五分之一的人表示是经他人引荐得到的工作。完成成人教育与培训项目8个月后，未就业的很多学生要么重返公立成人学习中心（有人会换一所），要么停止学业且未再找工作。在考察公立成人学习中心学生的过渡路径时，这一现象值得关注。这些中心提供12年级及以前阶段普通教育，以及级别较低的技术技能培训。问题的关键在于，这些能否帮助、如何帮助学生成功谋生。

在升学问题上，第一次采访时，95%的学生打算继续求学，而在后来取得资质的学生中，仅有39%计划继续求学。这一重要结果显示，学生会根据学业表现改变理想和计划。在本研究之初，求职并非学生的主要意向，但后来资质考试通过却使求职成为可能，体现了国家高级证书对这些成人学生的重要性。

讨论与结论

本章中的探索性研究旨在认识南非当前成人教育与培训系统的一些主要特征。在政府计划设立社区教育与培训学院的背景下，本研究的开展恰逢其时。要促进社区教育与培训学院的设立，我们需要认识到三个问题：一是当前系统中学生的背景，二是学生接受成人教育之前的经历和期间的体验，三是学生的学习成果以及从公立成人学习中心向升学就业过渡的路径。

成人学生是什么样的人?

在某些方面，南非公立成人学习中心学生的背景与发达、高收入国家社区学院学生的背景大致一样。美国社区学院的多数学生年龄为20—30岁，为全日制学生（Cohen & Brawer 2003）。很多是起步较晚的学生、未一次性通过中学学业的学生、成人学生、半工半读的学生、受限于特定环境的学生。美国社区学院教育基本上处于中学后阶段，参加高中等级课程的学生相对较少。相比之下，南非的一个显著差异在于，大量学生想要取得高中资质（即国家高级证书），大量学生在 11 年级、12 年级时辍学，将入读公立成人学习中心视为第二次学习机会。此外，本研究中的绝大多数学生来自低收入家庭，其中多数家庭要靠救济生活。很多学生从高中辍学的原因是学不进去，这是本研究中样本的一个重要特征。

参加普通教育与培训证书考试的学生人数较少，其原因可能是学生的读写能力与考试难度之间存在差距。参与焦点小组讨论的人士反映，学生在入读之初夸大自己的资质水平，这对公立成人学习中心来说是个很大的问题。但在高等教育与培训部将国家高级证书作为社区教育与培训学院项目的核心之前，应该首先考虑基础教育部的工作进展。例如，11 年级学生的发展情况、国家高级证书对差生的模块化、基础教育部关于向学生提供第二次机会以完成 12 年级学业的提议，这些因素都可能减少将成人教育视为取得高中资质第二次机会的学生人数。

目前入读公立成人学习中心的学生可能来自教学质量较差的中学，这一点十分重要。有研究（Van der Berg 2006）指出，南非差异化的中学教育系统还不能系统解决从往届政府延续至今的社会经济问题，而较差的中学就更无法做到了。换言之，来自贫困家庭的学生入读较差中学、学业表现较差的几率较高，而现在入读公立成人学习中心的学生也正属于这个群体。但在本研究中，很多学生并不觉得公立成人学习中心在帮助自己解决长期存在的学习困难上能够发挥多大作用。虽然学生将图书馆、技术、餐食这三项因素视为最需要的支持，但他们所给出的学业表现较差的最重要的原因则是学习能力不足。因此，社区教育与培训学院以后应当了解潜在学生的学业背景，并认真考虑需要进行何种干预或提供何种支持。

学生进入公立成人学习中心的路径与之后的求学体验

目前，公立成人学习中心一般会针对学生中学时不及格的科目给予指导。尽管学生希望开设更多科目，但现在的课程仍局限于中学的科目。有些中心虽然以技能项目的形式提供更多课程，其作用却有待商榷。换言之，这些技能培训似乎没有助益。这里我们说的是此类培训的本质，而非针对技能本身的价值。不仅如此，公立成人学习中心还存在严重的资源配置问题，使得这一系统起不到应有的作用。

在本研究中，学生在中学辍学的原因主要是资金困难、学不进去、怀孕。这些问题并不会在他们入读公立成人学习中心之后就消失不见。从就读于这些中心的学生的求学体验来看，这些问题似乎并没有解决。而绝大多数学生表示，公立成人学习中心入学简单，这是其积极的一面。在招生手续方面，这些中心没有中学后教育机构那样的繁文缛节。但在当前的系统中，招生规则似乎并不怎么统一。不管申请什么项目，学生在汇报时都可能高估或低估自己的资质。这在很大程度上说明，成人教育与培训领域是孤立的，与教育系统的其他组成部分没有太大的联系。另一方面，还是应该有一定程度的录取限制。有学者（Clancy et al. 2007）指出，选拔精英的招生模式往往可以避免将学生不加区分地全都纳入中学后教育系统。

有学者（Cohen & Brawer 2003）认为，成人教育领域面向学生的支持服务是成人教育运转的“枢轴”“轮毂”“核心”。其原因在于，与传统的中学后教育机构的学生相比，这些学生需要大量帮扶才能获得成功。他们需要入学情况介绍、咨询、指导、预防辍学计划、额外教学、资金支持、育儿与健康支持、课外活动、职业规划指导。未来，如果在建立之初就缺乏一套完善的帮扶体系，社区教育与培训学院将不会开办成功。

学业表现

公立成人学习中心学生的学业表现普遍较差。有条件从其他渠道获取帮助的学生和有一定经济条件的学生表现得更为出色。公立成人学习中心长期以来都得不到充足的资金，在此背景下，我们应该关注这里学生的学业表现，以提高未来社区教育与培训学院的培养成绩。首先，与继续中学学业的学生不同，此类学生基本上无法将手中的国家高级证书用作大学的敲门砖。原因在于，他们拿到的只是“修正版国家高级证书”，尚未满足南非的大学的入学条件。其次，他们缺少与入读大学相关的很多社会经济特征，例如，他们没有上过好中学，没有一个可以在背后支撑他们的中产家庭（另见 Smyth & Banks 2012）。

这样我们就能理解，这些学生为什么在拿到国家高级证书后便不再继续追逐曾经的理想。在帮助学生有效学习方面，公立成人学习中心系统能力不足。因此，未来的社区教育与培训学院应当为学生创造条件，使他们真正融入。这些学院应当提供比当前公立成人学习中心更多的教育项目，应当与其他教育机构和劳动力市场建立有效联系，否则，其发展就会进入死胡同。要想实现社会公正的理念，选拔精英的招生模式对学生而言远远不够，社区教育与培训学院应当在招生标准方面与高等教育系统和技术职业教育与培训系统进行对话。

近几十年来，不管是在南非还是在世界其他地方，劳动力市场越来越偏爱技能型劳动力，这就相应地要求教育系统能够向劳动力市场输送大量具备技能的毕业生。越来越多的工作都要求应聘者具有中学后教育资质，在此背景下，要想通过就业改善生计，中学教育程度就变成用工的最低要求（Levy & Murnane 2003）。在扩招方面，高等教育系统和技术职业教育与培训系统已经没有多少空间。因此，对于已经拿到国家高级证书但尚未就业也没有继续接受教育与培训的人而言，社区教育与培训学院应当成为他们的归宿。

未来研究

本章所介绍的这项探索性研究旨在对未来成人教育研究提供参考。通过研究可以看出，当前的系统缺乏成人学生的信息，政府机构和教育机构掌握的数据都少之又少，我们应当从中汲取教训。因此，政府和学院应该从一开始就建立一套完善的教育管理信息系统。要建立这样一个平台，第一项工作应该是收集充足的学生个人信息及其在教育系统内的动态发展信息。

在本研究中，由于学生所学科目千差万别，也不清楚他们在同一科目上参加过几次考试，因此难以测算他们的成功率。学生的发展模式和过渡模式极为重要，决定了教育机构和教育系统成功与否。如果要将学生的成功率作为宏观衡量教育机构与系统的指标，那么未来的研究应当更加重视学生的发展和过渡模式。应当告诉教育机构如何收集数据、收集何种数据、如何使用数据才能实施有效干预以改善学生学业表现。利用基于数据的决策弥合学业表现差距、促进学业成绩提高，这项工作应当常态化、持续性地开展起来。

结语

本研究显示，未来入读社区教育与培训学院的学生可能有别于传统的成人教育学生，并在一定程度上与其他国家社区学院的学生背景类似。例如，美国社区学院的核心职能之一就是帮助学生完成中学学业。这与英国的继续教育与培训学院、加拿大的社区学院一样。在这些国家，很多接受成人教育的学生来自相对贫困的家庭，学习成绩较差（Fink et al. 2017）。这些学生既有升学需求，也有求职需求，因此，很多国家没有将社区学院与技术职业培训业务切割开来。南非的社区教育与培训学院可以从这些机构中汲取重要的经验教训，为学生创造一个有意义、结构完善的教育环境，为学生提供支持服务，帮助他们实现求职、求学目标。

除了追求“纯粹的”学术知识，一个综合性、全国性的中学后教育系统还应当提供职场所需的技能与职业能力培训。在这一背景下，我们要深入探讨社区教育与培训学院系统的职能，重新定义社区教育与培训学院与其他中学后教育机构之间的联系，不能任由成人教育像孤岛一样自生自灭。因此，我们急需重新审视成人教育与技能培训项目，将它们与中学后教育系统中发展较好的其他组成部分对接起来。我们相信，社区教育与培训学院将成为教育拼图中重要的一块，将成人教育与培训和其他领域连成一个有机的整体。但是，当前的公立成人学习中心并不是改个名字就能直接变成社区教育与培训学院的，而是需要进行重大变革。而首要工作恐怕是将社区教育与培训学院的课程设置与其他中学后教育机构的课程设置衔接起来，以助力学生升学、就业。简而言之，南非成人教育改革的起点是在成人教育与培训机构和其他教育机构之间架起一座桥梁，我们要为此全力以赴。

参考文献

Aitchison J，Houghton T & Baatjes I（2000）*University of Natal survey of adult basic education and training*：*South Africa*. Pietermaritzburg：Centre for Adult Education，University of Natal.

Clancy P，Eggins H，Goastellec G，Guri－Rosenblit S，Nguyen P & Alemneh TY（2007）Comparative aspects on access and equity. In P Altback & P McGill－Peterson（Eds）*Higher education in the new century*：*Global challenges and innovative ideas*. Rotterdam：Sense Publishers.

Cohen AM & Brawer FB（2003）*The American community college*（4th edition). San Francisco: Jossey – Bass.

De Moura Castro CD (2012) *Adult education in the Americas: Failed plans, fulfilled dreams.* Presentation made at the CDE Round Table – Reflecting on Brazil's success: How durable? What lessons for South Africa? (27 September 2012). Accessed January 2017, http: //www. cde. org. za/wp – content/uploads/2012/10/REFLECTING% 20ON% 20BRAZILS% 20SUCCESS_ How% 20durable% 20What% 20lessons% 20for% 20South% 20Africa. pdf.

DHET (Department of Higher Education and Training) (2013) *White paper on post – school education and training: Building an expanded, effective and integrated post – school system.* Pretoria: DHET.

Field J (2000) *Lifelong learning and the new educational order.* Stoke on Trent: Trentham Books.

Fink J, Jenkins D & Yanagiura T (2017) *What happens to students who take community college "dual enrollment" courses in high school?* New York: National Student Clearinghouse Research Center.

French E (2002) *The condition of ABET* 2002: *Qualitative ABET sector review.* Pretoria: HSRC.

Garrod N (2009) England: Merging to progress. In N Garrod & B Macfarlane (Eds) *Challenging boundaries: Managing the integration of post – secondary education.* New York: Routledge.

Gebremariam K (2001) Democratisation and adult education inAfrica. In D Ntiri (Ed.) *Models for adult and lifelong learning: Politicization and democratization of adult education* (Volume 3). Detroit: Office of Adult and Lifelong Learning Research, Wayne State University.

Gibbon T, Muller J & Nel H (2012) Higher education and an expanded post – school education system. In H Perold, N Cloete & J Papier (Eds) *Shaping the future of South Africa's youth: Rethinking post – school education and skills training.* Cape Town: African Minds.

HSRC (Human Sciences Research Council) (2017) *Challenges facing adult education and training in the local government sector, South Africa.* Report commissioned by the Local Government Sector Education and Training Authority（LGSETA）. Pretoria：HSRC.

Levy F & Murnane RJ（2004）*The new division of labour：How computers are creating the next job market.* Princeton：Princeton University Press.

Lolwana P（2012）*Is post – school education adult education and training? The shape and size of post – school education.* Paper prepared for the DHET Labour Market Intelligence project. Pretoria：DHET.

McKay V（2007）Adult basic education and training inSouth Africa. In J Comings，B Garner & C Smith（Eds）*Review of adult learning and literacy. A project of the National Center for the Study of Adult Learning and Literacy.* London：Routledge.

Ntiri D（2001）*Models for adult and lifelong learning：Politicization and democratization of adult education*（Volume 3）. Michigan：Office of Adult and Lifelong Learning Research，Wayne State University.

OECD（Organisation for Economic Co – operation and Development）（2014）*Reviews of vocational education and training：A skills beyond school review of South Africa.* Paris：OECD.

Smyth E & Banks J（2012）'There was never really any question of anything else'：Young people's agency，institutional habitus and transition to higher education. *British Journal of Sociology of Education* 33（2）：263 – 281. Accessed October 2016，http：//dx. doi. org/10. 1080/01425692. 632867.

Stats SA（Statistics South Africa）（2016）*General household survey*，2014：*Statistical release P*0318. Pretoria：Stats SA.

Stewart JB（2001）A delicate balancing act：Adult education inSouth Africa. In D Ntiri（Ed.）*Models for adult and lifelong learning：Politicization and democratization of adult education*（Volume 3）. Detroit：Office of Adult and Lifelong Learning Research，Wayne State University.

Strayhorn T（2017）*Equipping students for achieving the（ir）dream：An equity – minded conversation in critical times.* Paper presented at the Achieving the Dream Conference，San Francisco（20 – 24 February 2017）.

Tiramonti G（2007）*Nuevos formatos escolares para promover la inclusión educativa. Un estudio de caso：la experiencia Argentina*（Trs. New school formats to promote educational inclusion. A case study: the Argentina experience). Final report. Buenos Aires: Latin American Faculty of Social Sciences.

Umalusi (2016) *Annual report* 2015/16: *Improving the quality of South African education*. Pretoria: Council for Quality Assurance in General Further Education and Training. .

UNESCO (United Nations Educational, Scientific and Cultural Organization) (2015) *Recommendation on adult learning and education*. Paris: UNESCO and the Institute for Lifelong Learning (UIL).

Van Der Berg S (2006) *How effective are poor schools? Poverty and educational outcomes in South Africa*. Stellenbosch Working Paper Series No. WP06/2006. Stellenbosch: Stellenbosch University.

第五章

从12年级到大学：2008年获国家高级证书学生的大学入学情况和学业表现

亨德里克·范布鲁克赫伊曾（Hendrik van Broekhuizen）
塞尔瓦·范德伯格（Servaas van der Berg）
海伦·霍夫迈尔（Heleen Hofmeyr）

在南非急需技能型人才的背景下，大学毕业生人数过少成为困扰南非社会的问题。在18—35岁的年轻人中，只有不到9%的人完成了某种形式的第三级教育，只有4%的人具有大学学位①。第三级教育的入学率不到20%，而高等教育入学率——尤其是按国际标准计算的高等教育入学率——就更低了（联合国教科文组织统计研究所，UIS 2017）。此外，在有幸入读大学的学生中，要想成功完成学业对很多人来说难上加难。

长期以来，由于缺乏代表性的数据，我们对南非社会大学入学率低、教学质量差的情况了解有限。由于完全无法对比中学学生数据与大学学生数据，我们很难了解学生从中学到大学阶段的过渡路径以及中学学业表现对大学学业表现的影响程度。

现在，一份最新的涉及12年级学生和公立大学学生的全国性、对照性、纵向、行政机构数据集为我们研究以上问题及其他关键问题提供了条件。该数据集清晰对照了国家高级证书考试与中学特征的单位记录数据以及全国公立大学入学学生与毕业学生数据，使我们得以“追踪”学生从12年级到大学阶段的发展轨迹。换言之，该数据使我们能够在以下几个方面进行详细的、有代表性的量化分析：学生从中学到大学的过渡路径；国家

① 作者基于南非统计局2016年社区调查数据（Stats SA 2016）测算。

高级证书考试成绩、人口统计数据、中学背景对大学学业表现有什么影响；学生在公立大学系统中的发展情况。例如，我们现在可以回答以下问题：哪些12年级学生进入了大学？12年级学生于何时何地进入、离开大学系统，耗费多长时间取得大学文凭？学生在12年级时的学业表现对其入读大学、取得大学文凭有什么影响？

在前述数据集的帮助下，本章通过解答以上问题，旨在厘清南非学生从中学到大学阶段过渡路径的本质和范围。本研究以2008年参加国家高级证书考试的全体学生为研究对象，考察了他们在参加考试后六年内（2009—2014年）在高等教育系统中的入学、毕业、辍学模式①。

南非的高等教育情况

过去，南非的高等教育对民众而言高不可攀，受限于社会经济因素，有着浓厚的等级、种族色彩（Nyalashe 2007）。种族隔离制度下体制性歧视和排他主义的后果是，大学在很长一段时期内只为南非人口中很小一部分、不具代表性的特权人士服务。但过去三十年来，高等教育系统经历了重大转型，规模也比以往更大。公立大学的本科招生规模从1986年的21.2万人增长至2015年的80.4万人②，增长了近四倍。扩招使得南非学生的人口构成更具代表性。例如，1986年，非洲黑人学生人数只占全国本科招生人数的23%，这一比例现在已增至73%。

尽管招生规模有所扩大，但与其他中高收入国家相比，南非的第三级教育入学率仍然很低，仅为18.6%③。据联合国教科文组织数据，在第三级教育入学率方面，南非在39个中高收入国家中排名第35（UIS 2017）。

---

① 该群体包括于2008年参加基础教育部组织的国家高级证书考试的全体学生，其中还有20032名来自独立学校的学生（Umalusi 2015），但不包括于2008年参加独立考试委员会组织的国家高级证书考试的8821名学生（Umalusi 2015）。2008年参加独立考试委员会组织的考试的学生人数只占2008年参加基础教育部组织的考试的学生人数的1.6%。

② 作者基于从高等教育与培训部（DHET 2014）和高等教育数据分析系统（HEDA 2015）获取的高等教育管理信息系统数据测算。

③ 作者基于从高等教育数据分析系统（HEDA 2015）获取的高等教育管理信息系统数据以及南非统计局2016年社区调查数据（Stats SA 2016）测算。第三级教育参与率基于毛入学率测算，毛入学率指公立大学招生人数占20—24岁人口的比例（CHE 2014）。

此外，不同种族的入学率差异仍十分显著，白人、印度裔/亚裔超过 50%，非洲黑人、有色人种仅为 15%[①]。这一不平等现象表明，很多人仍被挡在大学门外，无法获得大学教育带来的好处。

过去三十年来，大学毕业生人数也大幅增加[②]。然而，当前的毕业生人数仍无法满足南非的技能型人才需求（CHE 2013）。高等教育系统毕业率低、辍学率高的问题仍需给予高度关注。高等教育委员会测算，在 2006 年首次入读高校的本科生中，仅有 35% 的学生在五年以内完成学业，55% 的学生毕不了业（CHE 2013）。我们很难找到其他国家的准确毕业率，无法同南非的情况进行比较，但有学者（Vossensteyn et al. 2015）指出，经济合作与发展组织成员国的本科生毕业率大都远远高于南非的数字。此外，有证据表明，某些群体的毕业率高于其他群体。例如，高等教育委员会（CHE 2013）测算，在 2006 年首次入读高校的本科生中，入读三年制或四年制项目的白人学生有 44% 的人在规定年限内完成了学业，相比之下，非洲黑人学生、有色人种学生、印度裔/亚裔学生完成学业的比例分别为 20%、24%、28%。

影响大学入学、学业表现的主要限约因素有哪些？

显而易见，南非的中学生中很少有人能进入大学，最终取得大学文凭的更是少之又少。很多学者和媒体都关注到了入读大学的中学毕业生人数较少这一现象。我们应该认识到，在高等教育入学率低的问题上，一些主要制约因素存在于小学和中学阶段。这一点在图 5.1 中可见一斑，该图反映了 2008 年参加国家高级证书考试的学生的不同发展情况。

尽管大家几乎都有机会接受初等教育，但中学阶段的辍学率较高，说明很多学生并未完成中学学业。南非官方统计数据显示，在最初入读小学的学生中，仅有约 60% 的人能够读到中学的最后一年（12 年级）并参加

① 作者基于从高等教育数据分析系统（HEDA 2015）获取的高等教育管理信息系统数据以及南非统计局 2016 年社区调查数据（Stats SA 2016）测算。

② 公立高等教育系统的本科毕业生人数从 1986 年的 2.8 万人增长至 2015 年的 13.9 万人（DHET 2014；HEDA 2015）。

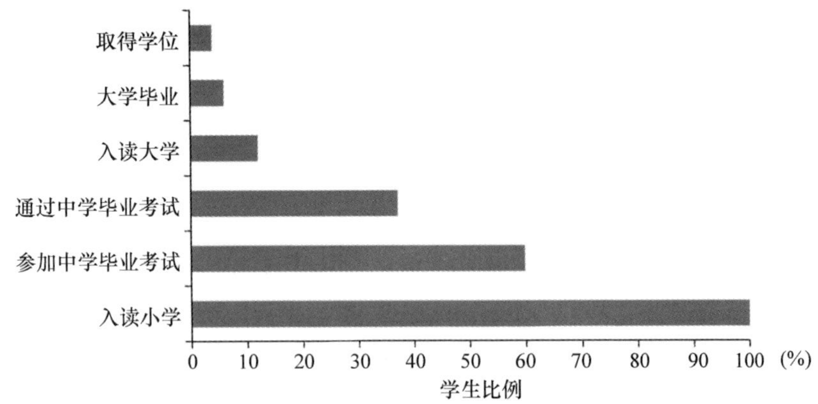

图 5.1　入读小学的学生比例及取得大学学位的学生比例

资料来源：作者基于 2008 年国家高级证书考试综合单位记录以及高等教育管理信息系统 2009—2014 年数据测算。

毕业前的国家高级证书考试（Van Wyk 2015）。无独有偶，本书第二章也显示，南非很多年轻人困陷于求学路上，并最终辍学。即便是在能够读到 12 年级的学生中，只有少数人能通过国家高级证书考试，而达到大学入学条件的更是少之又少。例如，在 2008 年就读于 12 年级的学生中，参加国家高级证书考试的学生仅有 63% 通过了考试。这说明，在最初入读小学的学生中，后来仅有 37% 的人从中学毕业。此外，在通过考试的学生中，取得文凭项目申请资质的不到 38%，取得学位项目申请资质的不到 32%①。

在 2008 年参加国家高级证书考试的学生中，五分之一的人在 2009—2014 年的某一年入读公立大学。这说明，在最初入读小学的学生中，后来约有 12% 的人在中学毕业后六年内入读大学。然而，在最初入读小学的学生中，后来仅有 8% 的人在 12 年级后一年内入读大学。在最初入读小学的学生中，六年后约有 6% 的人取得了某种形式的本科资质。其中三分之一的人取得了本科证书或文凭，这说明，在最初入读小学的学生中，后来仅

① 如本书第三章所示，要想申请南非某所大学的学位项目，学生应达到中学毕业最低要求（即通过国家高级证书考试），同时，在其准备申请的大学的“教学语言”一项上分值不低于总分的 30%，在 4 个各占 20 分的科目上不低于 50%。要想申请文凭项目，学生应通过国家高级证书考试，同时，在其准备申请的大学的“教学语言”一项上分值不低于总分的 30%，在 4 个各占 20 分的科目上不低于 40%。

有4%的人在中学毕业后六年内取得学士学位。

值得注意的是，从2008年至2014年，国家高级证书考试的整体通过率从63%上升至近80%，学位项目申请资质通过率从不到20%上升至31%①。例如，如果针对2013年参加国家高级证书考试的学生重新绘制图5.1，结果可能是，在每100个最初入读小学的学生中，后来约有47人通过国家高级证书考试，其中18人取得学位项目申请资质，18人取得文凭项目申请资质。然而，尽管2013年就读于12年级的学生学业表现显著向好，但在每100个最初入读小学的学生中，后来仅有不到9人在中学毕业后一年内入读大学②。

遗憾的是，我们能够获取到的高等教育数据的年份有限，因此无法面向2013年参加国家高级证书考试的学生对其大学阶段开展一年以上的跟踪调查。但以上数据足以说明，至少有4种情况制约着更多南非民众取得大学资质。第一，在最初入读小学的学生中，能够读到中学最后一年而不辍学的人太少；第二，在参加国家高级证书考试的12年级学生中，能够通过考试并取得大学申请资质的人太少；第三，在有潜力在高等教育阶段取得学业成就的学生中，最后真正入读大学的人太少；第四，在入读大学的学生中，能够完成本科学业的人太少。下文将探讨后3种情况。

数据与研究方法

本研究基于国家高级证书考试考生的综合数据以及来自两个不同数据库的大学入学与学业表现数据。其中，考生数据来自2008年国家高级证书考试数据库，包括在2008年参加国家高级证书考试的全体学生的单位记录信息；大学学业表现信息来自高等教育管理信息系统2009—2014年数据，包括南非公立大学系统所有入学学生与毕业学生的单位记录信息③。

在前一部分，我们梳理了主要制约因素。在以下分析中，我们主要聚

① 2008—2013年国家高级证书考试通过率变化趋势详见Umalusi（2015）。

② 作者基于2013年国家高级证书考试综合单位记录以及高等教育管理信息系统2014年数据测算。

③ 国家高级证书考试数据库与高等教育管理信息系统数据库的提供、关联、后期匿名化处理由基础教育部、高等教育与培训部联合实施。

焦与大学学业表现相关的三大指标，即本科生入学率、本科生毕业率、本科生辍学率。本章附录详细定义了分析中涉及的各项指标。

需要说明的是，本章测算的毕业率、辍学率仅针对 2008 年参加国家高级证书考试、2009 年入读大学的学生。原因有二：第一，为了得到准确的毕业率、辍学率，应该只考察在某一特定年份开始学业的学生；第二，鉴于很多学生要花较长时间才能完成学业或中途辍学，一般认为应该追踪学生在更长时段内的发展情况（Parker & Sheppard 2015）。本研究使用的国家高级证书考试数据和高等教育管理信息系统数据的起止年份均为 2008—2014 年，这表示，我们的研究对象于 2008 年中学毕业、2009 年入读大学，可以追踪其在大学阶段长达 6 年的发展情况。下文将其称为 2009 年首次入读高校的本科生。请注意，该群体不包括 2008 年未参加 12 年级毕业考试但 2009 年入读高校的学生。数据显示，学习较差的学生或来自较差中学的学生入读大学的时间一般晚于同龄人，因此，我们研究对象的毕业率、辍学率可能是高等教育系统教学质量的“最好”数据，不能代表 2009 年入读南非公立大学全体本科生的情况。

2008 年参加国家高级证书考试的学生的大学学业表现

表 5.1 总结了 2008 年参加国家高级证书考试的学生 2009—2014 年在大学的几个主要类型。在南非，学生入读大学的时间晚于同龄人的现象十分常见。例如，表 5.1 中的数据显示，在 2008 年参加国家高级证书考试的学生中，很多人并未在 12 年级之后的一年入读大学，而是晚了一至数年。仅有近 13% 的人于 2009 年首次入读大学。截至 2014 年，入读大学的比例升至 20%，这说明，在 2008 年参加国家高级证书考试并入读大学的学生中，最多有 65% 的人是在 12 年级后一年入读大学的。

数据显示，在 2008—2010 年参加国家高级证书考试后四年内入读大学的学生中，仅有 60%—70% 的人在 12 年级后一年入读大学。学生入读大学的时间晚于同龄人的现象在南非大学（University of South Africa）尤为突出，在参加国家高级证书考试后四年内首次入读南非大学的学生中，仅有 27%—33% 的人在 12 年级后一年入读大学（表中未录）。

表5.1 2008年参加国家高级证书考试的学生和2009年首次入读高校的本科生的大学入学率、毕业率、辍学率、保有率（2009—2014） （%）

变量	1年（2009）	2年（2010）	3年（2011）	4年（2012）	5年（2013）	6年（2014）
入学率	12.9	16.7	18.2	19.0	19.6	20.0
毕业率	0.2	0.5	15.4	36.9	50.3	58.1
辍学率	9.2	14.5	19.2	23.4	28.4	—
保有率*	85.6	80.4	60.9	36.9	21.1	—

资料来源：作者基于2008年国家高级证书考试综合单位记录以及高等教育管理信息系统2009至2014年数据测算。

注：入学率涉及2008年参加国家高级证书考试的全体学生，毕业率、辍学率、保有率仅涉及2009年首次入读高校的本科生。入学率、毕业率、辍学率为累积数据。

*表中的保有率反映了2009年首次入读高校的本科生中部分学生的比率，他们尚未取得任何大学资质，但在来年仍参加本科项目。

南非社会长期存在很多学生入读大学的时间晚于同龄人的现象，这给公立大学系统学生的构成带来了巨大影响。通过比较2008—2013年参加国家高级证书考试的学生的大学入学数据以及2009—2014年高等教育管理信息系统数据库的大学入学数据，我们发现，在每个年份首次入读公立大学的本科生群体中，仅有约一半人在此前一年参加过国家高级证书考试。换言之，南非相当一部分大一学生在入学前一年并未就读于中学。如前所述，这一现象对我们分析大学生学业表现十分重要。与2009年入读南非公立大学的全体本科生的毕业率、辍学率相比，本章所考察的2009年首次入读高校的本科生的毕业率可能更高、辍学率可能更低。

但表5.1显示，2009年首次入读高校的本科生毕业率低、耗时较长。在这一群体中，仅有不到37%的人在入学后四年内取得了本科资质。请注意，在2009年首次入读高校的本科生中，仅有23%的人入读了四年制学位项目。在其余的人中，39.5%入读了三年制学位项目，33.5%入读了三年制文凭项目，4%入读了一年制或两年制证书项目。相当一部分学生在入学后第五年或第六年才取得本科资质。截至2014年底，即2009年首次入读高校的本科生入学六年后，约58%的人取得了某种形式的本科资质，与经过四年取得资质的人相比高出21个百分点。

最后，表5.1显示，截至2014年，在2009年首次入读高校的本科生中，仅有不到30%的人从公立大学系统辍学，并未取得任何本科资质。有些读者可能觉得这一比例还是很高，但与近年来其他研究所测算的南非辍学率相比已经算是低了不少①。其原因大概有三点。第一，只有在学生并未取得任何本科资质而离开公立大学时，本研究才将其视为辍学②。第二，受数据所限，其他研究可能无法在学生转专业或转学后对其进行追踪，从而误将其视为从大学辍学。在本研究中，即使学生转专业或转学，我们所获得的数据也可以帮助我们追踪其在公立大学系统中的发展情况，从而避免上述问题③。第三，我们的研究对象仅包括中学毕业后立即入读本科项目的学生，这可能是最为重要的原因。如前所述，我们有充足的理由判断，与其他大一学生相比，这群学生的毕业率更高、辍学率更低。

从表 5.1 中的毕业率、辍学率来看，在 2009 年首次入读高校的本科生中，可能有三分之二的人最终会取得本科资质，其余三分之一则会中途辍学、拿不到资质。

12 年级学业表现与大学学业表现

学生在 12 年级时的学业表现很大程度上决定了其是否能够入读大学和特定本科项目，也可以从中看到学生是否为即将开始的大学学业做好了准备。因此，12 年级学业表现就成为预判学生入读大学与大学学业表现的指标④。图 5.2 也证明了这一点。在 2008 年参加国家高级证书考试的学生中，成绩较好的学生不仅入读大学的几率更高，在 2009 年入读大学之后，他们取得本科资质的几率也更高，而辍学的几率也更低。不管是在中学毕

---

① 如 CHE 2013。

② 如果学生信息在 2014 年以前从高等教育管理信息系统中消失，且未在本研究考察的年份再次出现，本研究视其为离开公立大学。

③ 在南非的公立大学系统中，转专业或转学的现象很常见。在 2008 年参加国家高级证书考试、2009 年入读公立大学本科项目的 72760 名学生中，超过 15% 的人为了继续学业或转换专业在 2009—2014 年至少转过一次学校，超过 16% 的人在尚未读完第一个本科专业时便至少转过一次专业。

④ 有些学生质疑国家高级证书考试成绩是否可以用来预判其能否入读大学（Foxcroft & Stumpf 2005；Koch 2007）。当前，社会上将国家基准测试（National Benchmark Tests）成绩和国家高级证书考试成绩两者结合起来判断学生是否具备大学入学条件。研发并实施该测试的初衷是，中学毕业考试成绩无法提供充足、可靠的信息来判断学生是否为大学学业做好了充分准备（Du Plessis & Gerber 2012）。

业后一年内还是六年内入读大学，国家高级证书考试的平均成绩与入读大学的几率之间都存在强关联、正关联。然而，涉及大学学业表现时，尽管两者之间仍存在正关联，但关联性变弱；涉及到大学辍学率时，两者之间为负关联。

多变量分析也显示，即使带入其他重要指标，国家高级证书考试成绩仍然能够影响学生入读大学的几率和大学学业表现。然而，在预判大学学业表现方面，国家高级证书考试成绩并非没有噪点。换言之，在了解中学学业表现的基础上，预判学生的大学学业表现比预判其入读大学的几率要难。

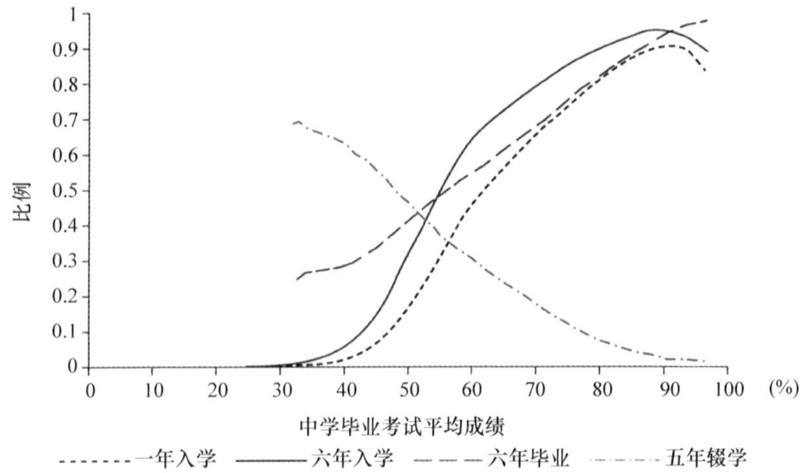

图5.2　2008年参加国家高级证书考试的学生大学入学率、毕业率、辍学率测算（按12年级平均成绩划分）

资料来源：作者基于2008年国家高级证书考试综合单位记录以及高等教育管理信息系统2009—2014年数据测算。

注：通过局部多项回归、基于2008年国家高级证书考试成绩得到六年入学、一年入学、六年毕业、五年辍学曲线。毕业率、辍学率曲线仅涉及2009年首次入读高校的本科生。

关键在于，学生在国家高级证书考试中的整体表现并非预判其大学学业表现的唯一指标，学生在数学、数学素养、物理、英语（作为第一附加语言）等“核心科目”的参与度和学业表现也能影响随后的大学学业表现。表5.2显示，学生在核心科目的参与度将在很大程度上影响其入读大学的几率。例如，学过数学（而非数学素养）或物理的学生比没有学过的学生入读大学的几率要高得多。

学生在这些科目上的表现也能在很大程度上预判其入读大学的几率。在数学成绩、物理成绩达到总分的约60%的学生中，分别有约70%的人和85%的人在参加国家高级证书考试后六年内入读大学。而在数学素养、英语（作为第一附加语言）这两个科目中成绩达到总分的约60%的学生则相对没那么容易入读大学。

表5.2中的数据显示，尽管学生在核心科目的学业表现与其大学学业表现之间正相关，但与学生在核心科目的学业表现与其入读大学的几率之间的相关度相比，前者相关度较弱。尤其是对核心科目成绩较低的学生而言，成绩的小幅上升对未来大学的毕业率、辍学率影响相对较小。

表5.2　2008年参加国家高级证书考试的学生大学入学率、毕业率、辍学率（按核心科目参与度和学业表现划分）

（%）

科目		一年入学	六年入学	四年毕业	六年毕业	五年辍学
数学	学过该科目	16.9	25.1	39.6	63.2	22.5
	总分的40%	15.8	31.1	34.6	54.3	33
	总分的60%	49.3	68.6	34.3	58.6	25.2
	总分的80%	76.7	89.3	47.7	74.8	11.3
数学素养	学过该科目	8.5	14.3	30.8	46.6	41.6
	总分的40%	2.1	5.7	14	27.2	65.4
	总分的60%	14.4	25	25.3	41.3	46.7
	总分的80%	32	46.1	33.9	50	37.4
物理	学过该科目	17.4	26.1	36.9	62.5	22.4
	总分的40%	19.7	38.3	29.2	49.7	34.2
	总分的60%	68.9	85.1	40.1	67	17.5
	总分的80%	87	93.3	53.8	83.8	4.7
英语（作为第一附加语言）	学过该科目	8.8	14.9	36.2	56.8	30.4
	总分的40%	0.7	2.6	23.9	41.1	48.1
	总分的60%	19.9	34.3	31.8	52.1	34
	总分的80%	70.3	84	52.3	75.9	12.4

资料来源：作者基于2008年国家高级证书考试综合单位记录以及高等教育管理信息系统2009—2014年数据测算。

注：四年毕业、六年毕业、五年辍学的比例仅涉及2009年首次入读高校的本科生。

学生在国家高级证书考试中的成绩以及核心科目的成绩与其入读大学的几率之间的关联较强，与其大学学业表现之间的关联较弱，这说明，中学教育与大学教育之间存在断裂。数据显示，有些学生在国家高级证书考试中表现较好，进而能够入读大学、入读本科项目，但并不见得能在大学中一直表现良好。很多入读大学的学生似乎并未为大学学业做好充分准备。因此，学生的中学学业表现不足以用于判断其是否为入读大学做好了准备。尽管如此，我们仍然认为，就普遍情况来看，学生在国家高级证书考试中的整体表现与其大学学业表现高度相关，学生的中学学业表现可能是帮助我们理解南非不同大学、不同群体的学生之间学业表现差异的关键因素。

不同大学学生的学业表现差异

南非的26所公立大学在学生规模、招生人数方面差异显著。在2008年参加国家高级证书考试、2009年入读大学的学生中，近55%的人集中在7所大学：约翰内斯堡大学（University of Johannesburg，12.5%）、茨瓦尼科技大学（Tshwane University of Technology，8.3%）、比勒陀利亚大学（University of Pretoria，7.8%）、南非大学（University of South Africa，7.6%）、夸祖鲁—纳塔尔大学（University of KwaZulu－Natal，7.0%）、西北大学（North－West University，5.6%）、金山大学（University of the Witwatersrand，5.5%）。各个大学的历史背景、开设项目各有不同。在本科阶段，绝大多数传统大学基本上只开设学位项目，综合大学开设学位、文凭、证书项目，科技大学主要开设文凭、证书项目。

鉴于不同的大学在各方面存在差异，可以预见，每所大学的毕业率、辍学率也不一样。2009年首次入读高校的本科生在不同大学的毕业率、辍学率的差异十分显著。数据显示，某些大学学位项目的四年毕业率高达57%，而某些大学文凭与证书项目的六年毕业率仅有18%，后者对学生的学业要求不像前者那么高。在2009年首次入读高校的本科生中，斯坦陵布什大学（Stellenbosch University）、开普敦大学（University of Cape Town）的辍学率不到11%，南非大学的辍学率接近62%。

在南非，大学录取学生的决定不是随机的。这样一来，我们就更能理解大学之间毕业率、辍学率的差异了。学生在人口统计、社会经济、学业表现等方面的特征与其最终入读的大学高度相关。图 5.3 对比了 2008 年参加国家高级证书考试、2009 年首次入读高校的本科生的考试平均成绩的分布情况①。

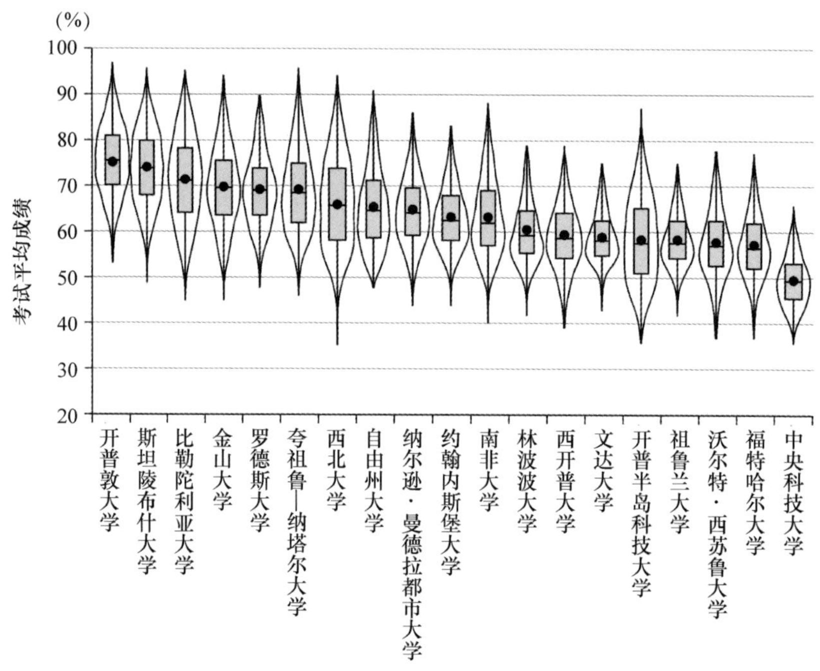

图 5.3　2008 年参加国家高级证书考试、2009 年首次入读高校的本科生的平均成绩分布（按大学划分）

资料来源：作者基于 2008 年国家高级证书考试综合单位记录以及高等教育管理信息系统 2009—2014 年数据测算。

注：每个纺锤形图案代表一所大学里 2008 年参加国家高级证书考试、2009 年首次入读高校的本科生的国家高级证书考试平均成绩分布。每个纺锤形图案上的矩形代表学生学业表现的第 25、第 50、第 75 百分位数（percentile），圆点代表该学生的国家高级证书考试平均成绩。

2009 年首次入读高校的本科生的毕业率高、辍学率低的大学，其录取

① 该群体约有 45600 名学生，占 2008 年参加国家高级证书考试的学生的约 8%。

的学生往往处于2008年国家高级证书考试平均成绩分布的高位。不同大学的学生的国家高级证书考试平均成绩差异十分显著。例如，2008年参加国家高级证书考试、2009年入读开普敦大学或斯坦陵布什大学的学生平均成绩达到约75%，入读开普半岛科技大学、祖鲁兰大学、沃尔特·西苏鲁大学、福特哈尔大学和中央科技大学的学生平均成绩不到60%。学生在国家高级证书考试中的表现与其大学学业表现之间存在正关联，因此，不同大学的学生在国家高级证书考试中的成绩差异说明，这些大学在人才培养方面并不处在一个公平竞争的平台上。

不同群体学生的学业表现差异

如前所述，南非高等教育入学率、毕业率较低，受限于种族、社会经济背景因素。如果对比来自不同种族、不同类型中学[①]的学生的大学入学率、毕业率、辍学率，我们就会更加清楚地认识到这一问题。这一部分基于2008年参加国家高级证书考试的学生，聚焦各个群体之间的大学入学率、毕业率、辍学率差异的本质和程度，考察还有哪些群体差异可以解释不同大学学生的学业表现差异。

表5.3　2008年参加国家高级证书考试的学生的六年本科入学率（按种族、国家高级证书考试成绩、入读项目类型划分）　（%）

	全体学生			取得学位项目申请资质的学生		
种族	文凭*	学位	全部	文凭*	学位	全部
非洲黑人	9.9	8.8	16.6	27.2	53.7	71.2
有色人种	7.5	14.2	19.8	16.5	53.3	63.1
印度裔/亚裔	10.8	36.3	43.3	13.1	66.1	72.8
白人	8.2	42.5	47.4	8.7	59	63.4

资料来源：作者基于2008年国家高级证书考试综合单位记录以及高等教育管理信息系统2009—2014年数据测算。

注：数字代表2008年参加国家高级证书考试的学生的六年入学率。

*“文凭”指所有一年制至三年制本科文凭、证书项目。

① 一类学校位于南非最贫穷的社区，五类学校则位于相对富裕的社区。详见本书第二章。

2008 年参加国家高级证书考试的学生的大学学业表现（按种族划分）

表 5.3 显示，在 2008 年参加国家高级证书考试的学生中，不到一半（47%）的白人在考试后六年内入读大学，而非洲黑人、有色人种的比例分别约为六分之一（16.6%）、五分之一（19.8%）。各群体在入读本科学位项目方面的差异更加显著。在 2009—2014 年，近 43% 的白人学生入读大学学位项目。而非洲黑人学生、有色人种学生的比例分别为不到 10%、不到 15%。

如前所述，学生的大学入学几率很大程度上可以通过其中学学业表现预判。因此，不同种族的学生在国家高级证书考试成绩方面的差异可能导致其入读大学的差异。在 2008 年参加国家高级证书考试的学生中，不同种族学生的考试通过率差异显著。12 年级的非洲黑人学生仅有 57% 通过了考试，有色人种、印度裔/亚裔、白人的比例分别为 80%、90%、99%。在通过类型方面，学生之间的差异也很巨大。例如，在通过国家高级证书考试的白人学生、印度裔/亚裔学生中，分别有 71%、60% 的人取得学位项目申请资质。这一比例在有色人种学生、非洲黑人学生中要低得多，分别为 30%、24%。

表 5.3 显示，如果只考察在国家高级证书考试中取得学位项目申请资质的学生，不同种族之间的大学入学率也大不一样。在 2008 年参加国家高级证书考试并取得学位项目申请资质的非洲黑人学生中，71.2% 的人在 2009—2014 年入读大学。这一比例在有色人种学生、印度裔/亚裔学生、白人学生中分别为 63.1%、72.8%、63.4%。换言之，数据显示，与取得学位项目申请资质的白人学生、有色人种学生相比，取得学位项目申请资质的非洲黑人学生在中学毕业后六年内入读大学的几率更高。然而，即便只考察取得学位项目申请资质的学生，在入读本科学位项目方面，不同种族之间也存在较大差异。在取得学位项目申请资质的学生中，53.7% 的非洲黑人学生在 2009—2014 年入读学位项目，白人学生的比例则要高一些，为 59%。

表 5.4 显示，在 2008 年参加国家高级证书考试、2009 年入读大学的学生中，不同种族学生的毕业率、辍学率也不一样。约 72% 的白人学生在六年内取得本科资质，这一比例在非洲黑人学生、有色人种学生中仅为 54% 左右。不同种族学生的辍学率差异也很显著。约三分之一的非洲黑人

学生、有色人种学生在入读大学后五年内辍学，这一比例在印度裔/亚裔学生中要少得多，仅为2.8%，而在白人学生中最低，仅为18.1%。

表5.4　2008年参加国家高级证书考试、2009年入读大学的学生的毕业率、辍学率（按种族、入读项目类型划分）

（%）

种族	全体本科学生			入读本科学位项目的学生		
	四年毕业	六年毕业	五年辍学	四年毕业	六年毕业	五年辍学
非洲黑人	31.8	53.5	32.0	31.7	55.8	24.0
有色人种	34.9	53.8	33.8	34.1	54.8	29.6
印度裔/亚裔	36.0	62.1	22.8	36.8	63.7	18.9
白人	52.7	71.6	18.1	52.7	72.3	16.2

资料来源：作者基于2008年国家高级证书考试综合单位记录以及高等教育管理信息系统2009—2014年数据测算。

注：毕业率、辍学率仅涉及2009年首次入读高校的本科生。

不同种族的学生在大学学业表现方面为何存在差异?

鉴于中学学业表现会影响大学学业表现，我们应当只考察在国家高级证书考试中成绩相当的学生，从而厘清不同种族的学生大学学业表现存在差异的原因。表5.4显示了2009年首次入读高校的本科生的毕业率、辍学率，这些学生中96%的人在2008年国家高级证书考试中取得了学位项目申请资质。即便只考察这个入读本科学位项目的优选群体，不同种族的学生在毕业率、辍学率方面仍存在显著差异。与印度裔/亚裔学生、白人学生相比，非洲黑人学生、有色人种学生的毕业率较低，辍学率较高。尽管取得学位项目申请资质、入读大学的非洲黑人学生比例高于白人学生，但数据显示，在中学毕业后六年内大学毕业取得本科资质的白人学生比例更高。

这些数据似乎说明，即便只考察中学学业表现近似的学生，不同种族的学生在大学学业表现方面仍然存在差异。然而，国家高级证书考试的通过类型只能在一定程度上代表学生的学业表现。即便是在取得学位项目申请资质的学生中，不同种族的学生在学业表现方面仍然存在显著差异。例如，在这一群体中，80%的白人学生和70%的印度裔/亚裔学生在2008年国家高级证书考试中平均成绩在总分的60%以上，这一比例在有色人种学生、非洲黑人学生中分别为47%、40%。在取得学位项目申请资质的学生中，核心科目的参与度和学业表现的数据显示，非洲黑人学生、有色人种学生比白人学生、印度裔/亚裔学生的整体表现差很多。

不同种族的学生在大学学业表现方面存在差异，其原因可能是学生在国家高级证书考试中的表现存在差异或在其他潜在特征方面存在重要差异。要证明这一点，我们应该在测算入学率、毕业率、辍学率时加入多个参照项。如此一来，当我们比较在国家高级证书考试中表现相当、具有近似特征的学生时，就可以更加清晰地认识大学学业表现方面的种族差异。

为了深入理解在2008年参加国家高级证书考试的学生在大学学业表现方面的种族差异程度，我们测算了一系列线性概率模型（linear probability model），主要结果见表5.5。表中的每个值所代表的是，在加入年龄、国家高级证书考试通过类型、国家高级证书考试平均成绩、核心科目参与度、中学类型、中学所在省份等参照项后，2008年参加国家高级证书考试的学生中，某一种族学生与黑人学生相比在某一大学学业方面的差异。

通过表5.5，我们可以了解，2008年参加国家高级证书考试的不同种族的学生在考试成绩、学校背景类似的情况下，在大学学业表现方面有何差异。

第一，鉴于有色人种学生、印度裔/亚裔学生、白人学生在其他方面的特征，与非洲黑人学生相比，他们入读大学的几率显著较低①。正是因为有了本研究所采用的数据集，我们才能得出这一结果。此外，加入国家高级证书考试平均成绩、核心科目参与度、中学类型、中学所在省份等参照项后，与非洲黑人学生相比，白人学生入读本科学位项目的几率就更低了。

第二，在2009年入读本科项目（包括本科学位项目）的学生中，非洲黑人学生五年内辍学的几率最低，有色人种学生五年内辍学的几率最高。仅考察入读本科学位项目的学生时，这一结论同样适用。

---

① 有证据表明，与非洲黑人相比，白人入读私立大学的几率更大。例如，来自高等教育数据分析系统（HEDA 2015）的高等教育管理信息系统数据以及高等教育与培训部（DHET 2015）的入学数据显示，2011—2013年，黑人在公立大学本科招生人数中占比约72%，在私立大学招生人数中占比62%。同一时期白人的占比分别为17%、24%（基于作者的计算）。但是，私立大学的招生人数与回归结果之间没有必然联系。只有在以下两种情况下，这两者之间才有关联：在中学毕业考试成绩分布中处于高位的白人学生入读私立大学的几率高于入读公立大学，或者，在中学毕业考试成绩分布中处于高位的黑人学生入读公立大学的几率高于入读私立大学。目前暂无可以证实这两种情况的证据。

第三，在2009年首次入读高校的本科生中，有色人种学生、印度裔/亚裔学生在四年至六年内毕业的几率低于非洲黑人学生，白人学生的几率则高于非洲黑人学生。即便加入其他参照项，白人学生在四年内完成本科学业的几率要比其他种族学生至少高出8%。

表5.5　以非洲黑人学生为比较对象测算的2008年参加国家高级证书考试的有色人种学生、印度裔/亚裔学生、白人学生的入学率、毕业率、辍学率

（%）

种族	一年入学	六年入学	四年毕业	六年毕业	五年辍学	六年转化
	（各类本科项目）					
有色人种	-5.1***	-9.6***	-3.0***	-6.1***	7.9***	-4.5***
印度裔/亚裔	-4.5***	-12.8***	-5.4***	-6.4***	7.5***	-5.7***
白人	-15.3***	-19.9***	8.0***	0.2	4.3***	-7.4***
	（仅本科学位项目）					
有色人种	0.5***	0.3*	-0.5	-2.6***	6.7***	-0.1
印度裔/亚裔	3.2***	0.7**	-0.7	-1.1	3.9***	0.9***
白人	-3.4***	-2.7***	11.6***	4.7***	2.7***	1.3***

资料来源：作者基于2008年国家高级证书考试综合单位记录以及高等教育管理信息系统2009—2014年数据测算。

注：数字是通过普通最小二乘法（Ordinary Least Square）测算的线性概率模型的系数，其所代表的是，在加入年龄、国家高级证书考试通过类型、国家高级证书考试平均成绩、核心科目参与度、中学类型、中学所在省份等参照项后，与黑人学生相比某一特定度量的百分比差异。* 代表10%显著性水平，** 代表5%显著性水平，*** 代表1%显著性水平。显著性水平基于稳健标准误（robust standard error）。一年入学率、六年入学率、六年转化率样本包括在2008年参加国家高级证书考试的全体学生。四年毕业率、六年毕业率、五年辍学率样本仅包括2009年首次入读高校的本科生。种族参照组为“非洲黑人”。

第四，在六年毕业率方面，白人学生与非洲黑人学生的数据没有显著差异。白人学生在短期（四年）完成本科学业方面可能具有某种优势。换言之，在考察六年毕业率时，与非洲黑人学生相比，白人学生的相对优势并不明显。然而，仅考察本科学位项目时，情况就不同了，即便是在六年毕业率方面，白人学生也比其他种族学生具有显著优势。

第五，表5.5的最后一列显示了有色人种学生、印度裔/亚裔学生、白

人学生相比非洲黑人学生的六年转化率。“转化率”反映的是，在2008年参加国家高级证书考试后六年内取得本科资质的学生人数占2008年参加考试人数的比例[①]。数据显示，加入国家高级证书考试成绩和中学背景的参照项后，非洲黑人学生在参加国家高级证书考试后六年内取得本科资质的几率显著高于其他种族学生。这一结果十分重要，说明我们可以通过中学学业表现方面的潜在差异来解释南非不同种族的学生之间在大学学业表现方面的诸多差异。但是应当注意，与非洲黑人学生或有色人种学生相比，白人学生、印度裔/亚裔学生在参加国家高级证书考试后六年内取得本科学位的几率略高[②]。

2008年参加国家高级证书考试的学生的大学学业表现（按中学类型划分）

在当前的研究中，一般认为，大学入学机会向来自富裕家庭的学生显著倾斜。表5.6似乎也证实了这种观点。在2008年参加国家高级证书考试的学生中，曾就读于贫穷中学的学生在参加考试后六年内入读大学的几率远远低于四类学校、五类学校的学生。与一、二、三类学校的学生相比，来自富裕的五类学校的学生入读大学的几率高出约四倍。仅考察入读学位项目的学生时，这一差异会更加显著。

考察在国家高级证书考试中取得学位项目申请资质的学生时，不同类型中学的学生在大学入学率方面的差异明显缩小，但在学位项目的入学率方面仍存在显著差异。在来自一类至四类学校、取得学位项目申请资质的学生中，4.6%—53.1%的人在参加国家高级证书考试后六年内入读学位项目，这一比例在五类学校的学生中要高得多，为62%。

表5.7显示，在2008年参加国家高级证书考试、2009年入读大学的学生中，不同类型中学的学生在入学率、辍学率方面存在差异，不过一类至四类学校之间的差异相对较小。与他们相比，五类学校学生的入学率要高得多，辍学率也低得多。仅考察在2009年入读本科学位项目的学生时，

---

① 见附录中转化率的正式定义及其与毕业率的差异。

② 国家高级证书考试数据集、高等教育管理信息系统数据集中有关社会经济背景的信息较少。与社会经济地位有关的唯一指标是学生就读的中学的社会经济类型。尽管中学类型不能充分反映学生的社会经济地位，但在衡量社会经济背景方面还算公平。

这一差异也很明显。

表5.6　2008年参加国家高级证书考试的学生的六年入学率（按中学类型、国家高级证书考试成绩、入读项目类型划分）（%）

	全体学生			取得学位项目申请资质的学生		
中学类型	文凭*	学位	全部	文凭*	学位	全部
一类学校	5.8	4.4	9.2	26.5	44.6	63.2
二类学校	6.9	5.5	11.2	26.6	47.8	65.8
三类学校	9.0	7.4	14.7	27.2	49.6	67.6
四类学校	12.6	13.7	23.5	24.0	53.1	68.4
五类学校	14.8	34.9	45.2	14.8	62.0	70.0

资料来源：作者基于2008年国家高级证书考试综合单位记录以及高等教育管理信息系统2009—2014年数据测算。

注：数字代表2008年参加国家高级证书考试的学生的六年入学率。

*“文凭”指所有一年制至三年制本科文凭、证书项目。

表5.7　2008年参加国家高级证书考试、2009年入读大学的学生的毕业率、辍学率（按中学类型、入读项目类型划分）（%）

	全体本科学生			入读本科学位项目的学生		
中学类型	四年毕业	六年毕业	五年辍学	四年毕业	六年毕业	五年辍学
一类学校	34.8	55.5	32.2	36.5	59.5	24.2
二类学校	32.8	55.7	31.7	34	59.2	22.6
三类学校	32.1	52.3	34.9	32.6	55.5	26.5
四类学校	32.9	54.2	30.8	33.4	56.7	23.7
五类学校	41.5	62.9	23.9	42.8	65.1	19.4

资料来源：作者基于2008年国家高级证书考试综合单位记录以及高等教育管理信息系统2009—2014年数据测算。

不同类型中学的学生在大学学业表现方面为何存在差异？

与不同种族学生在大学学业表现方面的差异情况类似，在2008年参加国家高级证书考试的学生中，来自不同类型中学的学生在大学学业表现方面存在差异的原因之一可能是学生在国家高级证书考试中的表现存在差异或其他潜在特征方面存在差异。表5.8反映了与中学类型相关的主要结果，方法与表5.5中的回归分析一致。表中的每个值所代表的是，在加入种族、年龄、国家高级证书考试通过类型、国家高级证书考试平均成绩、核心科目参与度、中学所在省份等重要参照项后，2008 年参加国家高级证书考试的学生中，某一类型中学的学生与一类中学的学生相比在某一大学学业方面的差异。

表 5.8 以一类学校为比较对象测算的 2008 年参加国家高级证书考试的二类至五类学校学生的条件入学率、毕业率、辍学率 (%)

中学类型	一年入学	六年入学	四年毕业	六年毕业	五年辍学	六年转化
	(各类本科项目)					
二类学校	-0.2**	-0.1	-2.6***	-1.1	0.9	-0.3***
三类学校	0.6***	0.7***	-4.8***	-5.4***	4.7***	-0.5***
四类学校	2.6***	3.0***	-8.0***	-7.1***	3.4***	-0.1
五类学校	6.2***	5.6***	-8.4***	-6.7***	2.6***	0.7***
	(仅本科学位项目)					
二类学校	-0.4***	-0.3***	-4.1***	-2.2	0.6	-0.4***
三类学校	-0.4***	-0.5***	-7.2***	-7.2***	5.0***	-0.7***
四类学校	0.0	-0.5***	-12.0***	-10.9***	4.0***	-1.3***
五类学校	3.1***	1.9***	-11.6***	-9.7***	3.3***	-0.3**

资料来源：作者基于 2008 年国家高级证书考试综合单位记录以及高等教育管理信息系统 2009—2014 年数据测算。

注：数字是通过普通最小二乘法测算的线性概率模型的系数，其所代表的是，在加入种族、年龄、国家高级证书考试通过类型、国家高级证书考试平均成绩、核心科目参与度、中学所在省份等参照项后，与一类学校学生相比某一特定度量的百分比差异。* 代表 10% 显著性水平，** 代表 5% 显著性水平，*** 代表 1% 显著性水平。显著性水平基于稳健标准误。一年入学率、六年入学率、六年转化率样本包括在 2008 年参加国家高级证书考试的全体学生。四年毕业率、六年毕业率、五年辍学率样本仅包括 2009 年首次入读高校的本科生。中学类型参照组为“一类学校学生”。

结果显示，即便控制了上述参照项，来自富裕中学的学生入读大学的几率一般高于贫穷中学的学生。五类中学的学生入读本科学位项目的几率显著高于一类中学的学生。

将其他因素纳入考虑后，在 2009 年首次入读高校的本科生中，来自一类至三类中学的学生在四年内或六年内毕业的几率显著高于四类、五类中学学生。仅考察入读本科学位项目的学生时，情况更是如此。数据显示，在本科学位项目四年毕业率方面，一类中学的学生整体上比五类中学的学生高出近12%。表5.8中的毕业率、辍学率数据说明，在12年级后一年内成功入读大学的学生中，曾就读于贫穷中学的学生的毕业率要比曾就读于富裕中学的学生高得多。这一结果十分重要，它说明，在国家高级证书考试中表现优异的学生中，与来自富裕中学的学生相比，来自贫穷中学的学生大学学业表现更好。

最后，即便将学业表现等其他差异纳入考虑，在2008年参加国家高级证书考试的学生中，来自不同类型中学的学生在六年转化率方面仍然存在显著差异，但比其他方面的差异要小。换言之，数据说明，将其他差异纳入考虑后，来自富裕中学的学生在中学毕业后六年内取得本科资质的几率并不比来自贫穷中学的学生高出很多。

结　论

本章中的分析基于一项最新、尚未被利用的数据集，在研究南非学生从中学到大学阶段的过渡方面提出了新的深刻见解。

可以看出，只有极少数12年级学生在中学毕业后六年内取得本科资质，而取得本科学位的学生更是少之又少。原因之一是入读大学的合格学生太少。本书中的其他文章也证实了这一点，它们指出，小学与中学教育的不平等现象将延续至中学后教育阶段，造成入学、毕业方面的不平等。

大学的低入学率等因素导致低毕业率。即便学生在12年级毕业后能够立即入读大学，很多人要花很长时间才能毕业，很多人则根本毕不了业。不同种族、不同社会经济背景的学生在大学学业表现方面存在显著差异。但数据显示，中学学业表现对这个问题影响巨大。中学系统中的问题决定了哪些学生能读到12年级以及他们在国家高级证书考试中的表现。本研究的结果显示，很多中学毕业生并未为大学学业做好充分准备。本书第一章关于学生学业路径的文章也证实了这一点。即便这些学生入读大学，基本上也无法在规定年限内完成学业。

本研究发现，在中学学业表现差不多的前提下，与背景优越的学生相比，背景较差、在国家高级证书考试中表现优异的学生入读大学、学业出色的几率更高。他们的杰出表现远远超出大家对其就读中学、出身社区的预期，反映了他们的出众才能。很多有才华的学生并不见得能够像他们一样处理好自己面临的各种问题。这个群体主要由非洲黑人学生、有色人种学生组成，主要来自一类至四类学校，人数虽少但在持续增加。本研究显示，他们凭借自己的才能战胜了自己所处的困境。

最后，本研究综合使用高等教育管理信息系统及国家高级证书考试数据，指明了在全国范围内追踪学生从中学到大学阶段发展的重要性，但仍有不少重要问题尚未解答。例如，我们还不清楚，很多符合大学入学条件的学生为何没有入读公立大学，家庭背景、资金限制等因素会在多大程度上影响学生入读大学的几率或完成学业的几率。要回答以上及其他相关问题，应当扩大数据集的规模，并使其他学者也能获取数据，从而深化这一研究。

政策启示

本章提出，要使更多南非人取得学位资质，需要解决四个制约因素：第一，能够从小学读到12年级的学生太少；第二，在国家高级证书考试中取得大学申请资质的学生太少；第三，在国家高级证书考试中表现优异但最后入读大学的学生太少；第四，入读大学但未能取得本科资质的学生太多。需要注意的是，媒体在讨论南非高等教育转型时几乎只关注第三个问题。但本研究发现，在帮助更多人取得第三级教育资质的问题上，南非面临着四大瓶颈，在国家高级证书考试中表现优异却未能入读大学的现象只是其中之一。只有将南非教育系统中的四大瓶颈问题全部解决，才能成功促进高等教育与培训领域入学机会的增加、再平衡、转型。

参考文献

Council on Higher Education（2013）*A proposal for undergraduate curriculum reform in South Africa：The case for a flexible curriculum structure. Report of the task team on undergraduate curriculum structure*. Pretoria：CHE.

Council on Higher Education（2014）*Advice to the Minister of Higher Education and training on the reform of the undergraduate curriculum in higher education.*

Report. Pretoria：CHE.

Department of Higher Education and Training (2014) *Enrolment Tables* 2. 12 *for all institutions. Excel Tables*. Accessed July 2014, http：//www. dhet. gov. za/HEMIS/Enrolments/.

Department of Higher Education and Training (2015) *Statistics on post – school education and training in South Africa*：2013. *Report*. Pretoria：DHET.

Du Plessis L & Gerber D (2012) Academic preparedness of students – an exploratory study. *The Journal for Transdisciplinary Research in Southern Africa* 8 (1)：81 –94.

Foxcroft C & Stumpf R (2005) What is matric for? In CHET (Ed.) *Papers and presentations to the Umalusi and CHET seminar on matric*：*What is to be done*? Pretoria (23 June) Cape Town：CHET.

Higher Education Data Analyzer (2015) *Background*. Accessed September 2015, http：//www. heda. co. za/pds/background. aspx.

Koch E (2007) Critical questions about the new entrance test for higher education. *South African Journal of Higher Education* 21 (1)：102 –111.

Nyalashe V (2007) Increasing access to higher education (HE)：A focus on the disadvantaged youth. In FM Lewis, VH Nyalashe, Z Hartley & SM Naicker (Eds) *Reflections on the Human Capital Development Strategy* (*HCDS*)：*The First series of conceptual papers supporting the implementation of the HCDS*. Cape Town：Western Cape Education Department.

Parker D & Sheppard C (2015) *How HEMIS and the development grants can be used to improve SA student success*. Accessed August 2015, http：//siyaphumelela. org. za/wp – content/uploads/2015/05/Parker – Sheppard – 15 – May. pdf.

Statistics South Africa (2016) *Community Survey* 2016. Pretoria：Stats SA.

UIS (UNESCO Institute for Statistics) (2017) UIS. Stat Data Portal. Accessed March 2017, http：//data. uis. unesco. org/.

Umalusi (2015) *Indicators report* 2008 –2013. *National senior certificate*. Pretoria：Umalusi, Council for Quality Assurance in General and Further Education and Training.

Van Broekhuizen H (2016) Graduate unemployment, Higher education access and success, and teacher production in South Africa. PhD thesis. Department of Economics, Faculty of Economic and Management Sciences, Stellenbosch University.

Van Wyk C (2015) *An overview of education datasets in South Africa: An inventory approach*. Stellenbosch Working Paper 19/15. Stellenbosch University.

Vossensteyn H, Kottmann A, Jongbloed B, Kaiser F, Cremonini L, Stensaker B, Hovdhaugen E & Wollscheid S (2015) *Dropout and completion in higher education in Europe: Main report*. Luxembourg: Publications Office of the European Union.

附录：大学学业表现的主要指标

大学入学率指的是，特定中学毕业生群体中，参加国家高级证书考试之后在特定年限内入读公立大学本科项目的学生人数占该群体总人数的比例。2008年参加国家高级证书考试的学生的 t 年入学率为：

$$入学率_t = \left[\left(\sum_{i=1}^{t} 首次入读高校的本科生_{2008+i} \right) \mid 参加国家高级证书考试的学生_{2008} \right] \Big/ 参加国家高级证书考试的学生_{2008}$$

其中，$\left(\sum_{i=1}^{t} 首次入读高校的本科生_{2008+i} \right) \mid 参加国家高级证书考试的学生_{2008}$ 代表2008年参加国家高级证书考试、在 t 年内以首次入读高校的本科生身份入读公立大学的学生总数。

本科毕业率指的是，特定的首次入读高校的本科生群体中，在特定年限内取得本科资质的学生人数占该群体总人数的比例。2008年参加国家高级证书考试、2009年首次入读高校的本科生的 t 年毕业率为：

$$比业率_t = \left[\left(\sum_{i=1}^{t} 取得资质的本科生_{2008+i} \right) \mid 首次入读高校的本科生_{2009},参加国家高级证书考试的学生_{2008} \right] \Big/ 首次入读高校的本科生_{2009}$$

其中，$\left(\sum_{i=1}^{t} 取得资质的本科生_{2008+i} \right) \mid 首次入读高校的本科生_{2009},参加国家高级证书考试的学生_{2008}$ 代表2008年参加国家高级证书考试、2009年首次入读高校、在 t 年内取得本科资质的学生总数。

本科辍学率指的是，特定的首次入读高校的本科生群体中，在尚未取得任何本科资质的前提下、在特定年限内离开公立高等教育系统的学生人数占该群体总人数的比例。2008年参加国家高级证书考试、2009年首次入读高校的本科生的 t 年辍学率为：

$$辍学率_t = \left[\left(\sum_{i=1}^{t} 辍学学生_{2008+i}\right) \mid 首次入读高校的本科生_{2009},参加国家高级证书考试的学生_{2008}\right] \Big/ 首次入读高校的本科生_{2009}$$

其中，$\left(\sum_{i=1}^{t} 辍学学生_{2008+i}\right) \mid 首次入读高校的本科生_{2009},参加国家高级证书考试的学生_{2008}$ 代表2008年参加国家高级证书考试、2009年首次入读高校、在 t 年内辍学的学生总数。

本科转化率指的是，特定中学毕业生群体中，在特定年限内取得本科资质的学生人数占该群体总人数的比例。2008年参加国家高级证书考试的学生的 t 年转化率为：

$$转化率_t = \left[\left(\sum_{i=1}^{t} 取得资质的本科生_{2008+i}\right) \mid 参加国家高级证书考试的学生_{2008}\right] \Big/ 参加国家高级证书考试的学生_{2008}$$

其中，$\left(\sum_{i=1}^{t} 取得资质的本科生_{2008+i}\right) \mid 参加国家高级证书考试的学生_{2008}$ 代表2008年参加国家高级证书考试、在 t 年内取得本科资质的学生总数。

重要说明

大学入学率、毕业率、辍学率的短期指标可能无法充分反映一个群体的入学率、毕业率、辍学率的全貌①。在理论层面，解决这一问题的方法是延长对调查对象大学进展情况的观察时间。但考虑到数据方面的制约因素，这个方法基本上没有可行性。例如，本研究采用高等教育管理信息系统数据，在2008年参加国家高级证书考试的学生中，以其首次入读高校的时间为出发点，对其大学表现的考察最长可进行六年。

① 本部分基于 Van Broekhuizen 2016。

研究时限较短对于大学入学率、毕业率、辍学率估值的效度具有重要启示。例如，在技术层面，只有确认离开大学的学生不再返校继续学业，才能明确将其划入辍学一类。这对上文所示辍学率的准确性有两方面启示。第一，没有毕业的学生中至少有一部分人于 2014 年不在校，因此，上述辍学率基本上是短期辍学率的向上偏误（upward bias）。高等教育管理信息系统数据显示，在没有毕业的学生中，有些人可能在 2015 年或后续年份复学。第二，在 2014 年底仍然在校的未毕业学生中，有些人可能在 2015 年或后续年份辍学，因此，短期辍学率估值不能充分反映每个群体的最终辍学程度。在大学入学率和毕业率的短期估值方面，偏误虽然不像辍学率那么高，但上述启示也同样适用。

由于无法获取更多数据，我们对上述问题也束手无策，将其作为对于上文讨论的重要说明附于文末。

第二部分

高等教育与劳动力市场

第六章

毕业生劳动力市场上的资质过剩与技能利用：以南非两所大学为例

迈克尔·罗根（Michael Rogan）

从本章起，我们将视线转向中学后教育与培训领域中的高等教育与劳动力市场之间的关系。人们希望，南非的高等教育系统能够为劳动力市场提供具备相应技能的劳动力并推动劳动力市场完成转型目标。那么我们要问：大学毕业生们是否找到了“合适的”工作？高等教育与培训部设定的工作重心之一是，到2030年，将高等教育入学人数从2010年的95万提升至160万，增幅近70%（National Planning Commission 2012）。在这一背景下，上述问题就显得愈发重要。入学人数的激增将带来毕业人数的激增，这样一来，我们不仅要关注大学毕业生是否能够找到工作，更要关注他们的工作岗位是否与其资质相关、相称。换言之，南非的大学毕业生们找到的是与学位挂钩的“毕业生工作”（graduate job），还是不与学位挂钩的其他岗位？

在研究南非劳动力市场中的大学毕业生时，截至目前几乎所有学者（Bhorat et al. 2010；Moleke 2010；Rogan & Reynolds 2016；Van Broekhuizen 2016；Van der Berg & Van Broekhuizen 2012）关注的都是大学毕业生的失业问题以及哪些毕业生能够找到工作。尚无研究考察大学毕业生的技能和知识是否得到有效利用？毕业生是否面临就业不足（underemployment）的情况？在南非的大学入学人数、毕业人数显着增加的背景下，上述问题就变得十分重要。例如，劳动力市场上活跃的大学毕业生总数从1995年的约45.6万人增加至2011年的109.6万人，增幅逾一倍（Van der Berg & Van Broekhuizen 2012）。

在国际学术界，大学毕业生是否找到合适的工作这一话题往往被置于就业匹配（job matching）、资质过剩（over - qualification）、技能利用（skills - utilisation）等更大议题之下（另见本书第十二章）。尤其是在经济合作与发展组织的很多成员国，大家在资质过剩方面的研究兴趣与大学毕业生人数增加的现象密不可分，重在考察这一现象与毕业生工作岗位的增加是否相关（Dolton & Silles 2008；Dolton & Vignoles 2000；Elias & Purcell 2004；Gray & Chapman 1999；Green & McIntosh 2007；Green & Zhu 2010；Groot & Maassen Van den Brink 2000；Keep 2012；McGuinness & Bennett 2007；McGuinness & Wooden 2009；Scurry & Blenkinsopp 2011；Sloane 2002；Teichler 2007；Vaisey 2006；Wilkens & Wooden 2011）。在上述文献尤其是英国文献中，大家普遍关注的核心问题（如 Dolton & Vignoles 2000；Sutherland 2012）是大学毕业生的数量赶不上劳动力市场的需求。

在关于高等教育扩招的问题上，近年来南非的讨论一定程度上再现了20 世纪 90 年代英国的讨论（Elias & Purcell 2004）。当时的英国社会担心，大学毕业生人数的增幅与毕业生工作岗位的增幅之间不匹配，毕业生失业率会上升，“文凭主义”会抬头，与经济发展对技能的实际需求并不相称。南非社会现在也有这种担心，认为很多大学毕业生拿到的三年制“普通学士学位”（general degree）在劳动力市场上并没有用（Bhorat & Oosthuizen 2005；Du Toit & Roodt 2008；Moleke 2010）。但该观点缺乏实证基础，目前还没有哪项研究考察过南非的大学毕业生是否从事与所学专业相关的工作。此外，劳动力市场仍然需要高技能工人，过去二十年来大学毕业生人数的激增也并未导致毕业生失业率的上升（Bhorat et al. 2016；Van der Berg & Van Broekhuizen 2012）。不过，南非的毕业生们是否找到了与学位挂钩的工作则是另一个问题，一个迄今为止无人研究的问题。

本章以新近毕业的南非大学生为研究对象，考察其资质过剩的程度和相关因素，以期填补文献空白。本章结构如下：首先梳理国际文献对资质不匹配、技能利用不足（skills under - utilisation）的解释，为下文分析搭建框架；随后简要介绍用来收集毕业生信息的毕业生去向研究，界定一些主要概念；接着重点讨论总结性统计数据，对资质过剩和技能不匹配进行比较，并提炼资质不匹配的相关因素；最后提出政策启示。

如何衡量资质过剩和技能利用不足?

鉴于相关文献概念不清，除了本书第十二章以外，目前关于南非劳动力市场就业匹配问题的研究也十分有限，因此，我们首先梳理主要概念及测量标准。以往文献中往往混用“教育过度”（over – education）、“资质过剩”、“利用不足”、“就业不足”、“技能利用不足”等概念，它们都指的是，员工在劳动力市场上的就业情况与其资质或技能不匹配（Johnson et al. 2002；McKee – Ryan & Harvey 2011；Scurry & Blenkinsopp 2011）。资质过剩的广义定义至少有四种，通过仔细梳理文献发现，没有公认的衡量标准，每套方法都各有优劣（Groot & Maassen Van den Brink 2000；Hartog 2000；Leuven & Oosterbeek 2011；Wilkens & Wooden 2011）。在衡量资质过剩方面，最为主流的可能要属客观评价、主观评价这两套方法（Flisi et al. 2017；Groot & Maassen Van den Brink 2000）①。

客观评价法通常采用专家驱动型方法（expert driven method），将不同级别的技能与不同职业关联起来。用该方法难以衡量资质过剩，原因之一在于，不同技能需求之间存在极大的异质性，而历次劳动力调查中记录的职业编码干扰了我们对这种异质性的认识（Quintini 2011b）。作者通过文献研究（如 Elias & Purcell 2004）发现，之所以要使用主观评价法衡量资质过剩，一个重要原因在于，现在越来越难给“毕业生工作”下一个客观的定义。随着职业的变化与技术的发展，用传统的职业分类去考察教育工作可能已经不合适了。尤其是在毕业生就业方面，由于很多专业性职业已经发生了巨大变化，使用客观评价法很难区分毕业生工作和非毕业生工作（Scurry & Blenkinsopp 2011）②。

主观评价法可以分为“直接自评法”（direct self – assessment）和“间接自评法”（indirect self – assessment），直接自评法指调查对象自主汇报其工作是否与自己的教育程度有关，间接自评法指员工评估要胜任自己当前

① 所有衡量、分析资质过剩的方法的局限性见 Battu et al 2016。

② 但并非所有研究人员都认可这一论断，有人（如 Battu et al 2000；Teichler 2007）认为，专业性职业和非专业性职业之间的流动性并不像其他人说的那么大。

的工作需要何种程度的教育背景（Allen & Van der Veldon 2001；Flisi et al. 2017；Sloane 2003）。至于客观评价法和主观评价法孰优孰劣，以往文献尚无明确共识（Verhaest & Omey 2006）。虽然有很多重要研究（Battu et al. 2000；Chevalier 2003；Green & Zhu 2010）使用了主观评价法框架下的直接自评法，但也没有什么统一的标准。尽管使用主观评价法衡量资质过剩有其局限性，但有越来越多的研究使用毕业生本人的描述作为考察高等教育与劳动力市场关系的重要依据（Johnson et al. 2002）。此外，由于这一方法可以帮助我们准确了解资质、技能、培训是否得到了有效利用，因此可能更适用于考察毕业生在劳动力市场上的表现（Bonnal et al. 2009）。

如前所述，资质过剩和技能利用不足之间存在很大交集（Green & Zhu 2010）。尽管这两种状态高度关联，但还是存在差异。一项重要研究（Chevalier 2003）指出，可以用“表面”教育过度和“实际”教育过度来区分这两种状态。具体而言，可以通过调查就业不匹配的毕业生对工作的满意度来区分“表面”资质过剩和“实际”资质过剩。鉴于资质并不能充分反映技能水平（Quintini 2011b），区分这两种情况十分必要。例如，在新近毕业的大学生中，有些人面对自己的就业岗位似乎资质过剩，但其实他们缺乏相应技能（Quintini 2011b）。

这些文献对资质过剩的衡量与概念化做出了积极贡献，为我们区分哪些学生走上了相关或合适岗位提供了可能。但在实践中，这还受到研究设计的影响。毕业生调查在考察教育资质与劳动力市场的匹配度方面可以发挥巨大作用（Teichler 2007），但也对我们收集就业匹配信息造成了诸多挑战。例如，由于采访一般通过电话进行，受访人的回答必须简洁明了（Rogan & Reynolds 2016），这就排除了李克特量表式的五点或七点选项，而上述文献则在研究中多使用李克特量表（如 Green & Zhu 2010）。

哪些毕业生资质过剩?

在英国等一些国家，大学毕业生资质过剩领域的研究显示，自 20 世纪 90 年代以来，毕业生人数的增速高于“毕业生工作岗位”的增速（Green & Zhu 2010；Keep & Maykew 2010）。换言之，高等教育这些年来的“大众化”导致很多大学毕业生走上了不与学位挂钩的工作岗位①。因此，很多文献都在关注，毕业生的资质过剩到底是一种长期现象，反映劳动力市场的结构性不匹配，还是一种短期状态。尽管有些研究（Green & McIntosh 2007；McGuinness & Wooden 2009；Rubb 2003b）表示，资质过剩可能是一种永久状态，或是会存在较长时间，但其证据不太充分。就业匹配模型一般认为，求职者可能会接受一份低于自身资质的工作，从而有机会展示自身价值，因此资质过剩是一种临时状态（Dolton & Silles 2008）。有研究指出，很多大学毕业生虽然是在传统的“毕业生工作”之外找到工作，但他们表示工作满足感和技能利用程度较高，因此，基于全国性劳动力调查的统计数据可能会高估就业不匹配的情况（Teichler 2007）。

如何识别毕业生资质过剩的相关因素是文献中的一个重要关切，这在我们的意料之中。很多文献强调，新近毕业的大学生与劳动力大军的整体情况很不一样，他们更为年轻，工作经历较少但受教育程度更高，毕业生之间的社会人口统计特征更为接近（Quintini 2011b；Scurry & Blenkinsopp 2011）。因此，相比于劳动力大军的整体情况，工作场所、非正式培训等因素很难解释大学毕业生中很多人的资质过剩现象（McGuinness & Bennett 2007）。文献中经常用来解释大学毕业生资质过剩的具体因素包括：技能水平达不到雇主预期、学业表现或能力较差、技能或资质并非劳动力市场所需（Quintini 2011b）。

就上述因素中的最后一条而言，很多研究（Chevalier 2003；Dolton & Silles 2008；Frenette 2004；Quintini 2011b）发现，在会否面临资质过剩方面，不同学科的毕业生之间差异显著，这说明，有些资质与劳动力市场上的技能需求之间匹配度不高。在英国，取得人文、文学学科学位的毕业生面临资质过剩的风险极高（Dolton & Vignoles 2000）。在关于毕业生就业问题的文献中，人文学科学位与其他高等教育学科学位之间的差异往往涉及专才教育、通才教育的大讨论。

在专业选择（即授予学位的学科）的影响方面，有证据显示，大学学业表现或其他衡量能力的指标对资质过剩起较大决定作用。例如，相关文献（Battu et al. 2000；Sloane 2003）显示，在一些发达国家，取得一等学

---

① 但这方面的证据不太充分，且经济合作与发展组织很多成员国的数据显示，尽管大学毕业生的人数在不断增加，但与第三级教育相关的工资溢价（wage premium）仍保持不变。

位（first class degree）的学生、认可度较高的大学（相较于科技大学）的毕业生收入更高、资质过剩程度更低。资质过剩研究领域的多数文献集中在英国，有研究（Mosca & Wright 2011）发现，大学类型、学位等级这两个因素都与毕业生的资质过剩现象相关。有研究（McGuinness & Bennett 2007）指出，在大学阶段之前的能力衡量方面，在工作中面临资质过剩问题的毕业生一般在当年的大学入学考试中成绩较差。

当然，在学位类型、大学学业表现、能力、大学类型之外，还有很多因素与资质过剩有关。有研究（Mosca & Wright 2011）发现，性别、种族也与英国大学毕业生的资质过剩相关。在经济学相关文献中，有两个因素似乎没有受到足够的重视：一是与休闲相关的偏好，二是以长期收入最大化为目标的教育投资（Leuven & Oosterbeek 2011）。与资质过剩相关的其他因素还有（Quintini 2011b）“信息欠缺、调适成本、劳动力市场整体情况或个人偏好”。此外，研究发现，即使毕业生工作岗位的数量与大学毕业生人数同步增长，仍会出现资质过剩的情况。例如，信息差距、机动性的制约因素、家庭境况及社会形势会影响毕业生找到与自身技能、资质相匹配的理想工作，因此，与学位挂钩的毕业生工作岗位的分布并不尽如人意（Green & McIntosh 2007），从而出现上述情况。

资质过剩现象有何重要性?

研究大学毕业生的资质过剩现象，除了能为大学生技能发展提供参考之外，还有什么重要性？在这一问题上，大多数与毕业生（或员工）资质过剩相关的研究首先会比较不同衡量标准之间有何关联，然后分析资质过剩与收入、工作满意度等因素的关系（Battu et al. 2000；Rubb 2003a）。很多文献都指出，资质过剩会带来如下后果：收入较低、工作满意度较低、认知退化①、辞退几率加大、生产率较低、职业停滞（career stagnation）②、偶发性失业（Allen & Van der Veldon 2001；Chevalier 2003；De Grip et al. 2008；Green & Zhu 2010；Johnson et al. 2002；Mckee - Ryan & Harvey

① 即所谓的“使用或失去”假说，如果不再使用某种技能，就会逐渐失去这种技能。

② 见入职与发展方面的“垫脚石”“陷阱”信号理论（Scherer 2004）。

2011；Quintini 2011a；Quintini 2011b；Scherer 2004）。其中很多是经济学文献，大部分来自英国。不过有些研究（Teichler 2007；Vaisey 2006）已经不再将收入和生产率作为考察重点，而是证明资质过剩与很多宏观层面的心理、社会结果有关。因此可以看出，资质过剩给个人和经济都会带来负面影响。

资质与技能

如前所述，考察毕业生资质过剩时的一个主要问题在于区分资质与技能。在英国，资质过剩比例的显著上升并不一定意味着技能过剩（over - skilling，亦即技能利用不足）比例相应上升（Green & Zhu 2010）。此外，很多面临资质过剩问题的毕业生并未反映其技能利用不足，也未表示自己对工作不满。这就意味着，至少对于某些面临资质过剩问题的毕业生而言，走上与自身资质无关的工作岗位可能是自愿的（McGuinness & Sloane 2011）。总体来看，在不同背景下开展的很多研究都显示，用来衡量资质过剩的指标并不见得能够用来衡量技能利用不足（Green & McIntosh 2007；McGuinness & Wooden 2009）。

资质过剩和技能利用不足可能是两种状态（至少各有各的指标），其原因是多方面的。第一，资质过剩只能衡量正式教育，并不将其他类型的培训经历纳入考虑。第二，并非在任何情况下都能用教育程度来衡量教育（如学位类型）与培训或教育与特定工作所需技能之间的匹配关系。第三，用人公司将正式资质作为入职条件，在这一背景下，有些大学毕业生可能并不会面临技能过剩的困境，但会被视为资质过剩（Green & McIntosh 2007；McGuinness & Wooden 2009）。资质过剩和技能利用不足的重要差别在于：虽然研究技能利用不足的文献相对较少，但在考察技能供需是否匹配的问题上，使用技能利用不足这个指标可能更为合适（McGuinness & Wooden 2009）。原因在于，资质过剩可能适用于考察毕业生是否获得与学位挂钩的工作，而技能利用不足在考察技能（包括固有技能、知识储备、在职培训所获能力）与"特定工作的实际技能需求"是否相关方面更为有效（McGuinness & Sloane 2011）。

南非的研究

在南非，我们几乎看不到与大学毕业生资质过剩相关的文献，即便是单纯与资质过剩相关的文献也没有。当前，毕业生失业率较低，自种族隔离政策结束以来基本没有变化，甚至比经济合作与发展组织成员国的失业率还要低（Van der Berg & Van Broekhuizen 2012），但没有资料显示毕业生从事的工作是否与其所受教育和所具备的技能相关。只有一项最新研究（Beukes et al. 2016）显示，通过客观评价法（基于每个职业群体的平均值）测算，有6%至12%的劳动力面临资质过剩的情况。不出所料，性别、种族、年龄都与资质过剩相关（Beukes et al. 2016）。基于每个职业群体的资质特点，南非有约三分之一的劳动力面临资质过剩的问题，非常接近经济合作与发展组织的平均水平（Quintini 2011b）。

但尚无研究聚焦南非的毕业生资质过剩现象，截至目前也没有研究使用过上文所述的主观评价法。最为重要的问题在于，南非还没有文献讨论过资质过剩与技能利用不足的区别。本章现在就来关注这些研究空白。具体而言，下文将基于一项新的数据源，使用主观评价法衡量毕业生资质过剩现象。

研究方法

东开普省毕业生去向调查

本研究所用数据来自一项面向南非新近大学毕业生的独特、详尽的调查。该调查面向东开普省两所公立传统大学于2010年或2011年取得学士学位的全体毕业生，按专业门类抽取分层概率样本（stratified probability sample）。来自罗德斯大学（Rhodes University）、福特哈尔大学（University of Fort Hare）的共计1211名毕业生参加了调查。调查于2014年展开，即学生毕业3—4年后，调查形式为电话采访或在线问卷。抽样过程、应答率、样本特征、研究设计的局限性等详情见相关文献（Rogan & Reynolds 2016；Rogan et al. 2015）。很多文献都探讨了毕业生去向研究或追踪研究的局限性（Dolton & Vignoles 2000）。其中一条为，成就较大（或较小）的毕业生参与调查的意愿更大（或更小），从而造成偏差（见本书第八章）。尽管如此，这些调查可以帮助我们更加充分地了解高等教育和劳动力市场之间的关联，这是其他数据源（如全国性劳动力调查）无法实现的。

调查问卷收集了三个方面的信息：背景信息（中学求学经历、人口统计信息、社会经济地位等）、大学学习信息（所学专业、学业表现、学习偏好、所读项目类型等）、毕业后成就（如劳动力市场成就、就业类型、居住省份、工作收入和满意程度）。针对找到工作的毕业生（951 人），调查中的很多问题涉及其工作岗位是否要求大学学位、工作岗位是否与所学专业相关、本人技能是否得到利用，这些都与本研究的目标相关。

界定资质过剩

本研究在区分毕业生“实际”资质过剩和“形式”资质过剩方面借鉴了其他研究（Green & Zhu 2010）（见表 6.1）。实际资质过剩指毕业生在自己的工作中既面临资质过剩又面临技能利用不足的问题。形式资质过剩指毕业生面临资质过剩（即其教育程度不是其工作岗位的必要要求）问题，但表示其技能得到了合理利用。该方法（Green & Zhu 2010）的优点在于，它能够将“求职”所需教育程度和“工作”所需教育程度区分开来（Scurry & Blenkinsopp 2011；另见 Dolton & Silles 2008）。

表 6.1　　资质过剩和技能利用不足的定义

变量	资质过剩	技能利用不足
实际资质过剩	是	是
形式资质过剩	是	否
技能利用不足	否	是
匹配	否	否

资料来源：Green & Zhu 2010.

在衡量资质过剩时，很多文献（Battu et al. 2000；Chevalier 2003）都

会针对调查对象对就业匹配程度的感受提出一个问题：你对自己的工作和自己资质的匹配情况满意程度如何？该调查在此基础上换了一种问法。同样，在衡量技能过剩时，很多文献都会针对技能利用情况提出一个问题（Kornhauser 1965）：你的工作是否可以让你利用求学所获知识和技能？该调查在此基础上换了一种问法。调查所用问法与一项研究（Sutherland 2012）一致，限定在接受培训或教育期间所获技能（Allen & Van der Velden 2001；Green & McIntosh 2007；McGuinness & Wooden 2009）。

分析资质过剩

本文首先对罗德斯大学、福特哈尔大学毕业生的形式资质过剩、实际资质过剩做描述性分析，并印证了文献中的一项共识：资质过剩和技能过剩是两个相关但不同的概念（Flisi et al. 2017；McGuinness & Wooden 2009；Wilkins & Wooden 2011）。例如，有研究（Green & Zhu 2010）发现，资质过剩和技能过剩的指标存在正相关、弱相关（r = 0.163，p = 0.000）关系。在南非这两所大学的整体数据中，技能过剩的指标与资质过剩的相关性为0.414（p = 0.000），资质过剩中49%的指标也是技能过剩的指标。因此，与文献发现一致，东开普省毕业生样本的资质过剩和技能过剩现象之间既存在重叠，又有显著差异。

在总结劳动力市场上匹配度不高的毕业生的统计数据及其工作岗位的特征之后，本文得出了一系列简单概率估计（simple probit estimation）（Green & McIntosh 2007）。每项回归有三个数列（permutation）。第一个数列仅包括人口统计与中学的主要变量，它们可能与毕业生面临资质过剩的几率相关。第二个数列包括体现高等教育成果（包括学位授予学科）的变量。第三个数列加入了工作岗位特征的参照项。

用以上方法得出的结果可以回答以下问题：首先，在统计层面，人口统计、中学特征和资质过剩的几率之间是否存在较强关联？其次，高等教育成果的参照项是否会改变资质过剩几率方面某些差异的程度？最后，将工作岗位特征纳入考察后，高等教育成果与资质过剩几率之间的关联是否会发生变化？每项回归还包括年龄、年龄平方①、数据收集方法的参照项。

资质过剩与技能利用不足的特征

在全体样本中，找到工作的毕业生有约68%的人就业匹配度较高（图6.1）。在其余32%的人中，实际资质过剩的毕业生和形式资质过剩的毕业生分布比较均衡，各占12%，没有资质过剩问题但表示自己的技能未能得到利用的毕业生占8%。在总体情况的基础上，罗德斯大学的毕业生和福特哈尔大学的毕业生有一些差异。罗德斯大学找到工作的毕业生有约71%的人就业匹配度较高，福特哈尔大学的比例约为65%。这一差异的原因在于，福特哈尔大学形式资质过剩的毕业生比例为15%，罗德斯大学的比例为8%。请注意，这些毕业生的特征是，其资质水平与工作并不匹配，但对其技能利用情况表示满意。除了这一差异，罗德斯大学毕业生和福特哈尔大学毕业生的实际资质过剩和技能利用不足程度非常接近（正文描述与图6.1显示的不一致，但原文如此——编者注）。

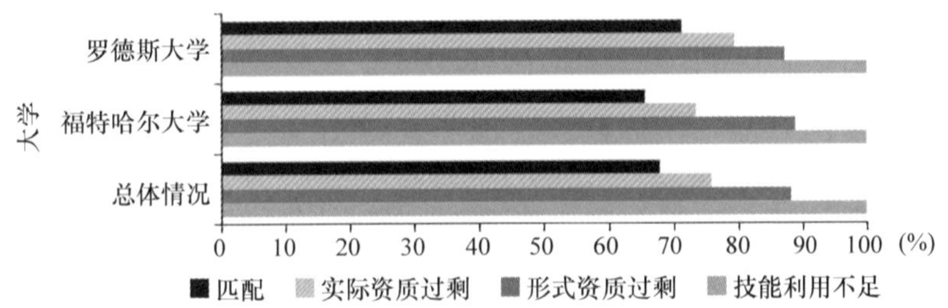

图6.1　找到工作的毕业生的就业匹配程度（按大学划分）

注：数据经过加权处理。

很多文献都强调了两类资质过剩的区别，接下来我们分析一下处于这两类资质过剩状态的毕业生的特征。表6.2梳理了一系列社会人口统计特征的总结性数据。表6.2显示，在性别方面，女性与男性之间在资质过剩

① 年龄与资质过剩之间可能存在非线性关系，加入年龄平方可以更为准确地检验年龄的效果。换言之，加入年龄平方可以在回归中反映不同年龄的效果，从而避免简单认为年龄与资质过剩之间存在线性关系。

方面的差异极小。但罗德斯大学女性毕业生面临形式资质过剩的风险较高，这是一个例外。在罗德斯大学的毕业生中，约10%的女性面临形式资质过剩问题，男性的比例约为5%，前者比后者高出一倍，这一差异超出了该调查的误差范围（见括号中的标准误）。相比之下，福特哈尔大学毕业生面临形式资质过剩的程度整体上要高得多，但其内部的性别差异并不显著。

表6.2　**社会人口统计特征、实际与形式资质过剩的总结性统计数据（比例）（按大学划分）（行合计数）**

变量	罗德斯大学		福特哈尔大学	
	实际资质过剩	形式资质过剩	实际资质过剩	形式资质过剩
性别				
男性	0.1098 (0.0258)	0.0471 (0.0176)	0.1163 (0.00209)	0.1482 (0.024)
女性	0.1415 (0.0239)	0.098 (0.0197)	0.1096 (0.0174)	0.1593 (0.0211)
种族				
非洲黑人	0.1144 (0.0323)	0.0870 (0.0272)	0.1230 (0.0146)	0.1609 (0.0167)
白人	0.1473 (0.0231)	0.0716 (0.0163)	—	0.0672 (0.0383)
中学类型				
低收入中学背景一类至四类学校	0.1705 (0.0485)	0.0684 (0.0287)	0.1420 (0.0196)	0.1262 (0.0192)
高收入中学背景	0.1185 (0.0184)	0.0809 (0.0159)	0.0723 (0.0166)	0.1929 (0.0265)

注：数据经过加权处理。括号中为标准误。

不同群体（种族）[①] 在资质过剩方面的差异很小，在罗德斯大学的毕业生中更是如此。例如，在罗德斯大学的样本中，非洲黑人毕业生、白人

① 这两所大学的印度裔/亚裔毕业生、有色人种毕业生样本过小，可忽略不计。在大多数情况下，标准误与实际测算的结果接近。因此，表中只统计白人毕业生、非洲黑人毕业生的数据。

毕业生实际资质过剩的比例差不多，分别约为11.4%和14.7%（这一差异在统计层面并不显著）。在福特哈尔大学找到工作的毕业生中，这个差距大一些（例如，非洲黑人毕业生、白人毕业生形式资质过剩的比例分别约为16%和7%），但也不算显著。事实上，没有白人毕业生被划入实际资质过剩的类型，其原因在于，这个群体的样本规模过小（36人）。简而言之，表中数据显示，尽管样本规模较小，但对这两所大学的毕业生来说，种族与实际资质过剩、形式资质过剩并无关联。

然而，中学求学经历不同的学生在资质过剩方面存在重大差异。我们将找到工作的大学毕业生按其曾经就读的中学划分为高收入中学背景（五类学校和私立学校）和低收入中学背景（一类至四类学校）[①] 两个群体，学生资质过剩的几率差异显著，和我们的预期并不完全一致。在罗德斯大学的毕业生中，低收入中学背景的毕业生面临实际资质过剩的比例相对略高，约为17%。但是，由于罗德斯大学的毕业生中曾就读于低收入中学的人数极少，这一差异尚在该调查的误差范围内。资质过剩与中学求学经历之间的关联主要体现在福特哈尔大学的毕业生中。在福特哈尔大学的毕业生中，约14%的低收入中学背景的毕业生面临资质过剩、技能利用不足的问题，这一比例在高收入中学背景的毕业生中约为7%，前者是后者的两倍，两者之间差异显著。这在一定程度上与先前的预期一致。但是，约19%的高收入中学背景的毕业生面临形式资质过剩，这一比例在低收入中学背景的毕业生中约为13%。这一差异超出了90%置信区间的统计显著性，但它说明，毕业生实际资质过剩、形式资质过剩的特征和决定因素之间可能存在重大差异。

为了深入研究这一问题，表6.3显示了资质过剩与大学成就的总结性统计数据。毕业生们在调查中提供了大学期间的平均课业成绩。表6.3显示了平均成绩低于60%的毕业生以及成绩优异（75%及以上）的毕业生的资质过剩情况。从数据上看，学业表现与资质过剩之间似乎没有明显关联，这与先前的预期不大吻合。在统计层面，表6.3前两行中的差异都不显著。唯一与先前预期一致之处在于，在罗德斯大学的毕业生中，与平均成绩低于总分的60%的毕业生相比，成绩优异的毕业生（实际）资质过剩的几率较低。在福特哈尔大学的毕业生中，尽管差异在统计层面并不显

---

① 一类学校位于南非最为贫穷的社区，五类学校位于更为富裕的地区。详见本书第二章。

著，但成绩优异的毕业生实际资质过剩、形式资质过剩的几率都比成绩低于总分的60%的学生高出一倍。

很多文献中的一个关注焦点在于，所学专业是否与就业匹配度有关。表6.3的后半部分显示了按所学学科划分的资质过剩几率。需要指出的是，其结果并非最终定论。此外，尽管罗德斯大学取得人文学科学位的毕业生资质过剩、技能过剩的比例更高一些，达到约15.2%，但这一差异在统计层面并不显著。在福特哈尔大学的毕业生中，人文学科的毕业生面临资质过剩的几率没有本质上的差异，他们和其他学科的毕业生一样，都会同时面临实际资质过剩和形式资质过剩问题。在福特哈尔大学，区别主要体现在取得教育学科学位的毕业生上，他们面临资质过剩的几率较低。如表格所示，教育学科的毕业生没有同时面临资质过剩和技能过剩，仅有约7.5%的人面临形式资质过剩。其部分原因可能在于，教育学科学位与教师这一职业之间匹配较为紧密。

表6.3　**大学成就、实际与形式资质过剩的总结性统计数据（比例）（按大学划分）（行合计数）**

变量	罗德斯大学		福特哈尔大学	
	实际资质过剩	形式资质过剩	实际资质过剩	形式资质过剩
学业表现				
成绩低于总分的60%	0.1706 (0.0440)	0.0990 (0.0337)	0.0755 (0.0258)	0.1560 (0.0362)
成绩优异	0.1240 (0.0552)	0.1006 (0.048)	0.1798 (0.067)	0.3118 (0.0826)
所学学科				
科学/工程/技术	0.0982 (0.0325)	0.0896 (0.0328)	0.1192 (0.0339)	0.1236 (0.0350)
商务	0.1145 (0.0346)	0.0683 (0.0262)	0.1678 (0.0295)	0.1766 (0.0310)
教育	—	—	0.0000 (0.0000)	0.0746 (0.0427)
人文	0.1520 (0.026)	0.0725 (0.0187)	0.1069 (0.0199)	0.1725 (0.0243)

注：数据经过加权处理。括号中为标准误。

毕业生资质过剩与技能利用不足

上文中的总结性统计数据初步证明，在南非的毕业生劳动力市场上，实际资质过剩和形式资质过剩是两种不同的状态。现在，我们梳理一下不同的就业特征与两类资质过剩之间的关系，以便做进一步论证。表 6.4 显示，在罗德斯大学、福特哈尔大学面临形式资质过剩问题的毕业生中，绝大多数人（比例分别约为 97% 和 90%）表示，具备高等教育资质是“获得”当前工作的关键因素。相比之下，在两所大学面临实际资质过剩的毕业生中，只有较少人（比例分别约为 57% 和 59%）表示，大学学位是取得当前工作的有利条件或必要条件。因此，在所谓的“毕业生工作”和“非毕业生工作”之间，实际资质过剩和形式资质过剩之间的差异程度不同。面临形式资质过剩问题的毕业生从事与学位相关工作的几率远高于面临实际资质过剩问题的毕业生。例如，在福特哈尔大学面临资质过剩的毕业生中，约 57% 面临形式资质过剩问题的毕业生从事的工作与大学所学专业相关，这一比例在面临实际资质过剩的毕业生中为 23%，前者是后者的两倍多。

表 6.4　　资质过剩毕业生的主要就业特征（比例）（按大学划分）（列合计数）

变量	罗德斯大学		福特哈尔大学	
	实际资质过剩	形式资质过剩	实际资质过剩	形式资质过剩
学位相关性				
学位有助于入职	0.5670 (0.0758)	0.9728 (0.0269)	0.5929 (0.0635)	0.9039 (0.0326)
工作与学位相关	0.400 (0.0713)	0.6462 (0.0866)	0.2303 (0.0525)	0.5676 (0.0551)
岗位时限				
无固定期限	0.5717 (0.0749)	0.6200 (0.0887)	0.4414 (0.0638)	0.5884 (0.0556)
定期	0.2887 (0.0683)	0.3172 (0.0848)	0.4776 (0.0642)	0.3382 (0.0531)
临时	0.1396 (0.0548)	0.0628 (0.0432)	0.0810 (0.0349)	0.0735 (0.0290)

续表

变量	罗德斯大学		福特哈尔大学	
	实际资质过剩	形式资质过剩	实际资质过剩	形式资质过剩
工作时间				
兼职	0.1563 (0.0503)	0.1191 (0.0566)	0.1414 (0.0438)	0.0691 (0.0274)
工作满意度				
工作性质	0.5983 (0.0733)	0.7653 (0.0779)	0.2091 (0.0516)	0.6878 (0.0513)
工作条件	0.7040 (0.0656)	0.8950 (0.0574)	0.2210 (0.0523)	0.6581 (0.0532)
工作保障	0.6774 (0.069)	0.6921 (0.0861)	0.2253 (0.0531)	0.5506 (0.0551)
收入	0.2970 (0.0682)	0.3487 (0.0871)	0.0814 (0.0349)	0.1678 (0.0415)
学习机会	0.5607 (0.0741)	0.9295 (0.0481)	0.2560 (0.0555)	0.8025 (0.0447)

注：数据经过加权处理。括号中为标准误。

鉴于形式资质过剩和实际资质过剩之间存在重大差异，那么，与每类资质过剩相关的工作特征之间差异显著也就不足为奇了。尤其是在福特哈尔大学的毕业生中，约59%的面临形式资质过剩的毕业生从事的是无固定期限（permanent）工作，这一比例在面临实际资质过剩的毕业生中约为44%。在两所大学的毕业生中，与形式资质过剩的毕业生相比，实际资质过剩的毕业生从事兼职工作的比例更高。表中最为突出的因素可能在于，在一系列指标上，形式资质过剩的毕业生的工作满意度都远高于实际资质过剩的毕业生。在两所大学的毕业生中，满意度差异最大的指标在于继续学习的机会。相比于面临实际资质过剩的毕业生，面临形式资质过剩的毕业生的工作满意度要高得多，尤其是在工作条件、工作性质、继续学习的机会方面差异显著。

图6.2显示了毕业生们列举的自己从事与大学学位无关工作的原因，使我们能够进一步理解实际资质过剩和形式资质过剩的差异。与形式资质

过剩的毕业生相比，实际资质过剩的毕业生从事与学位无关工作的比例更高，而且他们接受这份“无关”工作的原因也各有不同。首先，在面临实际资质过剩问题的毕业生中，高达57%的毕业生接受“无关”工作的原因是无法找到与所学专业相关的工作（这一比例在面临形式资质过剩问题的毕业生中仅为42%）。这种比例上的差异还体现在两种原因上：一个是希望通过这份工作获得工作经验；另一个是，与能够和学位挂钩的工作相比，这份工作未来的收入可能更高。

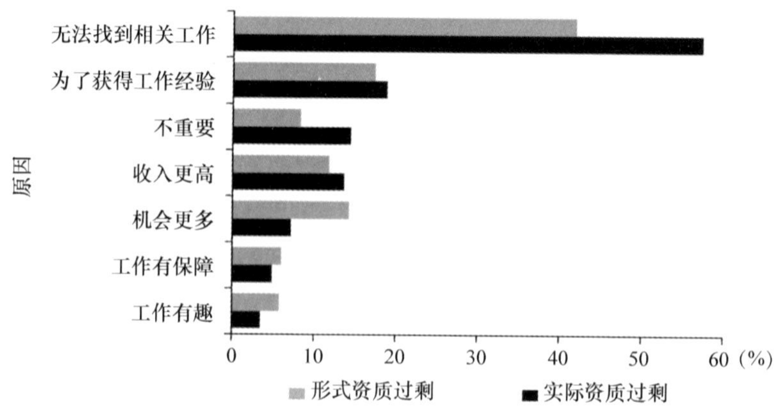

图 6.2　未从事相关工作的原因（按资质过剩类型划分）

注：数据经过加权处理。

在实际资质过剩、从事与学位无关工作的毕业生中，约15%的毕业生表示，找一份与所学专业直接相关的工作并不重要，这一比例在形式资质过剩的毕业生中仅为8%。在与更多机会、更多乐趣相关的原因方面，形式资质过剩的毕业生比例更高，说明他们从事与学位无关的工作可能是出于自愿。总的来说，两所大学面临实际资质过剩的毕业生从事与所学专业无关工作的几率更高。他们无法找到与所学专业相关的工作，希望获得工作经验，并不认为找一份与所学专业相关的工作有多重要。对于形式资质过剩的毕业生而言，他们虽然也希望获得工作经验，但从事与所学专业无关的工作则是因为在工作中看到更多机会或更多乐趣。

哪些毕业生的就业匹配度不高?

上文证明，实际资质过剩和形式资质过剩的毕业生在就业特征方面差异显著。本章最后将给出一项多变量分析的结果，这项分析可以帮助减少某些毕业生从事“非毕业生工作”的几率。表6.5分别测算罗德斯大学毕业生、福特哈尔大学毕业生面临资质过剩和技能过剩问题的相关因素。在罗德斯大学的毕业生样本中（回归1－3），回归1显示，在加入背景因素的参照项后，低收入中学背景的毕业生在工作中面临资质过剩、技能过剩问题的几率要大得多（即他们从事所谓的非毕业生工作）。在罗德斯大学的毕业生中，中学学业表现（指标为在数学或科学中成绩较高）在各项回归中都与资质过剩的几率之间存在负相关，但其关联性在统计层面并不显著，不及其他研究中的关联性（McGuinness & Bennett 2007）。

表6.5 **实际资质过剩状态的相关因素（通过概率测算）**

变量	罗德斯大学			福特哈尔大学		
	回归1	回归2	回归3	回归4	回归5	回归6
女性	0.090 (0.174)	0.041 (0.182)	－0.001 (0.189)	－0.027 (0.145)	0.054 (0.155)	0.035 (0.160)
黑人	－0.266 (0.180)	－0.317* (0.190)	－0.260 (0.192)	—	—	—
中学教育						
一类至四类学校	0.359* (0.208)	0.335 (0.216)	0.321 (0.217)	0.362** (0.153)	0.434*** (0.160)	0.425** (0.170)
数学/科学成绩较高	－0.195 (0.178)	－0.207 (0.188)	－0.227 (0.197)	－0.193 (0.275)	－0.226 (0.296)	－0.125 (0.314)
高等教育						
科学/工程/技术学位		－0.167 (0.232)	－0.242 (0.246)		0.011 (0.216)	－0.083 (0.228)
商务学位		－0.167 (0.230)	－0.160 (0.230)		0.367** (0.169)	0.231 (0.181)

续表

变量	罗德斯大学			福特哈尔大学		
	回归 1	回归 2	回归 3	回归 4	回归 5	回归 6
成绩优异		-0.120 (0.293)	-0.303 (0.312)		0.238 (0.280)	0.087 (0.305)
就业特征						
公共部门			-0.256 (0.255)			-0.116 (0.177)
兼职			-0.023 (0.275)			0.551* (0.282)
无固定期限			-0.466** (0.195)			-0.399** (0.168)
常数	-1.239*** (0.212)	-1.133*** (0.227)	-0.718*** (0.260)	-1.375*** (0.152)	-1.505*** (0.187)	-1.166*** (0.250)
（未加权）人数	376	368	354	504	437	418

注：括号中为标准误。数据经过加权处理。纳入边际效应。所有回归中还包括数据收集方法、年龄、年龄平方的参照项。* $p<0.10$，** $p<0.05$，*** $p<0.01$。样本不包括教育学科的毕业生。

在回归 2 加入学位类型和教学质量（指标为成绩优异）的参照项后，罗德斯大学的非洲黑人毕业生资质过剩的几率显著较低，但没有其他的显著相关因素。将就业特征纳入回归 3 后，其他所有因素的显著性降低。原因在于，在其他所有条件相当的前提下，无固定期限工作一般来说也是一份高质量工作。这一结果进一步证实，实际资质过剩的状态很可能是非毕业生工作的潜在指标。换言之，罗德斯大学毕业生样本的第三项回归说明，加入毕业生最终获得的工作类型的参照项后，人口统计、中学教育、高等教育等方面的变量便与资质过剩没有关系。

福特哈尔大学则不大一样。其中最为重要的差异可能在于，在各项回归中，来自贫穷中学背景这一因素是资质过剩的显著指标。换言之，即便加入背景、中学教育、高等教育、就业特征等参照项，来自贫穷中学的大学毕业生从事非毕业生工作的几率更高。另一处差异在于，在回归 5 中，学位类型也是一个决定因素，与人文学科的毕业生相比，商务学科的毕业生资质过剩的几率更高。这有别于很多文献中的发现，可以通过福特哈尔大学商务学科授予学位的类型加以解释。回归 6 再次证明，工作大类与资质过剩相关（并与预期一致）。与罗德斯大学的样本情况相似，福特哈尔大学从事无固定期限工作的毕业生资质过剩的几率较低，从事兼职工作的毕业生资质过剩的几率较高。但是，即便加入这些就业特征的参照项，中学教育背景变量与资质过剩之间仍存在显著关联。

对南非毕业生劳动力市场的启示

本章提出了与毕业生劳动力市场资质过剩现象相关的证据，这在南非尚属首次。多数文献中的数据来自经济合作与发展组织成员国，但南非的劳动力市场与英国、美国、澳大利亚的劳动力市场差别很大。再加上南非基础教育质量较差、不平等程度较高且仍在加剧，这对我们审视南非的大学教育的作用有着重要启示。换言之，尽管其他国家的经验教训有其价值，但并不能直接照搬到南非的中学后教育与培训领域。

本研究的一个显著贡献在于证明形式资质过剩和实际资质过剩之间存在差异。实际资质过剩所涉及的因素是，大学毕业生在工作中无法利用自己的教育或技能，因此，实际资质过剩往往与工作满意度较低、兼职工作、工作保障较差、工作与所获学位关系较弱等因素有关。这一方法论层面的贡献可以帮助我们进一步考察教育、技能、劳动力市场之间的关联。很多文献都指出，这种关联程度很难衡量。而我们在一项研究（Green & Zhu 2010）的基础之上所改进的方法能够反映南非的大学毕业生在就业匹配方面的一些重要问题，这一点十分重要。这项研究的作者（Green & Zhu 2010）指出："资质过剩的原因很多，诸如大学生未被观察到的能力、市场或结构性僵化、暂时的不平衡，不管是什么原因造成的，资质过剩这一概念为我们理解毕业生之间的日趋异质现象提供了一个工具。它反映出，持续追踪资质过剩的泛在性、决定因素、影响仍非常必要。"

本章采用的研究方法具有较高的实用性，我们的主要发现是，大学毕业生（至少是本研究所涉及的两所大学毕业生）的资质过剩程度总体较低，但有些群体从事与其教育程度不相匹配的工作的风险较高。在描述性分析中，性别、种族等几个因素较为突出，但主要因素还是毕业生所接受的中学教育质量。这一发现令人失望，但仍很重要。中学求学经历不仅会影响这些毕业生群体的求职前景（Rogan & Reynolds 2016），而且来自贫穷中学的毕业生从事与所学专业相关工作的几率也较小，这些事实说明，不平等也体现在南非的劳动力市场中。

这对我们的启示是显而易见的。在南非这样一个极不平等的社会，在关注技能发展的同时，还要关注机会分布不均带来的根本性挑战（Keep & Maykew 2010）。例如，有学者（Keep & Maykew 2010）警示我们，不能将劳动力市场表现较差的责任归咎于个人，这在技能发展方面是一种技术官僚主义。部分证据显示，特定学科（即福特哈尔大学的商务学科）的毕业生会遇到就业不匹配的问题，不过，回归测算显示，背景因素尤其是中学求学经历更为重要。

因此，南非高等教育的"大众化"似乎与毕业生失业危机无关（Van der Berg & Van Broekhuizen 2012），也与"文凭主义"无关（至少从东开普省两所大学的样本来看），我们应当更加关注，来自弱势（中学教育）背景的毕业生为何不能有效融入劳动力市场。这一结论在很大程度上也证实了本书其他章节的一个观点：不平等现象在小学、中学教育领域普遍存在，进而导致有些学生在中学后教育、劳动力市场的不利境地。中学后教育的规模仍在快速壮大，在这一背景下，识别并解决某些不平等现象的根源就成为一项十分迫切的工作。如果做不到这一点，那么在劳动力市场就业机会持续不均的背景下，高等教育入学机会的"大众化"就只会空有其表。在考察期待形成机制这一特殊领域的基础上，下一章将探讨不平等的中学教育和社会经济背景如何影响中学后教育的成果。

参考文献

Allen J & Van der Velden R（2001）Educational mismatches versus skill mismatches：Effects on wages，job satisfaction and on－the－job search. *Oxford Economic Papers* 3：434－452.

Battu H，Belfield C & Sloane P（2000）How well can we measure graduate over－education and its effects? *National Institute Economic Review* 171（1）：82－93.

Beukes R，Fransman T，Murozvi S & Yu D（2016）*Underemployment in South*

Africa. Cape Town: Economic Research Southern Africa.

Bhorat H, Cassim A & Tseng D (2016) Higher education, employment and economic growth: Exploring the interactions. *Development Southern Africa* 33 (3): 312 – 327.

Bhorat H, Mayet N & Visser M (2010) Student graduation, labour market destinations and employment earnings. In M Letseka, M Cosser, M Breier & M Visser (Eds) *Student retention and graduate destination: Higher education and labour market access and success*. Cape Town: HSRC Press.

Bhorat H & Oosthuizen M (2005) *The post – apartheid South African labour market*. Development Policy Research Unit Working Paper 05/93. Cape Town: University of Cape Town.

Bonnal M, Lira C & Addy S (2009) Underemployment and local employment dynamics: New evidence. *The Review of Regional Studies* 39 (3): 317 – 335.

Chevalier A (2003) Measuring over – education. *Economica* 70 (3): 509 – 531.

De Grip A, Bosma H, Willems, D & Van Boxtel M (2008) Job – worker mismatch and cognitive decline. *Oxford Economic Papers* 60: 237 – 253.

Dolton P & Silles M (2008) The effects of over – education on earnings in the graduate labour market. *Economics of Education Review* 27 (2): 125 – 139.

Dolton P & Vignoles A (2000) The incidence and effects of overeducation in theUK graduate labour market. *Economics of Education Review* 19 (2): 179 – 198.

Du Toit R & Roodt J (2008) Engineers, technologists and technicians. In A Kraak & K Press (Eds) *Human resources development review* 2008. Cape Town: HSRC Press.

Elias P & Purcell K (2004) Is mass higher education working? Evidence from the labour market experiences of recent graduates. *National Institute Economic Review* 190 (1): 60 – 74.

Flisi S, Goglio V, Meroni E, Rodriques M & Vera – Toscano E (2017) Measuring occupational mismatch: Overeducation and overskill in Europe – evidence from PIAAC. *Social Indicators Research* 131 (3): 1211 – 1249.

Frenette M（2004）The overqualified Canadian graduate：The role of the academic program in the incidence，persistence，and economic returns to overqualification. *Economics of Education Review* 23（1）：29 –45.

Gray J & Chapman R（1999）The labor market for college –educated workers. *Journal of Economic Issues* 33（3）：661 –675.

Green F & McIntosh S（2007）Is there a genuine under –utilization of skills amongst the over –qualified? *Applied Economics* 39（4）：427 –439.

Green F & Zhu Y（2010）Overqualification，job dissatisfaction，and increasing dispersion in the returns to graduate education. *Oxford Economic Papers* 62：740 –763.

Groot W & Maassen Van Den Brink H（2000）Overeducation in the labor market：A meta –analysis. *Economics of Education Review* 19（2）：149 –158.

Hartog J（2000）Over –education and earnings：Where are we，where should we go? *Economics of Education Review* 19（2）：131 –147.

Johnson W，Morrow P & Johnson G（2002）An evaluation of a perceived overqualification scale across work settings. *The Journal of Psychology* 136（4）：425 –441.

Keep E（2012）Education and industry：Taking two steps back and reflecting. *Journal of Education and Work* 25（4）：357 –379.

Keep E & Mayhew K（2010）Moving beyond skills as a social and economic panacea. *Work，Employment and Society* 24（3）：565 –577.

Kornhauser A（1965）*Mental health of the industrial worker：A Detroit study.* New York：John Wiley & Sons.

Leuven E & Oosterbeek H（2011）*Overeducation and mismatch in the labor market.* Bonn：Institute of Labor Economics（IZA）.

McGuinness S & Bennett J（2007）Overeducation in the graduate labour market：A quantile regression approach. *Economics of Education Review* 26（5）：521 –531.

McGuinness S & Sloane P（2011）Labour market mismatch amongUK graduates：An analysis using reflex data. *Economics of Education Review* 30（1）：130 –145.

McGuinness S & Wooden M（2009）Overskilling，job insecurity，and career mobility. *Industrial Relations: A Journal of Economy and Society* 48 (2): 265 –286.

McKee – Ryan F & Harvey J (2011) 'I have a job, but …': A review of underemployment. *Journal of Management* 37 (4): 962 –996.

Moleke P (2010) The graduate labour market. In M Letseka, M Cosser, M Breier & M Visser (Eds) *Student retention and graduate destinations: Higher education and labour market access and success*. Cape Town: HSRC Press.

Mosca I & Wright R (2011) *Is graduate under – employment persistent? Evidence from the United Kingdom*. Bonn: Institute of Labor Economics (IZA).

National Planning Commission (2012) *'Our future – make it work': National Development Plan 2030*. Pretoria: Government Printer.

Quintini G (2011a) *Over – qualified or under – skilled: A review of existing literature*. Paris: OECD.

Quintini G (2011b) *Right for the job: Over – qualified or under – skilled?* Paris: OECD.

Rogan M & Reynolds J (2016) Schooling inequality, higher education and the labour market: Evidence from a graduate tracer study in the Eastern Cape, South Africa. *Development Southern Africa* 33 (3): 343 –360.

Rogan M, Reynolds J, du Plessis U, Bally R & Whitfield K (2015) *Pathways through university and into the labour market: Report on a graduate tracer study from the Eastern Cape*. Pretoria: Labour Market Intelligence Partnership (LMIP).

Rubb S (2003a) Overeducation in the labor market: A comment and re – analysis of a meta – analysis. *Economics of Education Review* 22 (6): 621 –629.

Rubb S (2003b) Overeducation: A short or long run phenomenon for individuals? *Economics of Education Review* 22 (4): 389 –394.

Scherer S (2004) Stepping – stones or traps? The consequences of labour market entry positions on future careers in West Germany, Great Britain and Italy. *Work, Employment and Society* 18 (2): 369 –394.

Scurry T & Blenkinsopp J (2011) Under – employment among recent graduates: A review of the literature. *Personnel Review* 40 (5): 643 –659.

Sloane P（2003）Much ado about nothing? What does the overeducation literature really tell us? In F Büchel, A De Grip & A Mertens（Eds）*Overeducation in Europe. Current issues in theory and policy*. Cheltenham: Edward Elgar.

Sutherland J（2012）Qualifications mismatch and skills mismatch. *Education & Training* 54（7）: 619 – 632.

Teichler U（2007）Does higher education matter? Lessons from a comparative graduate survey. *European Journal of Education* 42（1）: 11 – 34.

Vaisey S（2006）Education and its discontents: Overqualification inAmerica, 1972 – 2002. *Social Forces* 85（2）: 835 – 864.

Van Broekhuizen H（2016）*Graduate unemployment and higher education institutions in South Africa*. Stellenbosch: Department of Economics, Stellenbosch University.

Van der Berg S & Van Broekhuizen H（2012）*Graduate unemployment in South Africa: A much exaggerated problem*. Stellenbosch Economic Working Papers: 22/12. Stellenbosch: Stellenbosch University.

Verhaest D & Omey E（2006）Measuring the incidence of over – and undereducation. *Quality & Quantity: International Journal of Methodology* 40（5）: 783 – 803.

Wilkins R & Wooden M（2011）Economic approaches to studying underemployment. In D Maynard and D Feldman（Eds）*Underemployment: Psychological, economic, and social challenges*. New York: Springer.

第七章

期望与行动视野：南非学生的职业选择

迈克尔·科塞(Michael Cosser)

上一章聚焦于大学与劳动力市场之间的匹配问题。本章通过学生对未来的期望继续探讨中学后教育的问题。我们重点考察接受高等教育的学生对毕业后从事特定职业的期望以及影响期望的因素。本章通过实证数据梳理学生希望从事的职业及其原因，主要关注在学生职业选择背景下期望形成与实现方面的理论问题。相关讨论在不平等现象的框架下进行。

本章首先考察期望是如何形成的以及来自不同社会经济背景的人形成期望的能力是否类似，随后简要分析南非的经济不平等现象，进而讨论期望差距，即在经济层面，个人所期望的生活标准及其实际生活标准之间的差距。

本章后半部分将期望形成、期望差距方面的讨论与作者在2005—2008年开展的一项队列研究（cohort study）（Cosser 2009；Cosser 2015；Cosser & Sehlola 2009）结合起来。本研究在职业选择方面的结果虽然并不适用于在2006—2008年入读高等教育机构的所有学生，但反映了本章前半部分所分析的期望形成理论和期望差距会如何影响那些在为未来职业发展做打算的学生的生活。

期望形成与实现

在一个社会中，并非所有成员都拥有形成期望的能力（Appadurai 2004）。与资源贫乏的人相比，资源充足的人形成期望的能力更高，其原因在于：“从本质上看，经济状况较好的人拥有更为复杂的经历，他们更了解目标与手段之间的关系，也更明白期望与结果之间的关系，他们有条件去进行探索并从探索和尝试中收获丰富的经历，他们拥有很多机会能将物质资料、机会与普通的可能与选择关联起来。”（Appadurai 2004）在这段话中，“复杂的经历”“丰富的经历”“机会”等词语将能够树立远大志向的人和不具备这种能力的人区分开来。这些词语说明，对于能够树立远大志向的人来说，他们的参照系（frame of reference）比不具备这种能力的人更为广阔、更为复杂。对资源充足的人而言，“与贫弱的邻居们相比，他们使用（其所在社会的）准则地图，更加频繁、更加现实地探索未来，并且更为习惯于与他人分享这一知识”（Appadurai 2004）。其中，“更加频繁、更加现实地探索未来”这个表述对于理解当前穷人的“监禁”状态至关重要。由于穷人被禁锢在了此时此地，他们对于未来的探索注定是不切实际的。对于“犯人”来说，他们与外面的世界分开了一段或长或短的时间，因此梦想着出狱之后要做的事是不现实的。一个人越穷，与“外面的世界”分开的时间就越久，与自己所能构想到的未来之间的关联就越弱。

如上所述，物质生活贫乏的人不能像资源充足的人那样立志高远，然而，南非高校学生的情况证明这一论断是有问题的。在 12 年级学生对于接受高等教育的期望方面，一项大规模、全国性的研究（Cosser & Du Toit 2002）发现，在 12204 名调查对象中，78% 的学生家庭社会经济地位较低（父母或监护人只有一定程度的中学教育背景，月收入不足 3000 兰特，约合 1150 元人民币），17% 的学生家庭为中等社会经济地位（父母或监护人中学毕业或读到 12 年级，月收入 3000—10000 兰特），5% 的学生家庭社会经济地位较高（父母或监护人具有高等教育背景，月收入超过 10000 兰特），然而，有 73% 的人期望从参加调查之时（2001 年 8 月）起三年内能够接受高等教育。一些最新研究（Archer et al. 2013；Gale et al. 2013；Smyth & Wrigley 2013）显示，对于社会经济地位不同的学生来说，他们在接受教育方面的期望并无差异。有研究（Gale et al. 2013）显示，在澳大利亚昆士兰州中部，在社会经济地位较低的学生中，约 70% 的人期望取得大学学位。这一比例虽然不及南非学生的比例，但印证了我们在南非的研究结果（Cosser & Du Toit 2002）。

相关研究（Naylor et al. 2013；Tafere 2014）表明，不考虑其境遇，如果经济处境较差的群体拥有形成期望的能力，他们也会因为缺乏资源而无法实现期望。本章接下来将考察极度不平等现象如何影响那些在收入分布中处于贫穷状态的群体的期望实现。

收入不平等与期望差距

表 7.1 反映了南非民众 2010 年的月收入（Stats SA 2010）。数据显示，排名前 5% 的员工月收入至少 17000 兰特（约合 6517 元人民币），排名后 5% 的人月收入最多 570 兰特（约合 218 元人民币）。如果排名前 5% 的每个人收入都是 17000 兰特、排名后 5% 的每个人收入都是 570 兰特，那么前者的收入就是后者的 30 倍。同样，如果排名前 10% 的每个人收入都是 12000 兰特、排名后 10% 的每个人收入都是 845 兰特，那么前者的收入就是后者的 14 倍。如果排名前 25% 的每个人收入都是 6500 兰特、排名后 25% 的每个人收入都是 1500 兰特，那么前者的收入就是后者的 4 倍多。

表 7.1　　2010 年南非员工的月收入分布　　（兰特）

	员工人数	后 5%	后 10%	后 25%	中位数	前 25%	前 10%	前 5%
	R							
南非	11058	570	845	1500	2800	6500	12000	17000

资料来源：Stats SA 2010.

不过，基于收入的中位数进行比较，数据差异会更明显。例如，如果排名前 5% 的每个员工收入都一样，他们的月收入就比中位数多 14200 兰特。相比之下，月收入为 570 兰特的群体只比中位数少 2230 兰特。这是南非基尼系数较高（0.66—0.70，World Bank 2016）的一个例证：2010 年，中位数与前 5% 之间的收入差距（14200 兰特）比中位数与后 5% 之间的收入差距（2230 兰特）高出了 11970 兰特。

期望差距

这自然就使我们要考察一下期望的实现以及与之相关的期望差距的形

成。“期望差距”（Ray 2006）一词来源于经济学语境，指个人所期望的生活标准及其实际生活标准之间的差距。影响个人行为的因素并不是期望本身，而是期望差距及其所期望的东西。

德布拉杰·雷伊（Ray 2006）指出：“不论期望差距大小，个人投资努力都会是最小的。”换言之，如果个人期望及其目标之间存在较小差距，就不会有激励因素使之付出很大努力去实现期望。同样，如果个人期望及其目标之间存在较大差距，也不会有激励因素使之付出很大努力去实现期望，因为这超出了其能力范围。

雷伊（Ray 2006）提出了一个“期望窗口”的概念，即人们在“生活、成就、理想”的基础上对于世界的认识，人们以此与外界接触、认识世界、思考未来。例如，如果一个人想要改善自己的经济状况，就必须打开期望窗口，否则就没有动力。但窗口又不能开得太大，否则目标就会难以企及，陷入“期望落空的诅咒”（Ray 2006）。

自从雷伊提出“期望差距”一词，这个概念就被用到了很多不同的教育语境中。例如，有研究（Meng 2009）指出：“在一扇可操作的窗口中，期望可以促进教育投资的增加。”这里直接借用了“期望窗口”的概念。有文章（Copestake & Camfield 2010）表示，其研究目的在于“将界定、测量穷人主观福祉方面的初步研究与认为贫穷是期望能力不足的结果的文献结合起来”。其中，“期望能力”一词是从阿尔琼·阿帕多拉伊的开创性研究（Appadurai 2004）中借用而来，而阿帕多拉伊的文章也是雷伊提出的“期望差距”的源头。有学者（Brooks 2012）考察了这一话题与高等教育的关系并强调，志向远大的学生为高等教育攒钱以弥合差距，这一点十分重要。

阿帕多拉伊和雷伊为我们的研究积累了智力资本，但是，期望窗口这个概念在南非语境下却很难操作。雷伊（Ray 2006）表示，如果期望窗口开得太大，为实现期望所付出的努力就会白费。然而，其文章中的另一句话表面上看似乎与上述观点是矛盾的：“相反，不平等虽然可能在一定程度上与两极分化有关，但它根本不是（导致期望落空的）主要原因。一个不平等的社会中完全有可能出现以下情况：各个经济阶层都分布有大量人口，为处于财富或收入分布低位的群体带来可以企及的激励因素。积极行动或公共教育可能成为促进连通性的政策工具。”（Ray 2006）他所说的“连通性”指的是，在分布于各个经济阶层的穷人之间建立联系。“积极行动或公共教育”的逻辑是，通过在穷人以及比其资源稍多的穷人之间建立联系（期望窗口只开了一点），前者能够认识到后者的资源所代表的经济地位并且想要达到这种经济地位，从而鼓励前者改善自己的经济状况。

这一观点的核心问题在于，富人与穷人之间的两极分化越严重、社会的不平等程度越高，就越不会有中间性质的阶层供穷人去提升地位。我们再次比较一下收入分布中不同节点上南非员工的收入情况（表 7.1），就会发现，雷伊所说的“各个经济阶层都分布有大量人口，为处于财富或收入分布低位的群体带来可以企及的激励因素”这种可能性在南非语境下是行不通的。尽管他并未提出各个经济阶层都“平均”分布着大量人口，但他的意思是说，经济体系中有足够多的中间阶层，能够通过“可以企及的激励因素”刺激经济活动。表 7.1 说明，南非恐怕不会出现这种情况。低于中位数的收入和高于中位数的收入之间差异巨大，即便能够在两个群体之间实现有意义的互动，也会是极其困难的。

学生的求职期望

阿帕多拉伊的期待形成与实现理论、雷伊的期望差距概念如何能够体现在学生的生活中？本章接下来将着重探讨这一问题。

我们可以认为，南非 12 年级学生在校期间形成的首个期望与未来的学业有关：入读学院或接受高等教育、教育机构的类型、实际申请并入读的机构、入读项目所授予的资质类型、入读的专业。学生在校期间的首个愿望就被分解到了学生选择行为的上述不同阶段和程度来一一实现（也可能无法实现）。

接受高等教育的学生还怀有对于未来职业路径的期望：选择什么职业、什么工作类型、什么职业发展路线。下文将聚焦学生对于从事特定职业的期望。

学生路径队列研究（2005—2008 年）

本章所述的研究数据来自一项队列研究，其中包括作者于 2005—2008

年开展的一项基线调查和两项后续跟踪调查，涉及学生从中学到高等教育阶段的路径（Cosser 2009；Cosser 2015；Cosser & Sehlola 2009）。基线调查面向南非各个中学 12 年级学生随机抽取样本，按 2004 年国家高级证书考试通过率分组。调查选取 12 年级学生中的 10% 作为样本（771 所中学的 58965 名学生）①。在调查中，12 年级学生在一位高级教师的监督下在教室完成问卷。362 所中学的 20659 名学生提交了完整问卷，学生应答率约为 35%（以 58965 的估值为基础），学校应答率为 47%。

参加过 12 年级基线调查的学生于 2006 年参加了一项邮件调查。第一项跟踪调查的抽样框源于 2005 年参加调查的学生自己提交的住址数据库。第一项跟踪调查的抽样框包括：参加基线调查的 47% 的中学和参加基线调查的 85.4% 的学生（17642 人）。抽样框中不到四分之一（24%）的学生（4278 人）做出应答。第二项跟踪调查以第一项跟踪调查中的 4278 人为抽样框，应答率为 22%（920 人）。图 7.1 反映了本研究三项调查的进展情况。

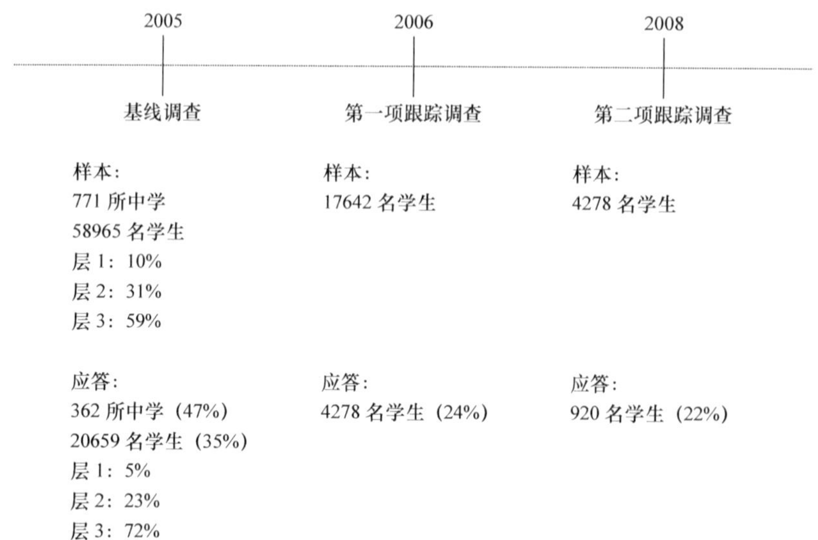

图 7.1　基线调查、第一项跟踪调查、第二项跟踪调查的进展

资料来源：作者自制。

图 7.1 显示，参与最后一项调查的学生仅有 920 人（其中仅有 159 人

① 抽样框基于 2004 年参加国家高级证书考试的中学数量，因此，样本中的学生数量为估值。

接受高等教育)，这种数据损耗程度显示了邮件调查在方法论层面的局限性，也提醒我们应该慎重对待下文所讨论的结果。

以经济社会地位为区分单位

在本研究中，社会经济地位是区分学生的主要变量。我们以基线调查、第一项跟踪调查、第二项跟踪调查中共有的两个问题构建社会经济地位指标，从而确认调查对象的社会经济地位。这两个问题是：第一，你父母或监护人的最高受教育程度分别是什么（如适用)？第二，你父母或监护人每月税前收入约有多少钱（如适用)？

我们在计算时将父母双方或监护人（如适用）的受教育程度和收入水平纳入考虑，得到三个变量：低、中、高，赋值分别为1、2、3（表7.2）①。

2005年12年级学生的社会经济地位分布情况显示，低、中、高社会经济地位学生的比例分别为71%、19%、10%。然而，2006年进入高等教育机构的学生样本的分布差异远没有那么显著，低、中、高社会经济地位学生的比例分别为51%、27%、22%。在南非，经济负担能力较低是很多人被挡在高等教育门外的主要原因。因此可以预见，高社会经济地位学生的比例比2005年大幅增加，整体分布情况从低社会经济地位转向高社会经济地位。

表7.2 父母/监护人教育与收入变量转化为有序变量（ordinal variable）

教育	收入（兰特）	有序变量	值
未接受正式教育	无收入	低	1
一定程度的小学教育	1—400		
7年级	401—800		
一定程度的中学教育	801—1600		

① 计算社会经济地位变量的公式为：社会经济地位 $=\frac{(\sum_{父母}教育)+(\sum_{父母}收入)}{4}$ 计算后的社会经济地位变量数值区间为1—3，数值为1—1.6666666的标记为“低社会经济地位”，数值为1.6666667—2.3333333的标记为“中社会经济地位”，数值为2.3333334—3的标记为“高社会经济地位”。

续表

<table>
<tr><th>教育</th><th>收入（兰特）</th><th>有序变量</th><th>值</th></tr>
<tr><td>中学毕业/12 年级</td><td>1601—3200</td><td rowspan="3">中</td><td rowspan="3">2</td></tr>
<tr><td rowspan="2">技术学院证书</td><td>3201—6400</td></tr>
<tr><td>6401—12800</td></tr>
<tr><td>理工学院①证书或文聘</td><td>12801—25600</td><td rowspan="5">高</td><td rowspan="5">3</td></tr>
<tr><td>大学证书或文聘</td><td>25601—51200</td></tr>
<tr><td>理工学院学位</td><td>51201—102400</td></tr>
<tr><td rowspan="2">大学学位</td><td>102401—204800</td></tr>
<tr><td>204801 及以上</td></tr>
</table>

资料来源：Cosser & Du Toit 2002；Cosser 2009；Cosser 2015.

本研究的局限性

本研究在方法论层面的局限性主要体现在三个方面。第一，研究结果不适用于在 2006—2008 年入读高等教育机构的所有学生。即便对 2008 年入读高等教育机构的 159 名调查对象做加权处理，因入读高等教育机构的调查对象人数太少，也无法得到整体情况的准确信息。第二，数据集越小，细分后的数据可信度就越低。例如，对样本不足 100 名学生的数据进行细分，这样的结果应慎重对待。第三，研究时间较短。美国教育部开展过一项纵向研究，从 1988 年起持续 12 年，追踪 8 年级学生从中学到高等教育再到劳动力市场的进展情况（NCES 2017）。这种队列研究显然是南非所需要的。

研究结果

在这一部分，我们考察参加过 2005 年调查的学生在 2006 年（当年入读高等教育机构的学生）和 2008 年时对于从事特定职业的期望，对比不

① 理工学院（Technikon）是科技大学的前身，所能授予的最高资质为技术学士学位。

同社会经济背景的学生如何认识影响自己职业选择的因素。在 2006 年、2008 年的调查中，学生回答自己打算在取得资质后从事哪个职业。问卷给出了一个职业列表，包括工程师、建筑师、医生、牙医、兽医、护士、学者、教师、会计师、社会工作者、文员、军人、其他（选择该项的学生需说明类型）。问卷还包括“我不知道”这一选项。

很多调查对象表示，他们倾向于调查问卷列表之外的“其他”职业。但他们自己填写的答案其实是“产业”（industry）、“行业”（occupation）而非“职业”（profession）①。由于选择产业或行业的调查对象人数较多，我们将产业、行业也加入职业列表里。在 2006 年、2008 年的调查中，调查对象的职业选择列表太长，不便体现在文中。表 7.3 总结了调查情况。

表 7.3　　2006 年、2008 年调查对象的职业选择总结

职业选择分类	人数（人）	百分比（%）
2006 年、2008 年职业选择一致	67	45.9
2006 年、2008 年职业选择不一致	30	20.5
2006 年、2008 年均未选择职业	4	2.7
仅在 2008 年选择职业	36	24.7
仅在 2006 年选择职业	3	2.1
2006 年选择职业、2008 年表示不确定	5	3.4
2006 年未选择职业、2008 年表示不确定	1	0.7
总计	146	100.0

资料来源：作者（Cosser 2015）。

表格显示，调查期间职业选择保持一致的调查对象（不包括未选择职业的调查对象、选择“其他”但未写明职业的调查对象）占总数的约 46%。在 2006 年、2008 年职业选择一致的调查对象中，会计师和工程师（收录于整体数据集，未在表 7.3 中显示）是选择人数最多的两个职业，两者总共占 27%。在 2006 年和 2008 年进入高等教育机构的调查对象中，约 21% 的人在本研究进行期间改变了职业选择的打算。在 2006 年和 2008

① 研究团队认为，“职业”（profession）应该受到一个委员会监管，形成一套从业道德规范，向从业人员发放许可，将同一领域的专业人士团结起来。（据此定义，调查问卷中唯一不符的是“文员”这一选项）

年进入高等教育机构的调查对象中，仅有约3%的人在2006年对未来职业有些打算但在2008年不太肯定自己的选择。

如果将2006年、2008年的职业选择结合起来看（如适用），以2008年的选择为最终决定，表7.4反映了最受调查对象青睐的7个职业（有3人或3人以上选择的职业）。会计师和工程师是调查对象选得最多的职业，希望成为会计师或工程师的调查对象总共占39%。

表7.4　2006年、2008年最受调查对象青睐的七大职业（按降序排列）

职业	人数（人）	百分比（%）
会计师	33	22.6
工程师	24	16.4
医生	11	7.5
教师	8	5.5
律师	7	4.8
社会工作者	7	4.8
信息技术工作者	3	2.1
其他职业	45	30.8
不确定	6	4.1
未选择	2	1.4
总计	146	100.0

资料来源：作者自制。

由于社会经济地位相关的细分数字极小，应慎重对待研究结果。表格未反映这些数字。数据显示：第一，在社会经济地位较低的学生和社会经济地位较高的学生中，期望成为会计师的学生比例非常接近，分别为15%和17%。不过，在期望成为工程师方面，社会经济地位较低的学生比例高于社会经济地位较高的学生比例。第二，在社会经济地位较低的学生中，46%左右的人2006年、2008年职业选择一致，这一比例在社会经济地位较高的学生中为58%。在社会经济地位较低的学生中，14%的人在这两年间改变了打算，这一比例在社会经济地位较高的学生中为17%。第三，在社会经济地位较低的学生和社会经济地位较高的学生中，期望从事最受青睐的三大职业（会计师、工程师、医生）的比例均为33%。

资质、项目、职业的匹配情况

学生进行职业选择时的背景是其决策过程中的核心要素。学生为之奋斗的资质及其入读的项目是学生对特定职业形成期望的学业背景。

在2008年第二项跟踪调查中做出应答的920名学生中，159人于2008年入读高等教育机构。其中，申请大学职业第一学士学位（University Professional First Bachelor's Degree）和申请国家文凭（National Diploma）的比例非常接近，分别为38%和36%；仅有9%的人申请大学普通第一学士学位（University General First Bachelor's Degree）。在申请大学职业第一学士学位的学生中，社会经济地位较高的学生为50%，社会经济地位较低的学生为35%；在申请国家文凭的学生中，社会经济地位较低的学生为40%，社会经济地位较高的学生为30%。

超过四分之一的学生（27%）入读商务学科的项目，其他热门项目有：

- 社会科学和应用人文学科（19%）
- 自然与数学科学（17%）
- 人文、工程及其他应用科学（13%）
- 健康科学（7%）
- 教育（4%）

在商务、社会科学和应用人文学科、人文等项目，社会经济地位较低的调查对象比例分别为29%、21%、14%，社会经济地位较高的调查对象比例仅为13%、13%、7%。而在自然与数学科学、工程及其他应用科学、健康科学、教育等项目，社会经济地位较高的调查对象比例分别为27%、20%、13%、7%，社会经济地位较低的调查对象比例仅为16%、11%、5%、3%。但由于相关数字较小，应慎重对待研究结果，仅将其作为指示性数据。

在本研究中，考察调查对象入读项目的重要性在于，学生为之奋斗的资质能够使其胜任所期望的职业中不同层次的工作。例如，与申请大学职业第一学士学位的学生相比，申请国家文凭的学生所能胜任的工作层次较低。我们可以比较资质、项目、职业之间的两种匹配情况：

■ 第一种：职业与所学领域一致，可能位于所学领域中的任何层次。

■ 第二种：职业与所学领域一致，位于所学领域中的最高层次。

第一种匹配适用于112名调查对象，第二种匹配仅适用于61名调查对象。这一差异的原因在于学生申请的资质类型（如申请大学职业第一学士学位还是申请国家文凭）。

例如，对于一名申请工程学国家文凭、期望成为工程师的学生来说，如果后面拿不到工程学学位[①]，就无法成为专业工程师（Professional Engineer），但可能成为一名工程技师（engineering technologist）。然而，对于一名申请大学职业第一学士学位、期望成为专业工程师的学生来说，只要在该领域以工程师身份参加两年实践，随后通过专业工程师考试，就可以达到期望的目标。

其重要性在于，期望从事工程或会计等职业的调查对象心里想的可能是成为（专业）工程师或（特许）会计师；但考虑到其申请的资质及所学的专业，他们可能无法如愿。

按社会经济地位细分的研究结果显示，第二种匹配适用于48%的社会经济地位较低的学生，而这一比例在社会经济地位较高的学生中为73%。

影响职业选择的因素

表7.5列举了影响学生2008年职业选择的因素。在另一项研究（Cosser 2015）中，对专业的兴趣、求职、为社会做贡献这3条对调查对象入读项目类型的影响最大。表7.5显示，影响最大的3个因素与上述发现高度吻合。

按社会经济地位细分后的数据显示，在职业选择的影响因素方面，社会经济地位较低的调查对象和社会经济地位较高的调查对象之间存在一些差异。与社会经济地位较低的调查对象相比，社会经济地位较高的调查对象对其期望从事的职业热情更高（两者的平均值分别为4.2和4.4），受职业收入的影响更大（两者的平均值分别为3.4和3.9），受职业地位的影响

① 注册成为候选工程师的最低学业资质要求为南非工程委员会授权的工业工程领域学士学位（ECSA 2005）。

也更大（两者的平均值分别为3.3和3.9）。

表7.5　　2008年影响调查对象职业选择的因素
（按社会经济地位划分，按总体情况降序排列）

变量	低社会经济地位		中社会经济地位		高社会经济地位		总体	
	平均值	标准差	平均值	标准差	平均值	标准差	平均值	标准差
对该职业的热情	4.2	0.98	4.6	0.80	4.4	0.67	4.3	0.93
在该职业找到工作的把握	4.2	0.98	4.0	1.13	4.1	1.38	4.2	1.04
希望通过该职业改善全体南非人的生活	3.7	1.27	3.9	1.02	3.1	1.62	3.7	1.27
该职业的收入	3.4	1.38	3.5	1.47	3.9	1.38	3.5	1.39
该职业会带来灵活的生活方式	3.4	1.32	3.3	1.56	3.3	1.72	3.4	1.39
该职业在社区中的地位	3.3	1.40	3.2	1.60	3.9	1.31	3.4	1.43
自幼就想从事该职业	3.1	1.45	3.2	1.45	3.3	1.78	3.1	1.47
所选国家高级证书考试科目自然将你引向该职业	3.1	1.48	3.2	1.40	3.2	1.47	3.1	1.46
受中学老师影响	2.3	1.30	1.7	1.08	1.8	1.06	2.2	1.26
该职业是你自身条件下唯一选择	2.0	1.39	2.5	1.63	1.8	1.55	2.0	1.45
家人/亲戚在该职业	1.6	1.07	1.7	1.39	1.7	1.37	1.6	1.15
不知道这辈子还能干什么	1.3	0.66	1.4	0.80	1.1	0.29	1.3	0.66

资料来源：作者自制。

研究结果的启示

鉴于研究样本较小，研究结果仅具有指示性，应当通过更进一步、更大规模的研究加以验证。但如果假定研究结果可以复现，那么，社会经济地位较低的调查对象和社会经济地位较高的调查对象之间的主要差距似乎在于认识水平。这从一个问题中就能看出：对很多社会经济地位较低的调查对象而言，他们期望从事的职业与他们实际入读的项目、机构之间存在明显断裂。

调查对象申请的资质、入读的项目并不一定会帮助他们进入期望的职业，从表面上看，我们很难考察他们这样做的动机。例如，对于一个社会经济地位较低、期望成为会计师的调查对象来说，如果他入读一所科技大学的会计学国家高等证书（National Higher Certificate）项目，那么，他是否低估了自己的职业期望和达到目标的方法之间的差距？他是否知道会计师的职业要求[①]？或者说，他是因为成绩不够或资金不够，无法通过直接途径为成为特许会计师而努力，所以故意将国家高等证书用作敲门砖，以便入读南非特许会计师协会（South African Institute of Chartered Accountants）授权的某个教育机构的学位项目？

不管入读哪所大学，新生的入学基础都不算牢靠，成为特许会计师的路径无疑会使他们感到迷茫[②]。在南非特许会计师协会授权的教育机构中，没有一所是科技大学或综合大学，只有三所大学（林波波大学、福特哈尔大学、西开普大学）曾经专门招收劣势学生，名义上仍是很多社会经济地位较低的学生——尤其是林波波省、东开普省、西开普生居民——接受高等教育的去向所在（另见本书第五章）。如果各大教育机构不在国家高级证书考试的学位项目申请资质之上设置合适的学业要求，学生要想入读合适的学位项目是极其困难的。

认识水平的差异还体现在，社会经济地位较低、出于特定目的期望从事特定职业的调查对象的选择行为。作者的博士论文（Cosser 2015）显示，社会经济地位较低的学生之所以想要接受高等教育，是因为他们认为，这种学习经历一方面收入前景较好，另一方面会赋予他们主宰自己的人生、培养奋斗精神的机会。与此相反，对具有特权背景的学生而言，他们基本上都很清楚，学术能够带来的收入相对较少，培养奋斗精神的机会也不太多。不同群体直觉上的差异是否反映了有些人缺乏准确信息、过度

① 学生需要入读南非特许会计师协会授权的某所大学，申请会计科学学士学位，或会计专业商务学士学位，或同等级别的特许会计师本科资质（SAICA 2015）。

② 除了本科学位项目的学业，想要成为一名特许会计师，还要取得会计学理论证书或会计学高级文凭，参加某个注册培训办公室组织的三年制领导力项目，通过资质考试。对于想要走上审计这条路的人来说，在以上条件的基础上还要通过职业实践考试（SAICA 2015）。

乐观，还是其他什么问题？如同前述例子中想要成为特许会计师的学生入读一所科技大学的国家高等证书项目一样，这两个问题都超出了本章的研究范围。但可以以此为出发点，继续在高等教育期望、项目偏好、入读教育机构选择、入读项目、职业期望、劳动力市场去向等方面进行有意义的个案研究。

如前述的特许会计师成长路径所示，对于期望从事这一职业的调查对象来说，他所要做出的选择不是一个接着一个的，而是一次性同时进行的，即入读南非特许会计师协会授权的某所大学合适的学位项目。从入读南非特许会计师协会授权的学位项目那一刻起，学生就开始了会计实践，因此，在认识论层面（Morrow 1993），学生不仅进入了一个专业项目，更是进入了职业本身。如果入读的项目和期望从事的职业之间是匹配的，那么学位项目中的实践就是职业实践中不可分割的一部分。如前所述，这种匹配度对于社会经济地位较低的学生来说只有 48%，而对于社会经济地位较高的学生来说则高达 73%。因此，学生在多大程度上在认识论层面进入了职业，取决于其所读项目中的实践在整体的职业实践中占多大分量。其差异在于，在引领学生走进职业时，期望、项目选择、入读机构之间的对接是会铺设一条即使并非线性也是合乎逻辑的路径，还是会铺设出涉及转专业、转学、延长学业的其他路径。

这里的关键词是“延长”。对于需要正式职业认证才能从事最高层次工作的职业来说，其入职路径和成为特许会计师的入职路径一样复杂；此外，实现认识论层面的入职进而在规定年限内成功读完学位项目，这对于大多数学生来说十分困难。有鉴于此，高等教育委员（CHE 2013）推出了拓展性课程计划，旨在提高南非高等教育的毕业率。该委员会组建了一个小组，考察如何最大限度地提高学生毕业率，其工作目标主要基于以下现状（另见本书第五章）：

- 在其所接触的教育机构（不包括南非大学）中，仅有约四分之一的学生在规定年限内毕业（如三年读完三年制学位项目）。
- 全体学生中 35% 的人、所接触的学生中 48% 的人在五年内毕业。
- 如果允许超过五年仍未毕业的学生、辍学后复学的学生继续学习，预计全体学生中约 55% 的人永远毕不了业。
- 不同种族之间在入学率、成功率、毕业率方面仍然存在差异，白人的毕业率比非洲黑人的毕业率平均高出 50%。

■ 入学率、成功率差异的最终结果是，在各类高等教育中，非洲黑人、有色人种学生中不到5%的人取得了成功。(CHE 2013)

上述问题与人文科学研究理事会于2005—2008年开展的一项研究(Cosser 2015)高度呼应。该研究发现，第一，从入学日期、名义上的项目学制来看，92%的调查对象本可以在五年内取得资质，但只有40%的调查对象做到了这一点；第二，将项目学制从五年延长至十年（如上述第三条）并不会对毕业率产生明显影响；第三，在成功率方面，社会经济地位较低的调查对象显著低于社会经济地位较高的调查对象（另见本书第五章以及第二章）。

学生期望从事特定职业的动机

上述讨论引出了一个问题：调查对象期望从事特定职业的动机是什么？由于会计这一职业在本研究的很多调查对象中广受青睐，上文对其予以特殊关注。但上述讨论只是一种推测。我们考察了调查对象对特定职业的选择以及与该选择相关的求学决定之间存在差距的原因，在此基础上建议对学生选择行为过程中不同阶段之间的关联进行深入的定性研究。

但在调查对象选择特定职业的动机方面，上文中的数据也为我们提供了更加具体的证据。他们的动机反映了社会经济地位较低的调查对象与社会经济地位较高的调查对象之间的显著差异。对于社会经济地位较低的调查对象来说，对该职业的热情、在该职业找到工作的把握这两个因素同等重要（在包含五点选项的李克特式量表中，两者的平均值均为4.2）；而对于社会经济地位较高的调查对象来说，这两个因素之间存在显著差异，对该职业的热情比在该职业找到工作更为重要（两者的平均值分别为4.4和4.1）。另外，对于社会经济地位较高的调查对象来说，该职业带来的收入和地位是其重要动机（两者的平均值均为3.9）；而对于社会经济地位较低的调查对象来说，这两个因素都不重要（两者的平均值分别为3.4和3.3）。

本章以作者此前的一项研究为基础（Cosser 2015），该研究显示，对于社会经济地位较高的调查对象来说，对所选项目的兴趣是其选择该项目最为重要的原因（平均值为4.4）；而对于社会经济地位较低的调查对象来说，项目所能带来的就业机会才是最为重要的原因（平均值为4.3）。对后者来说，对所学专业的兴趣这一因素的平均值仅为4.1。与之类似，表7.5显示，相比于社会经济地位较低的调查对象，对该职业的热情对于社会经济地位较高的调查对象来说稍微重要一些（前者和后者的平均值分别为4.2和4.4）。

我们可以从以上发现中得出两条结论。第一，在所学专业或以该专业为入职前提的职业所能提供的内在回馈方面，社会经济地位较高的调查对象比社会经济地位较低的调查对象动机更强。换言之，对于社会经济地位较高的调查对象来说，所学专业与职业之间的匹配度更高，这也印证了上文关于特许会计师路径的讨论。

在此基础上，我们得出第二条结论。不管是选择所学专业还是职业，社会经济地位较低的调查对象的动机是找到工作；对于社会经济地位较高的调查对象来说，当然首先也要找到工作，但他们的动机则是工作所能带来的财富和地位，而非工作本身。这一差异非常重要，反映了不同社会经济地位背景的调查对象在思维方面的核心差异。与其他因素相比，社会经济地位较低的调查对象更加关注是否能够找到工作，这说明，接受高等教育在一定程度上是找工作的途径。在南非2018年第一季度失业率达26.7%的背景下（Stats SA 2018），这一发现再正常不过。

结　论

考察调查对象的职业选择有其价值，但在南非这样一个极不平等的社会，不同社会经济地位背景的调查对象在眼界层面的差异更值得我们关注。在上述社会背景下，会计师和工程师这两个收入最高的职业就成为来自不同群体的绝大多数调查对象所期望从事的职业。在会计师、工程师、医生这三个职业方面，社会经济地位较高的调查对象和社会经济地位较低的调查对象的选择都始终如一，没有区别。但数据显示，在资质、项目、职业的匹配方面，社会经济地位较低的调查对象和社会经济地位较高的调查对象之间存在显著差异。与前者相比，后者更偏好所选职业中最高层次的工作（例如，期望成为专业工程师或特许会计师）。

本章后半部分中的数据反映了2006年、2008年调查中不同社会经济地位背景的调查对象的行为差异。数据不适用于、不能代表接受高等教育的所有学生。本章一再强调，本研究样本太小，不能以其为基础进行任何推论（另见第八章）。不过，调查结果以及研究发现的启示可以检验本章前半部分中阿帕多拉伊（Appadurai 2004）和雷伊（Ray 2006）的理论。社会经济地位较低的调查对象明显不够现实。他们期望成为会计师或工程师，但入读的机构却不能保证他们取得特许会计师或专业工程师的资质，说明他们无法“现实地探索未来”（Appadurai 2004）。

这里的关键词是“明显不够现实”。我们再回到上文所提到的“监狱”的概念。社会经济地位较低的学生负担不起南非特许会计师协会授权的大学的学费，分数也够不上此类大学。对他们而言，“现实”就意味着，他们注定要去一个未经南非特许会计师协会授权的教育机构，读一个普通的商务专业，从而被自己形成期望的能力和自身处境“禁锢”起来。对他们而言，现实就是没有其他选项。他们不仅缺乏“更加频繁、更加现实地探索未来”（Appadurai 2004）的能力，还缺乏选择的能力；更确切地说，他们要么选择理工学院，要么选择窝在家里，别无他法。第一世界国家关于“学生选择行为”的大量文献[①]认为，任何人都有能力选择自己的学习路径。而在南非语境下，学生缺少选项，说明这些文献有其局限性。

透过监狱的窗户能看到什么，这不仅受限于监狱环境这个本质，还受限于人相对于窗户的物理位置。有学者（Hodkinson 2008）对这一现象做了如下的经典诠释：“职业决策和进展受制于人的行动视野（horizons for action）。视野这个词是视力（vision）的比喻意义。我们能看到什么受限于我们的站位以及在这一位置上的视野。”在自己的牢房（比喻意义）里，志向远大的学生可能透过一扇窗户看到最糟糕的景象，它很可能与上文所说的“期望窗口”不同。但是，这扇窗户开得既不小也不大，也不是开得刚好可以使人看到想象中的未来。监狱里的窗户根本就打不开。

① Sewell et al. 1969；Sewell & Shah 1978；Jackson 1982；Hanson & Litten 1982；Chapman 1984；Kotler & Fox 1985；Hossler & Gallagher 1987；Hossler et al. 1989；Paulsen 1990；Campaigne & Hossler 1998；Hossler et al 1999；Schneider & Stevenson 1999；Aamodt 2001.

参考文献

Aamodt PO (2001) *European/South – African partnership for the development of management and leadership capacity in South African higher education. Project: Student choice behaviour*. Background paper, Mabula Lodge, Bela Bela, South Africa (11 – 13 March).

Appadurai A (2004) The capacity to aspire: Culture and the terms of recognition. In V Rao & M Walton (Eds) *Culture and public action*. Palo Alto: Stanford University Press.

Archer L, De Witt J & Wong B (2013) Spheres of influence: What shapes young people's aspirations at age 12/13 and what are the implications for education policy? *Journal of Education Policy* 29 (1): 58 – 85.

Brooks J (2012) *The aspiration gap*. Accessed March 2017, http: //cfed.org/blog/inclusiveeconomy/the_ aspiration_ gap/.

Campaigne DA & Hossler D (1998) How do loans affect the educational decisions of students? Access, aspirations, college choice and persistence. In R Fossey & M Bateman (Eds) *Condemning students to debt: College loans and public policy*. New York: Teachers College Press.

Chapman R (1984) *Toward a theory of college choice: A model of college search and choice behavior*. Alberta: University of Alberta Press.

CHE (Council on Higher Education) (2013) *A proposal for undergraduate curriculum reform in South Africa. The case for a flexible curriculum structure*. Pretoria: CHE.

Copestake J & Camfield L (2010) Measuring multidimensional aspiration gaps: A means to understanding cultural aspects of poverty. *Development Policy Review* 28 (5): 617 – 633.

Cosser M (2009) *Studying ambitions: Pathways from Grade 12 and the factors that shape them*. Cape Town: HSRC Press.

Cosser M (2015) Differential pathways of South African students through higher education: Settling for less, but learning to like it. PhD thesis, Johannesburg：School of Education，University of the Witwatersrand.

Cosser M with Du Toit J（2002）*From school to higher education? Factors affecting the choices of Grade* 12 *learners*. Cape Town：HSRC Press.

Cosser M & Sehlola S（2009）*Ambitions revised：Grade* 12 *learner destinations one year on*. Cape Town：HSRC Press.

ECSA（Engineering Council of South Africa）（2005）*Discipline specific guidelines：Industrial engineering*. Johannesburg：ECSA.

Gale T，Parker S，Rodd P，Stratton G & Sealey T（2013）*Student aspirations for higher education in Central Queensland：A survey of school students' navigational capacities*. Deakin University，Melbourne，Vic.：Centre for Research in Educational Futures and Innovation（CREFI）.

Hanson K & Litten L（1982）Mapping the road to academia：A review of research on women，men，and the college selection process. In P Perun（Ed.）*The undergraduate woman：Issues in education*. Lexington：Lexington Books.

Hodkinson P（2008）*Understanding career decision – making and progression：Careership revisited*. John Killeen Memorial Lecture，Woburn House，London，16 October. Accessed March 2017，http：//www. crac. org. uk/CMS/files/upload/fifth_ johnkilleenlecturenotes. pdf.

Hossler D & Gallagher K（1987）Studying college choice：A three – phase model and the implication for policy makers. *College and University* 2：207 – 221.

Hossler D，Braxton JM & Coopersmith G（1989）Understanding student college choice. In JC Smart（Ed.）*Higher education：Handbook of theory and research. Vol. V*. New York：Agathon Press.

Hossler D，Schmit JS & Vesper N（1999）*Going to college：How social，economic and educational factors influence the decisions students make*. Baltimore：Johns Hopkins University Press.

Jackson GA（1982）Public efficiency and private choice in higher education. *Educational Evaluation and Policy Analysis* 4（2）：237 –247.

Kotler P & Fox K（1985）*Strategic marketing for educational institutions*. Englewood Cliffs：Prentice – Hall.

Meng J（2009）*Aspirations and schooling：Analysis of the formation and intra – household impact of educational aspirations in rural China*. Gansu Survey of Children and Families Dissertations. Accessed March 2017，http：//repository. upenn. edu/cgi/viewcontent. cgi? article = 1002&context = gansu_dissertations.

Morrow W（1993）Epistemological access in university. *AD Issues* 1：3 – 5.

Naylor R，Baik C & James R（2013）*A critical interventions framework for advancing equity in Australian higher education：Report prepared for the Department of Industry，Innovation，Climate Change，Science，Research and Tertiary Education*. Melbourne：Centre for the Study of Higher Education.

NCES（National Center for Education Statistics）（2017）*National education longitudinal study of* 1988（*NELS*：88）：*Overview*. Accessed March 2017，https：//nces. ed. gov/surveys/nels88/.

Paulsen M（1990）*College choice：Understanding student enrollment behaviour*. Washington，DC：ERIC Clearinghouse on Higher Education and George Washington University.

Ray D（2006）Aspirations，poverty and economic change. In AV Banerjee，R Bénabou & D Mookherjee（Eds）*Understanding poverty*. Oxford：Oxford University Press.

SAICA（South African Institute of Chartered Accountants）（2015）*Becoming a CA*. Accessed November 2015，https：//www. saica. co. za/Training/BecomingaCA/tabid/157/language/en – ZA/Default. aspx.

Schneider B & Stevenson D（1999）*The ambitious generation：America's teenagers，motivated but directionless*. New Haven and London：Yale University Press.

Sewell W，Haller A & Portes A（1969）The educational and early occupational status attainment process. *American Sociological Review* 34：82 – 92.

Sewell W & Shah V（1978）Social class，parental encouragement，and educational aspirations. *American Journal of Sociology* 3：559 – 572.

Smyth J & Wrigley T（2013）*Living on the edge：Rethinking poverty，class and schooling*. New York，NY：Peter Lang.

Stats SA（Statistics South Africa）（2010）*Monthly earnings of South Africans*，

2010. Statistical Release P0211. 2. Pretoria: Stats SA.

Stats SA (Statistics South Africa) (2018) *Quarterly labour force survey. Quarter* 1: 2018. Statistical release P0211. Pretoria: Stats SA.

Tafere Y (2014) *Education aspirations and barriers to achievement for young people in Ethiopia*. University of Oxford: Young Lives, Oxford Department of International Development (ODID).

World Bank (2016) *South Africa – overview*. Accessed March 2017, http://www.worldbank.org/en/country/southafrica/overview.

第八章

西开普省毕业生去向调查在劳动力市场结果分析中的可用性评估

妮古拉·布兰森(Nicola Branson)
默里·莱布兰特(Murray Leibbrandt)

本书探讨了中学后教育的出入路径领域的四种分析方法及其案例。第四、六、九、十、十一章以入学、毕业记录方面现有的行政机构/教育机构数据为抽样框，考察了跟踪调查的研究结果。在此基础上，第五章比对了国家高级证书考试数据和高等教育管理信息系统这两个行政机构数据源，考察了学生群体从中学到高等教育再到毕业的过渡情况。第二、三等章节的研究方法相对传统，使用的是两个或两个以上时间节点的调查数据，即小组调查数据。第二章使用的是曾在一项横断面研究（cross - sectional study）中接受调查的学生的数据，换言之，研究的最初目的并非对学生进行跟踪调查。相比之下，第三章使用的是国家收入动态研究数据，该研究为小组研究。本章的关注焦点是第一种方法，即跟踪研究。因此，本章的研究发现只适用于本书中跟踪调查中学后教育毕业生的其他章节的研究结果。本章还就全国性毕业生去向研究的设计与实施提出了一系列建议，在这一点上，我们广泛吸取了本书中所有研究的有益之处。

由于缺少教育与劳动力市场之间关联的数据，本书中的很多研究使用毕业生去向研究[①]设计，研究人员从相关教育机构取得学生的联系方式，然后“跟踪”毕业生，观察其是否就业、如何就业。在南非，很多其他领域也缺少教育、培训、就业之间关联的数据，因此，上述研究设计得以广泛应用（包括行业教育与培训局的很多培训项目）。通过这一方法，本书

① 在文献中，“毕业生去向”（graduate destination）和“毕业生跟踪”（graduate tracer）这两个术语常被混用。

第四章跟踪成人教育毕业生，第六章分析高等教育成果，第九章、第十章聚焦技术职业教育，跟踪工作本位学习的毕业生。这就涉及一个关键问题：这种去向研究的结果是否有助于政策制定、是否能在中学后教育与培训到劳动力市场的过渡方面提供准确、可用的信息？另外我们还想知道，是否能够吸取此前研究的教训以提升未来研究的质量？

毕业生去向研究一般使用行政机构记录构建抽样框、提供个人基线信息。其优点是能够得到毕业生的完整信息清单。但是，很多毕业生在离开中学后教育机构以后会有新的联系方式，基线联系信息马上就过时了。因此，即便是想在大学生刚毕业不久就与其取得联系，对于研究人员来说也是一个巨大的挑战（Du Toit et al. 2014）。所以我们的确有理由怀疑，毕业生去向研究所收集的数据是否有用、所提供的信息对毕业生就业结果的指标而言是否可信。

本章试图通过西开普省毕业生去向调查（Western Cape Graduate Destination Survey）的数据分析来回应上述挑战。该调查是迄今为止南非最大的一项去向研究。

作为同类调查中规模最大的一项，西开普省毕业生去向调查自然可以成为南非未来毕业生去向调查的标杆。因此，对该调查及其局限性进行分析，可以为今后的调查提供深刻启示。尤其值得关注的是，在全国性毕业生调查数据的收集方面（HESA 2014），不能简单地建议大家将西开普省毕业生去向调查作为蓝本直接借用，而要考虑如何抵消本章所述的数据局限性。此外，在使用跟踪调查或去向调查来考察中学后教育与培训系统中其他领域的就业去向方面，大家的兴趣日趋浓厚（见本书第四章、第九章、第十一章、第一章、第六章和第十三章）。所以，全面分析这些调查在衡量就业结果及其他因素方面的可信度就变得至关重要。本章是南非首个进行此类分析的文章。虽然我们关注的是大学毕业生，但总结的教训对中学后教育与培训系统中各个领域（包括行业教育与培训局的学习项目这一层面）的研究、监测、评估都有着重要启示。

深入探讨毕业生去向：反思南非中学后教育数据

与中学毕业后直接进入劳动力市场的人相比，推迟进入劳动力市场、

12 年级后继续求学的人是否拥有更好的就业路径？南非的研究人员可以借助丰富的数据源回答这一问题。然而，在南非中学后教育领域的过渡问题上，研究相对较少，部分原因在于数据不足。可以说，在全面考察南非后种族隔离时代的中学后教育系统方面，本书的确是走在了前列。在研究过程中，我们遇到了各种挑战。就本书中的部分研究而言，尚不明确研究结果是否准确反映了调查对象的现实情况，也不肯定这对未来涉及中学后教育领域就业去向的研究意味着什么。

在研究教育机构和劳动力市场中的年轻人方面，南非有四个主要的信息源，分别是人口普查数据、横断面家庭户调查数据、国家收入动态研究的全国性纵向数据、教育机构数据。在分析年轻人在教育与劳动力市场之间的过渡路径时，这些数据源各有优缺点，表 8.1 对此进行了总结。

使用全国家庭户调查数据的研究发现，在中学后教育领域，很多学生在离校后会复学以取得资质。但是，家庭户调查收集的信息有两方面的局限性。第一，由于毕业生在全国总人口中占比较小①，具有全国层面代表性的很多家庭户研究获取的样本较小，不足以将毕业生按其入读机构或入读项目细分。第二，与毕业生相关的信息有限，且在横断面数据方面一般仅包括接受调查时的社会经济信息。人口普查与社区调查向公众开放的 10% 的样本规模更大，因此有条件在其基础上进行细分研究，但其中也不包括教育机构信息或教育路径信息。

开普地区小组研究、国家收入动态研究等研究包括的信息会多一些，涉及入读与未入读中学后教育与培训机构的学生详情，但也存在样本规模上的局限性和无法细分的问题。本书第三章表明，这类数据可以帮助我们理解学生路径的分布——尤其是与接受基础教育之后未过渡至中学后教育的学生相比，那些完成过渡的学生发展的路径。此外，在考察全体年轻人从教育到劳动力市场的过渡情况方面，国家收入动态研究是目前唯一一个全国性数据源。而且，随着收集到的数据越来越多，国家收入动态研究的用处也会越来越大。

高等教育与培训部在教育机构数据的基础上每年发布《南非中学后教育与培训统计报告》。中学后教育与培训系统包括公立及私立高等教育机构、技术职业教育与培训学院、私立学院、社区教育与培训学院（曾为公

---

① 2011 年，毕业生在总人口中的比例为 0.27%（CHEC 2013）。

立成人教育与培训中心）。这份重要的概要性报告包括该系统中的入学、毕业、师资信息，但并不包括年轻人的细节信息，也不涉及学生在中学之后的发展路径。

表 8.1　　用不同数据分析危机中的年轻人的优缺点

数据源	优点	缺点
人口普查与社区调查数据	具有全国层面的代表性	当前或此前所受教育信息有限
	向公众开放	没有学业表现指标
	包括个人特征	没有此前社会经济信息
	包括家庭社会经济信息	
家庭户调查数据	具有全国层面的代表性	中学后教育与培训样本较小
	向公众开放	无法准确估计中学后教育与培训人数
	包括个人特征	当前或此前所受教育信息、其他社会经济信息有限
	包括家庭社会经济信息	没有学业表现指标
国家收入动态研究	具有全国层面的代表性	中学后教育与培训样本极小
	向公众开放	无法准确估计中学后教育与培训人数
	包括个人特征	没有学业表现指标
	包括家庭社会经济信息	
	包括此前社会经济信息	
个人层面的教育机构数据	中学后教育与培训样本较大	不向公众开放
	包括当前所受教育的全面信息	个人信息较少
	包括当前及此前学业表现信息	家庭背景信息有限
	能够与其他行政机构数据源或空间调查信息进行比对	

资料来源：作者的分析。

不过，上述报告是基于个人层面的教育机构数据发布的，这对年轻人教育路径的分析而言意义重大。首先，其样本规模很大（包括所有学生），且原则上讲，可以比较不同年份的数据，也可以与其他行政机构数据进行比对，如基础教育部（学生单位记录信息与跟踪系统 Learner Unit Record Information and Tracking System、教育管理信息系统 Education Management Information System、国家高级证书考试）、南非社会保障局（South African

Social Security Agency)、失业保险基金（Unemployment Insurance Fund）等机构的数据，甚至是南非税务局（South African Revenue Service）的记录，从而构建年轻人的教育路径信息。本书第五章将国家高级证书考试和高等教育管理信息系统数据结合起来，在此基础上深入分析了学生从12年级到高等教育的过渡情况，这就是一个很好的例证。其次，教育机构数据为构建跟踪调查提供了重要框架，这也正是本章的焦点。

但是，教育机构数据目前还不能覆盖整个的中学后教育领域（例如，本书第四章从成人教育与培训中心获得的行政机构数据非常有限），个人记录数据也尚未建立起来以做研究之用。高等教育管理信息系统能够很好地记录公立高等教育系统的信息，但在学院教育领域，继续教育与培训管理信息系统（Further Education and Training Management Information System）才刚刚上线，且数据质量不均。此外，私立教育机构、社区学院、工作本位培训项目的各个信息系统在覆盖面和质量方面千差万别（见本书第四、九、十、十一章）。而且还存在一个严重的问题，研究人员个人目前无法通过某个触手可及的平台获取这些数据。如果想要获取高等教育管理信息系统数据或教育机构数据，需要以项目的形式向高等教育与培训部或特定机构提出申请，然后在定制化平台上得到综合性数据而非细分化数据，或通过高等教育与培训部授权的项目得到数据。这会造成项目启动成本过高、数据复核能力不足等问题。

毕业生去向研究专门聚焦毕业生这一群体，从而能够避免上述的很多问题。此外，这些调查一般会设计一些问题，不仅可以用来考察毕业生进入劳动力市场的路径和接受继续教育的路径，而且，在得到毕业生所从事的职业、资质与工作的匹配度（见本书第六章）、资质能否助其胜任工作、工作满意度等信息后，还可以考察毕业生取得的资质在他们心目中的价值。这样一来，我们可以对不同教育机构和不同专业的毕业生进行细分研究，也可以考察劳动力参与率（labour force participation）与劳动力短缺地区（labour shortage area）之间的匹配情况。

西开普省毕业生去向调查

西开普省毕业生去向调查由开普高等教育联盟（Cape Higher Education

Consortium）于2012年实施，调查对象为西开普省四所公立大学的2010届全体毕业生。调查问卷主要包括五大版块：中学求学时长、大学求学时长、就业经历、继续教育、未来打算。不管调查对象来自公立还是私立的教育机构，这类调查都可以帮助研究人员梳理毕业生的相关信息，如毕业生资助的本质、来源、结果；职业指导对就业匹配的影响；提高就业率的各种影响因素；毕业生的主要就业去向。有人认为，毕业生失业率只存在于数据之中，并不能反映现实。而上述研究可以正面回应这一观点，解释与毕业生失业率相关的文献中的一些问题。

文献争论的一个焦点问题是毕业生这一概念的定义。如果一个毕业生同时拥有文凭、证书、学位这三种资质，其就业几率和收入回报会大大降低（Van Der Berg & Van Broekhuizen 2012）。西开普省毕业生去向调查证实了这一点。图8.1显示了不同教育机构的毕业生在毕业两年后的就业率。左图反映的是拥有所有资质的毕业生的就业率。可以看出，开普半岛科技大学、开普敦大学、斯坦陵布什大学、西开普大学这四所大学的就业率在统计层面差异显著。但这并不能说明不同大学的毕业生资质分布。表8.2

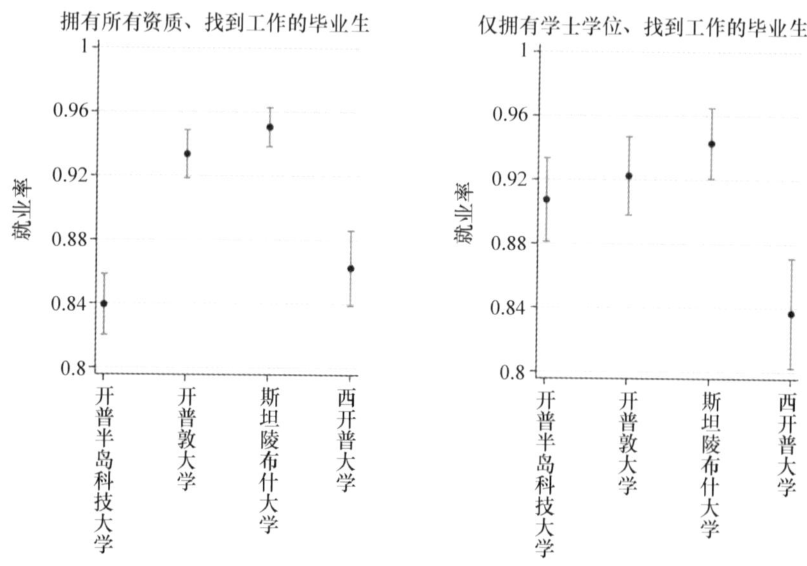

图8.1　拥有所有资质的毕业生和仅拥有学士学位的毕业生的就业率（按教育机构划分）（%）

资料来源：作者基于西开普省毕业生去向调查计算。

注：使用数据中的权数进行加权处理。

显示，开普半岛科技大学绝大多数毕业生的资质为本科证书和文凭，而其他三所大学绝大多数毕业生的资质为学位。图 8.1 中的右图反映的是仅拥有学士学位的毕业生的就业率，情况与左图截然不同。可以看出，证书或文凭相关数据差异较小，且不同大学之间学位相关数据存在差异。

由于数据缺乏，高等教育领域的很多谜团尚未解开，而毕业生去向调查则可以为我们提供助力。另外，毕业生去向调查也有其问题，应答率往往较低，且就业路径不同的毕业生很有可能应答率也不一样。因此，还不清楚用这些数据测算毕业生就业路径时会否出现偏误。这对大学教育领域有着重要启示。如果精确测算的结果是错的，可能会带来破坏性的后果；如果数据失误的原因与教育机构、资质类型、课程有关，其后果就更加严重了。

表 8.2　**毕业生资质分布（按教育机构划分）**　（%）

资质类型	开普半岛科技大学	开普敦大学	斯坦陵布什大学	西开普大学	小计
证书/文凭	61.36	4.67	1.48	11.12	21.76
研究生证书	—	14.08	19.65	8.59	10.68
学士学位	35.79	48.26	44.09	53.14	43.99
荣誉学位	1.42	14.03	17.25	16.86	11.62
硕士学位	1.28	16.37	15.18	8.73	10.32
博士学位	0.15	2.6	2.36	1.56	1.63
总计	100	100	100	100	100

资料来源：作者基于西开普省毕业生去向调查计算。

本章将分析西开普省毕业生去向调查中的低应答率（22.5%）问题及可能与之相关的样本选择问题[①]。本研究第一步将深入考察西开普省毕业生去向调查中的无应答（non－response）现象，旨在考察该调查所涉及的

① 我们的分析主要聚焦于就业率及后续研究。样本选择偏差方面的分析只针对特定结果，并不适用于所有结果。样本选择可能与影响相关结果的各种不同变量（往往是不可观测的变量）有关。鉴于应答率极低，分析每个研究问题时都应进行类似分析。

流程及其对调查结果的影响，从而为使用这些数据的人员以及设计全国性毕业生去向调查[①]的人员提供参考。本章的第二个目标是，在多变量框架下考察应答的调查对象和无应答的调查对象有何特征和差异。第三，在使用全国性行政机构数据库和可获得的联系信息评估、解释无应答偏差方面，本章将提出研究方法。

样本选择：问题建模

调查中的无应答现象一直是一个重要问题，它会导致样本规模变小，从而削弱一项调查在证明重要因素之间关系方面的效度。但主要问题在于，在很多重要因素上，应答的调查对象和无应答的调查对象都存在差异。一般情况下，研究人员在设计一项毕业生去向调查时可以获取到很大的抽样框，将全体毕业生囊括在内。那么，实际样本的规模通常也就足够大，能够得到精确测算的数值，但可能是错误的数值。这样一来，问题就更加严重了。本章附录在其他研究（Maluccio 2014）的基础上，考察何种情况下样本选择偏差会是一个问题，并详细介绍我们在下文中所使用的纠正偏差的方法。

在毕业生的基线特征（如性别、种族、资质类型、毕业院校层次）类似的前提下，如果应答的调查对象2012年的就业结果与无应答的调查对象类似，那么，在统计层面对实际样本进行加权处理以反映2010届毕业生的实际社会人口统计情况特征，最终就会减小样本选择偏差。这不能用于解释可能影响劳动力市场就业结果的其他特征，也不能解释调查对象的应答几率。我们会在后文中证明，毕业生的联系信息、助学金、学业状态、国籍等因素都会对应答与否产生重要影响。但加权时并未涉及这些特征方面的差异。考虑到以上及其他不可测特征对就业结果的影响程度，数据中的权数不会解决样本选择的问题。因此，将样本权数纳入西开普省毕业生去向调查（另见本书第六章、第九章中的研究），这一方法可能会使大家误

① 这一工作目前由南非大学协会（Universities South Africa）牵头，其前身为南非高等教育协会（Higher Education South Africa），包括并代表南非的26所公立大学。

以为估算的数值是具有代表性的①。

数据建构

首先，我们建构一个数据库，数据来源为西开普省毕业生去向调查的信息以及2010年、2012年的教育机构记录、高等教育管理信息系统记录。西开普省毕业生去向调查的抽样总清单包括高等教育管理信息系统中相关教育机构2010届全体毕业生的信息，以及研究期间从相关教育机构收集到的联系方式详情（Du Toit 2016）。研究人员通过电子邮件联系了2010届全体毕业生，并通过电话联系了其中部分毕业生，从而扩大了样本规模。调查采用自愿应答的形式，表8.3显示，应答率为22.5%，不同教育机构的毕业生应答率略有不同，开普半岛科技大学、开普敦大学、斯坦陵布什大学、西开普大学毕业生应答率分别为21.8%、21.9%、21.6%、26.7%。调查过程的详情见相关文献（Du Toit 2016）。

各个教育机构之间在应答率方面存在差异，其原因可能在于，不同机构所记录的毕业生联系信息的完整性不同。此外，高等教育管理信息系统数据取自2010年，而联系方式则是各个机构的最新记录。因此，如果某个调查对象在2010年毕业后继续求学，就会获取其最新的联系方式。在毕业生联系信息的完整性方面，开普半岛科技大学、西开普大学与其他两所大学相比问题更为突出，所以针对这两所大学的毕业生使用了“国家学生资助计划”所记录的联系信息。为了提高开普半岛科技大学、西开普大学的毕业生应答率，该研究随后进行了非随机电话采访。我们不清楚呼叫中心曾尝试给哪些毕业生打过电话，只知道做出应答的毕业生是通过何种形式（电子邮件或电话）参加了调查。相关文献（Du Toit 2016）分析了使用电话采访考察就业、求职情况的效果。

在此基础上，我们在分析中还引入了高等教育管理信息系统中记录的

① 一个相关的问题在于，应答的调查对象和无应答的调查对象之间存在可测差异或相似之处，这并不意味着，基于应答的调查对象所测算的关系一定存在偏差或一定不存在偏差。有些不可测的特征可能会导致样本选择偏差并进而影响相关结果（如就业结果）。

2012 年调查对象学习状态数据。令人遗憾的是，系统中西开普大学的学生身份证号码是无效的，无法与样本进行比对。高等教育与培训部在进行数据比对后将去掉身份因素的数据返给了我们。因此，在调查对象应答与否、教育机构、所学专业等指标上，我们只能计算 2012 年处于求学状态的调查对象的比例。

表 8.3　　应答率（总体情况及按教育机构划分）

大学	平均值	人数（人）
开普半岛科技大学	0.218	7441
开普敦大学	0.219	6165
斯坦陵布什大学	0.216	7380
西开普大学	0.267	3724
总计	0.225	24710

资料来源：作者基于西开普省毕业生去向调查计算。

注：本表显示西开普省 2010 届毕业生中在毕业生去向调查中做出应答的毕业生的比例。

西开普省毕业生去向调查中的应答率和样本选择偏差

接下来，我们将评估西开普省毕业生去向调查中这 22.5% 的应答率在测算就业情况方面是否存在问题。我们比较了应答的调查对象和无应答的调查对象在平均基线特征方面的差异，随后在多变量框架下梳理与应答相关的因素，并考察这些相关因素的显著性。我们发现，这只适用于可测基线特征，于是使用外部数据直接评估样本中学生比例的偏差，然后使用教育机构记录的电子邮箱地址实施了一套新的方法，以便校正就业情况测算数值的系数。

应答和无应答的调查对象情况是否一样?

表 8.4 显示了应答的调查对象和无应答的调查对象的各类联系方

表 8.4　**联系方式（总体情况及按教育机构划分）**

变量	全体调查对象			开普半岛科技大学			开普敦大学			斯坦陵布什大学			西开普大学		
	无应答	应答		无应答	应答		无应答	应答		无应答	应答		无应答	应答	
联系方式															
手机	0.66	0.88	***	0.30	0.68	***	0.81	0.92	***	0.90	0.99	***	0.67	0.96	***
固定电话	0.57	0.55		0.58	0.47	***	0.74	0.76		0.33	0.39	***	0.74	0.68	***
电子邮箱	0.71	0.77	***	0.14	0.23	***	0.87	0.96	***	1.00	1.00		1.00	1.00	
国家学生资助计划记录的手机	0.13	0.17	***	0.31	0.4	***							0.23	0.29	***
国家学生资助计划记录的电子邮箱	0.12	0.17	***	0.29	0.41	***							0.24	0.29	***
电子邮箱类型															
开普半岛科技大学	0.01	0.01		0.02	0.03	*	0.00	0.00		0.00	0.00		0.00	0.00	
开普敦大学	0.04	0.03	***	0.00	0.00		0.17	0.12	***	0.00	0.00		0.00	0.00	
西开普大学	0.11	0.12	**	0.00	0.00		0.00	0.00		0.00	0.00		0.78	0.68	***
斯坦陵布什大学	0.17	0.14	***	0.00	0.00		0.00	0.01		0.56	0.47	***	0.00	0.00	
教育机构	0.34	0.3	***	0.02	0.03	*	0.17	0.13	***	0.57	0.47	***	0.79	0.68	***
样本规模	19150	5560		19150	5560		19150	5560		19150	5560		19150	5560	

资料来源：作者基于西开普省毕业生去向调查计算。

注：平均值之间的统计层面差异标记为 * $p<0.05$，** $p<0.01$，*** $p<0.001$。

电子邮箱类型中的“教育机构”指毕业生拥有本校电子邮箱地址。“应答”一列的平均值使用数据中的权数进行加权处理（权数 1）。

式，既包括总体情况，也包括按教育机构划分的情况。显而易见，联系方式越完整，应答几率就越高。例如，在应答的调查对象中，88%的人有手机信息，这一比例在无应答的调查对象中仅有66%。电子邮箱地址方面的差异与之类似。“国家学生资助计划”所记录的信息仅应用于开普半岛科技大学、西开普大学的毕业生。在这两所大学，在“国家学生资助计划”留有手机号码、电子邮箱地址的毕业生应答率更高。表格的后半部分显示了毕业生的电子邮箱类型。值得注意的是，在应答的调查对象中，斯坦陵布什大学、西开普大学有本校电子邮箱的毕业生比例远高于开普敦大学、开普半岛科技大学的毕业生。部分原因在于，斯坦陵布什大学、西开普大学的毕业生可以终身使用本校电子邮箱，而开普敦大学、开普半岛科技大学的学生在毕业一段时间后，本校电子邮箱地址就会失效。整体来看（除开普半岛科技大学外），与无应答的调查对象相比，应答的调查对象拥有本校电子邮箱地址的比例更低。

接着来看2010届毕业生的特征。表8.5、表8.6、表8.7基于学生毕业时的学籍档案，显示了应答的调查对象和无应答的调查对象的平均特征。做出应答的调查对象年龄相对较小，多为女性、非洲黑人，而非白人、外国人。其中，接受助学金的调查对象比例更高一些，要么是通过国家学生资助计划，要么是来自其他渠道。在12年级学业表现方面，做出应答的调查对象参加数学、科学考试的几率更高，但成绩为A级的比例较小。做出应答的调查对象取得研究生证书、文凭或学士学位的比例较低，取得荣誉学位或硕士学位的比例较高，说明其受教育程度较高。对做出应答的调查对象而言，与资质相关的平均学分绩点（grade point average）也要高得多。其中，很多平均整体差异比较显著，但平均值之间的实际差异较小。其原因在于，很多调查对象未作出应答。

总体平均值掩盖了教育机构之间的一些差异。在不同教育机构之间，个人层面的入学、毕业特征方面就存在显著差异。例如，在应答的调查对象和无应答的调查对象的特征上，开普敦大学毕业生的数据比其他大学的数据更为均衡，而开普半岛科技大学的数据是最不均衡的。在每个大学应答的调查对象中，男性比例更高（原文为女性，但与表8.5中数据不符——编者注），开普半岛科技大学、西开普大学的情况尤其显著。除开普敦大学外，在其他大学应答的调查对象中，非洲黑人比例更高，开普半

表 8.5 人口统计信息、助学金方面的基线特征（按应答情况划分）

变量	全体调查对象			开普半岛科技大学			开普敦大学			斯坦陵布什大学			西开普大学		
	无应答	应答		无应答	应答		无应答	应答		无应答	应答		无应答	应答	
个人特征															
男性	0.57	0.56		0.58	0.57		0.54	0.53		0.57	0.57		0.61	0.60	
2012 年年龄	29.40	29.06	**	28.93	28.20	***	28.23	28.00		29.86	30.31	**	31.28	29.71	***
种族															
非洲黑人	0.30	0.31	*	0.44	0.46	*	0.25	0.25		0.16	0.17		0.38	0.40	
有色人种	0.27	0.27		0.35	0.35		0.17	0.17		0.17	0.17		0.48	0.48	
印度裔/亚裔	0.04	0.04		0.01	0.01		0.08	0.07		0.01	0.01		0.08	0.07	
白人	0.39	0.38		0.19	0.18	*	0.50	0.51		0.65	0.65		0.05	0.05	
外国人	0.12	0.10	***	0.08	0.05	***	0.19	0.19		0.09	0.07	***	0.13	0.08	***
受国家学生资助计划资助	0.11	0.13	***	0.18	0.22	***	0.09	0.11	*	0.03	0.04		0.16	0.20	**
受其他资助	0.23	0.26	***	0.07	0.09	***	0.20	0.23	**	0.37	0.41	***	0.32	0.35	**

资料来源：作者基于西开普省毕业生去向调查计算。

注：本表按应答情况及教育机构分别显示毕业生基线人口统计特征、是否受国家学生资助计划资助或其他形式资助。“应答”指对西开普省毕业生去向调查做出应答的2010届毕业生，“无应答”指未做出应答的的毕业生。平均值之间的统计层面差异标记为 * $p<0.05$，** $p<0.01$，*** $p<0.001$。“应答”一列的平均值使用数据中的权数进行加权处理（权数1）。

表 8.6　中学毕业考试成绩方面的基线特征（按应答情况划分）

变量	全体调查对象			开普半岛科技大学			开普敦大学			斯坦陵布什大学			西开普大学		
	无应答	应答		无应答	应答		无应答	应答		无应答	应答		无应答	应答	
中学毕业考试成绩															
数学考试等级															
未参加数学考试	0.36	0.33	***	0.36	0.31	***	0.36	0.36		0.32	0.31		0.43	0.35	***
HG	0.33	0.36	***	0.13	0.15	**	0.51	0.54	**	0.46	0.52	***	0.16	0.16	
SG	0.31	0.31		0.49	0.52	**	0.13	0.11	**	0.22	0.18	***	0.40	0.47	***
LG	0.01	0.01		0.01	0.02		0.00	0.00		0.00	0.00	**	0.01	0.02	
其他	0.00	0.00		0.00	0.00		0.00	0.00		0.00	0.00		0.00	0.00	
数学成绩等级															
A	0.26	0.25		0.08	0.07		0.43	0.39	**	0.35	0.37		0.09	0.09	
B	0.15	0.15		0.09	0.08		0.19	0.20		0.20	0.19		0.10	0.11	
C	0.18	0.18		0.17	0.16		0.18	0.20		0.19	0.21		0.16	0.15	
D	0.17	0.17		0.22	0.22		0.12	0.13		0.16	0.14		0.21	0.22	
E	0.15	0.15		0.25	0.25		0.06	0.07		0.08	0.08		0.24	0.25	
F +	0.09	0.09		0.19	0.21		0.01	0.01		0.02	0.01		0.20	0.17	*
科学考试等级															
未参加科学考试	0.57	0.52	***	0.62	0.56	***	0.52	0.49	**	0.	0.		0.	0.	
HG	0.30	0.33	***	0.14	0.15		0.45	0.48	**	0.	0.		0.	0.	
SG	0.13	0.15	***	0.24	0.29	***	0.03	0.03		0.	0.		0.	0.	

续表

变量	全体调查对象			开普半岛科技大学			开普敦大学			斯坦陵布什大学			西开普大学		
	无应答	应答		无应答	应答		无应答	应答		无应答	应答		无应答	应答	
LG	0.00	0.00		0.00	0.00		0.00	0.00		0.	0.		0.	0.	
科学成绩等级															
A	0.20	0.19		0.02	0.02		0.36	0.31	**	0.26	0.27		0.03	0.03	
B	0.16	0.16		0.06	0.05		0.23	0.24		0.21	0.22		0.06	0.05	
C	0.20	0.21		0.15	0.17		0.22	0.23		0.24	0.24		0.16	0.15	
D	0.21	0.20		0.28	0.24	**	0.13	0.14		0.19	0.19		0.28	0.30	
E	0.19	0.19		0.37	0.37		0.06	0.07		0.09	0.07	**	0.34	0.35	
F +	0.05	0.06	**	0.12	0.15	**	0.01	0.01		0.01	0.01		0.13	0.13	

资料来源：作者基于西开普省毕业生去向调查计算。

注：本表按应答情况及教育机构分别显示 2010 届毕业生在中学毕业考试中的数学、科学成绩。“应答”指对西开普省毕业生去向调查做出应答的 2010 届毕业生，“无应答”指未做出应答的的毕业生。平均值之间的统计层面差异标记为 * $p<0.05$，** $p<0.01$，*** $p<0.001$。“应答”一列的平均值使用数据中的权数进行加权处理（权数 1）。

表 8.7 资质等级和类型方面的基线特征

变量	全体调查对象			开普半岛科技大学			开普敦大学			斯坦陵布什大学			西开普大学		
	无应答	应答		无应答	应答		无应答	应答		无应答	应答		无应答	应答	
大学毕业成绩															
平均学分绩点	63.86	64.50	***	64.16	64.43	*	64.52	65.58	***	62.60	63.15	**	63.37	64.19	**
资质类型															
证书/文凭	0.22	0.22		0.60	0.66	***	0.05	0.03	***	0.01	0.01		0.12	0.09	**
研究生证书/文凭	0.11	0.09	***	0.00	0.00		0.15	0.11	***	0.21	0.15	***	0.09	0.07	*
学士学位	0.44	0.44		0.37	0.32	***	0.48	0.50		0.45	0.44		0.52	0.55	
荣誉学位	0.11	0.12		0.02	0.01	*	0.14	0.14		0.17	0.17		0.16	0.19	**
硕士学位	0.10	0.12	***	0.01	0.02		0.15	0.19	**	0.14	0.19	***	0.09	0.09	
博士学位	0.02	0.02		0.00	0.00	**	0.02	0.03		0.02	0.03	*	0.02	0.01	***
所学专业类型															
科学/工程/技术	0.25	0.30		0.29	0.33	**	0.25	0.32		0.24	0.29	*	0.18	0.23	***
商务	0.29	0.27		0.36	0.34	**	0.29	0.28		0.28	0.25	*	0.14	0.14	***
人文社会科学	0.18	0.20		0.11	0.14	**	0.24	0.25		0.17	0.18	*	0.22	0.25	***
健康科学	0.13	0.13		0.09	0.09	**	0.09	0.07		0.18	0.19	*	0.19	0.17	***
法律	0.04	0.03		0.00	0.00	**	0.05	0.04		0.04	0.03	*	0.09	0.09	***
教育	0.12	0.08		0.16	0.11	**	0.07	0.06		0.09	0.06	*	0.17	0.11	***
样本规模	19150	5560		5816	1625		4817	1348		5788	1592		2729	995	

资料来源：作者基于西开普省毕业生去向调查计算。

注：本表按应答情况及教育机构分别显示 2010 届毕业生平均学分绩点、资质类型、所学专业类型。“应答”指对西开普省毕业生去向调查做出应答的 2010 届毕业生，“无应答”指未做出应答的的毕业生。平均值之间的统计层面差异标记为 * $p<0.05$，** $p<0.01$，*** $p<0.001$。“应答”一列的平均值使用数据中的权数进行加权处理（权数 1）。

岛科技大学更是高出9%。针对开普半岛科技大学、西开普大学的毕业生使用“国家学生资助计划”信息后，数据显示，在这两所大学应答的调查对象中，受“国家学生资助计划”资助的学生比例要高得多。在所有大学中，受其他资助的学生比例也更高。其原因可能在于，由此获取的联系方式信息更为有效。这一情况也可能说明，这些学生与学校的联系更为紧密。

从应答情况来看，各个大学的调查对象之间在大学毕业时的特征方面存在差异。在开普敦大学、斯坦陵布什大学应答的调查对象中，拥有硕士学位的毕业生比例更高。各个大学应答的调查对象和无应答的调查对象在资质等级方面的其他差异说明，开普敦大学、斯坦陵布什大学、西开普大学应答的调查对象受教育程度更高，开普半岛科技大学应答的调查对象受教育程度则不太高。在平均学分绩点方面，开普敦大学、西开普大学学生的差异最大。图8.2显示，开普敦大学应答的调查对象平均学分绩点整体上更高，呈右偏分布。西开普大学应答的调查对象平均学分绩点较高，但

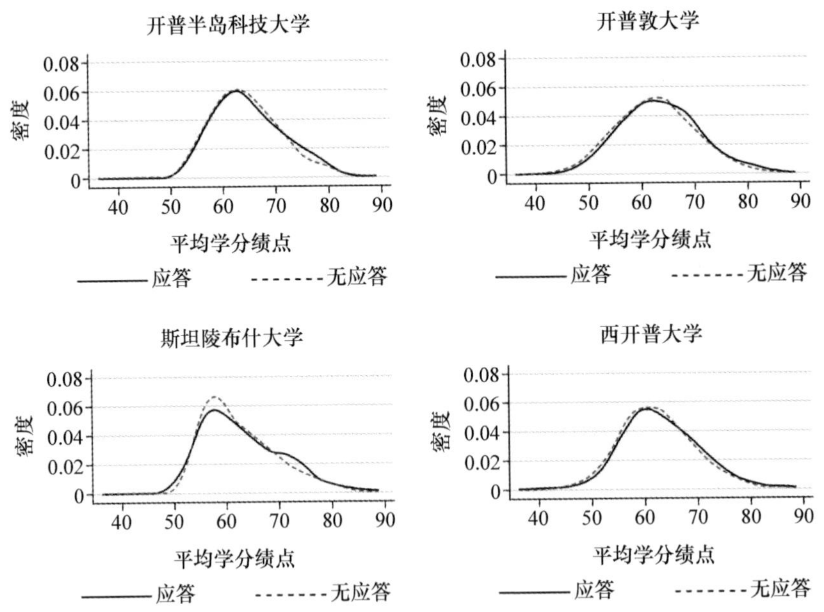

图8.2　取得学士学位的毕业生平均学分绩点（按教育机构和应答情况划分）

资料来源：作者基于西开普省毕业生去向调查计算。

注：应答者的平均学分绩点信息使用数据中的权数进行加权处理（权数1）。

分布较为离散[①]。在所有大学应答的调查对象中，科学、工程、技术专业学生的比例较高，但各专业之间的差异并不明显[②]。

那么，西开普省毕业生去向调查是否存在样本选择偏差、能不能用于分析就业结果？整体而言，从应答的调查对象和无应答的调查对象在平均值方面的差异来看，我们还不能下定论。有些特征（如性别）可能反映出应答的调查对象就业率较低，但有些特征方面的差异（如资质等级较高、平均学分绩点较高）则反映出就业率较高。另外，从不同大学来看，应答的调查对象和无应答的调查对象差异程度也不一样。为进一步分析这些现象，我们在多变量框架下测算调查对象无应答的几率。

四所大学调查对象无应答现象的相关因素

表8.8在多变量框架下考察了基线特征。我们关注的是与无应答相关的特征，因此，因变量为毕业生未对调查作出应答的一项指标，表中系数为基于概率回归的边际效应。在这一多变量框架中，年龄、性别、种族是影响应答情况的重要指标。在该模型中，白人的应答率比非洲黑人低4.6%，外国人的应答率也低出3.4%。将所有特征纳入参照项后，与开普半岛科技大学学生相比，开普敦大学、斯坦陵布什大学学生的应答率低15%左右，西开普大学学生的应答率低9%左右。即使加入多个参照项，毕业生联系方式的完整性和联系方式的类型也与应答率关系密切。对于有手机号码记录的学生而言，其应答率高出约20%。对于有教育机构电子邮箱地址的学生[③]而言，其应答几率低出6.8%。

加入多个协变量（covariate）的参照项后，只有取得硕士学位的毕业

① 请注意，仅能收录部分学生的平均学分绩点，且不同大学的收录情况不同。在斯坦陵布什大学，仅收录到取得学士学位、证书/文凭（不包括研究生证书/文凭）的学生的平均学分绩点。在开普半岛科技大学、开普敦大学，除了具有博士学位、授课型硕士学位（masters by coursework）的学生，其他学生的平均学分绩点均有收录。在西开普大学，取得各类资质的学生的平均学分绩点均有收录。

② 参与在线调查的毕业生、参与电话调查的毕业生、无应答的调查对象在基线特征方面的差异也是一个值得关注的问题。参与在线调查的毕业生与无应答的调查对象情况相似，与参与电话调查的毕业生情况不同（数据未予显示）。

③ 在下文中，我们将这一变量作为取样校正模型中的排他性约束（exclusion restriction）。

生的应答率显著不同。他们的应答率比取得证书/文凭的毕业生高约5%。在测算时，所学专业也会影响应答率。与科学/工程/技术专业的学生相比，其他所有专业的学生应答率更低，教育专业毕业生的应答率比科学/工程/技术专业毕业生低约8%。最后，平均学分绩点与应答率显著相关，平均学分绩点越高的学生应答率也越高。表格最后的卡方检验（chi-square test）数据和p值显示，这两个变量都不等于零，这在统计层面有着最高程度的显著性，从而说明，西开普省毕业生去向调查中样本的无应答现象并不是随机的。

对每所大学的数据分别进行类似的回归分析后，我们发现了一些差异。在每所大学，白人和联系方式不全的毕业生应答率较低。男性与无应答的关联仅见于开普半岛科技大学、西开普大学，未见于开普敦大学、斯坦陵布什大学。“外国人”这一因素在整体回归中是显著正系数，其原因在于，在斯坦陵布什大学的毕业生中，该因素与无应答率之间有着显著关联，而这种情况在其他大学的毕业生中并不存在。在每所大学，助学金与应答率之间存在正相关，但显著关联仅见于西开普大学、斯坦陵布什大学。在资质类型方面，在开普敦大学的毕业生中，取得证书或文凭（包括研究生文凭）的调查对象应答率低于取得学士学位的调查对象。在斯坦陵布什大学的毕业生中，取得硕士学位的调查对象应答率较低。将其他变量纳入考虑后，资质类型与应答情况之间没有其他显著关联。总体而言，以上因素说明，与母校关系更为紧密的毕业生应答率更高。

在所学专业方面，应答的调查对象和无应答的调查对象之间存在一些差异。在每所大学，科学/工程/技术专业学生的应答率最高。在斯坦陵布什大学、西开普大学的毕业生中，教育专业学生的应答率比科学/工程/技术专业学生低约8%。在开普敦大学的毕业生中，健康科学专业学生的应答率也比科学、工程、技术专业学生低8%。值得注意的是，在开普敦大学、西开普大学、开普半岛科技大学，应答情况与教育机构电子邮箱之间存在强关联，在斯坦陵布什大学的关联相对较弱。在前三所大学，有本校电子邮箱地址的毕业生的应答率比使用其他电子邮箱的毕业生分别低9.3%、8.5%、7.6%，而斯坦陵布什大学的系数仅为0.039（3.9%）。但在所有大学，这一关联在1%显著性水平上是显著的。

表 8.8 西开普省毕业生去向调查中的无应答现象分析：测算与无应答相关的因素

变量	(1) 全体调查对象	(2) 开普半岛科技大学	(3) 开普敦大学	(4) 斯坦陵布什大学	(5) 西开普大学
2012 年年龄	0.009 *** (0.003)	0.014 *** (0.005)	−0.000 (0.006)	0.007 (0.005)	0.010 (0.007)
2012 年年龄平方	−0.000 *** (0.0000)	−0.000 *** (0.000)	−0.000 (0.000)	−0.000 * (0.000)	−0.000 (0.000)
年龄缺失	0.142 *** (0.028)	0.199 *** (0.026)	0.059 (0.102)		0.259 *** (0.051)
男性	0.015 *** (0.006)	0.028 *** (0.010)	−0.001 (0.011)	0.007 (0.010)	0.036 ** (0.015)
种族（参照组：非洲黑人）					
有色人种	0.008 (0.008)	−0.031 ** (0.013)	−0.001 (0.018)	0.078 *** (0.014)	0.039 ** (0.017)
印度裔/亚裔	0.037 *** (0.014)	−0.016 (0.043)	0.037 * (0.021)	0.043 (0.037)	0.074 *** (0.026)
白人	0.046 *** (0.008)	0.052 *** (0.015)	0.042 *** (0.016)	0.075 *** (0.017)	0.055 * (0.031)
外国人	0.034 ** (0.014)	−0.040 (0.084)	−0.045 (0.034)	0.073 *** (0.015)	−0.138 (0.164)
受国家学生资助计划资助	−0.006 (0.010)	0.003 (0.015)	−0.040 * (0.021)	0.002 (0.027)	−0.008 (0.026)
受其他资助	−0.022 *** (0.007)	−0.036 * (0.020)	−0.015 (0.014)	−0.031 *** (0.011)	−0.024 (0.017)
资质类型（参照组：学士学位）					
证书/文凭	−0.002 (0.009)	−0.007 (0.010)	0.138 *** (0.023)	0.047 (0.035)	0.032 (0.029)
研究生证书/文凭	0.015 (0.011)		0.035 ** (0.018)	−0.020 (0.066)	0.018 (0.029)

续表

变量	(1) 全体调查对象	(2) 开普半岛科技大学	(3) 开普敦大学	(4) 斯坦陵布什大学	(5) 西开普大学
荣誉学位	-0.007 (0.010)	0.058 (0.045)	0.025 (0.016)	-0.093 (0.072)	-0.014 (0.022)
硕士学位	-0.051*** (0.013)	-0.158 (0.097)	-0.019 (0.020)	-0.140* (0.077)	-0.022 (0.030)
博士学位	-0.031 (0.025)		-0.017 (0.047)	-0.114 (0.086)	0.068 (0.062)
所学专业类型（参照组：科学/工程/技术）					
商务	0.034*** (0.007)	0.020* (0.012)	0.037** (0.015)	0.057*** (0.012)	0.041* (0.023)
人文社会科学	0.019** (0.008)	-0.029* (0.017)	0.041*** (0.014)	0.039*** (0.014)	0.013 (0.021)
健康科学	0.035*** (0.009)	0.027 (0.018)	0.079*** (0.018)	0.011 (0.018)	0.056** (0.022)
法律	0.047*** (0.013)		0.065*** (0.022)	0.060** (0.024)	0.040 (0.027)
教育	0.077*** (0.009)	0.054*** (0.017)	-0.003 (0.033)	0.081*** (0.017)	0.082*** (0.025)
平均学分绩点	-0.002*** (0.000)	-0.002*** (0.001)	-0.002*** (0.001)	-0.001 (0.001)	-0.002* (0.001)
平均学分绩点缺失	-0.163*** (0.038)		-0.198** (0.081)		-0.204 (0.162)
有电子邮箱联系方式	-0.122*** (0.009)	-0.126*** (0.016)	-0.151*** (0.012)		
有手机联系方式	-0.209*** (0.005)	-0.264*** (0.011)	-0.127*** (0.012)	-0.199*** (0.009)	-0.281*** (0.012)
有国家学生资助计划记录的电子邮箱	-0.053*** (0.011)	-0.061*** (0.014)			-0.016 (0.023)

续表

变量	(1) 全体调查对象	(2) 开普半岛科技大学	(3) 开普敦大学	(4) 斯坦陵布什大学	(5) 西开普大学
有教育机构电子邮箱	0.068*** (0.007)	0.076*** (0.022)	0.093*** (0.012)	0.039*** (0.010)	0.085*** (0.019)
大学（参照组：开普半岛科技大学）					
开普敦大学	0.145*** (0.010)				
斯坦陵布什大学	0.156*** (0.011)				
西开普大学	0.088*** (0.011)				
观测人数	24710	7430	6165	7380	3714
卡方检验	1724	884.5	281	279.8	359.4
自由度	31	22	26	22	26
p 值	—	—	—	—	—
伪 R 平方	0.0739	0.124	0.0492	0.0477	0.115

资料来源：作者基于西开普省毕业生去向调查计算。

注：本表按教育机构显示基于无应答的影响因素的概率分析所得的回归边际效应，并显示一项卡方检验，以考察模型中的变量是否等于零。平均值之间的统计层面差异标记为 $*p<0.05$，$^{**}p<0.01$，$^{***}p<0.001$。回归结果未加权。

解决这一非随机应答问题的一种方法是，基于上述无应答回归构建一个与无应答逆概率相等的权数，并将其应用于估计方程（Falaris 2013）。图 8.3 显示了使用不同权数估计的就业率①。权数 1、权数 2 是与用于校准性别、种族、资质、教育机构的数据一同发布的（HESA 2014）。这两组权数之间的唯一区别在于，权数 1 使用了二相资质分类，权数 2 使用了三相资质分类。数据显示，使用这些权数后，开普半岛科技大学的就业率会增

① 表 8.5 中的 R 平方值尤其是开普敦大学、斯坦陵布什大学的值较小，这说明，基于可测基线特征的测算结果存在偏差，如果要使用这些可测特征重新加权以校正偏差，并不会产生明显的效果。

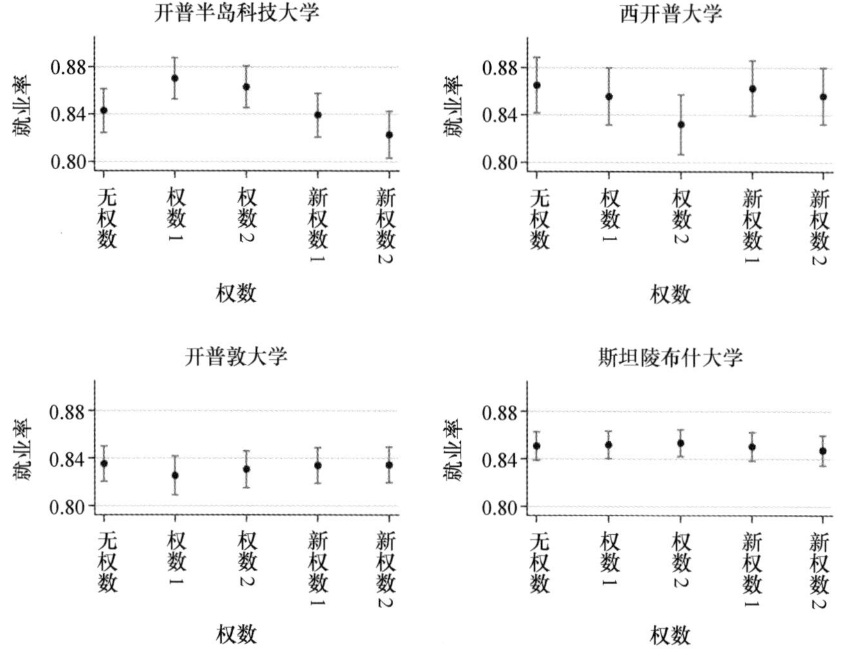

图 8.3　检验就业率估值对不同权数的敏感性

资料来源：作者基于西开普省毕业生去向调查计算。

注：权数 1、权数 2 与数据一同发布，其区别在于，权数 1 通过二相资质分类（即“本科生”和“研究生”）计算，权数 2 通过三相资质分类（即“证书/文凭”“本科生”“研究生”）计算。基于一项包括所有教育机构的模型得到应答概率，用原权数除以该概率得到新权数 1。基于每个教育机构的模型得到应答概率，用原权数除以该概率得到新权数 2。上述模型的指标包括年龄平方、男性和种族指标、毕业生是否为外国人、受国家学生资助计划资助或其他资助、有何联系方式、资质类型、所学专业、平均学分绩点。圆点代表平均值，线段代表上下 95% 的置信带（confidence band）。

加，西开普大学的就业率会下降，但这些估值上的差异在统计层面都不显著。接下来的两组估算使用了解释所有基线变量的权数①。基于一项使用所有教育机构数据（新权数 1）和分别使用每个教育机构数据（新权数 2）的应答模型估算出无应答的概率倒数，将其与原权数 1 的变量相乘。不出所料，这些权数对开普敦大学、斯坦陵布什大学的估值几乎没有影响；此外，虽然开普半岛科技大学、西开普大学的平均估值对不同的权数更为敏

① 模型中的变量详情见图 8.3 的注。

感，但这些估值的置信区间（confidence interval）说明，估值之间在统计层面没有差异。

重新加权后，并未发现平均估值之间存在显著差异，这说明，将可测基线特征差异纳入考虑并不会改变就业率估值的本质结果（如图8.1）。其他未被观测到的特征也可能导致结果偏差，这一方法没有排除这些特征的可能性。例如，我们没有整个样本的劳动力市场就业前景方面的基线信息。即便是在刚毕业时，也很有可能存在求职偏好方面的基线差异。

使用外部数据进一步评估无应答偏差

这一部分将使用外部数据进一步评估无应答偏差的程度。我们向高等教育与培训部申请，将2010届毕业生数据库与高等教育管理信息系统2012年记录进行比对，得到了2012年处于求学状态的学生信息①。但部分数据去掉了身份因素，所以无法与我们的原始数据库进行比对。

表8.9比较了高等教育管理信息系统2012年数据库中开普半岛科技大学、开普敦大学、斯坦陵布什大学2010届毕业生的比例和2012年处于求学状态的西开普省毕业生去向调查对象的比例。

表8.9显示，据高等教育管理信息系统数据库，2010届毕业生中有21%—23%的人在2012年处于求学状态。第4列显示的是西开普省毕业生去向调查应答者在高等教育管理信息系统数据库中的人数。这组人数接近于调查问卷中表示自己在2012年处于求学状态的应答者人数，证明两个数据库的比对是有效的。最后一列显示的是西开普省毕业生去向调查中表示自己处于求学状态的应答者的比例。这组比例高于高等教育管理信息系统2012年数据库中全体毕业生样本中的比例，具体来说，比该库中开普半岛科技大学、开普敦大学的比例高出6%，比斯坦陵布什大学的比例高出11%。此外，在处于求学状态的学生中，应答的调查对象继续在母校求学的几率更高，无应答的调查对象中有较多人在南非大学求学。最后，与无应答的调查对象相比，应答的调查对象攻读硕士学位的几率更高，攻读高

① 由于系统中西开普大学毕业生的身份证号码是无效的，高等教育与培训部无法比对。因此，该分析仅涉及开普半岛科技大学、开普敦大学、斯坦陵布什大学。

等证书或文凭的几率更低。这些发现并不意外，只能说明继续求学的学生有最新的联系方式，因而应答率更高。

表 8.9　2012 年求学状态：基于高等教育管理信息系统 2012 年数据库比较西开普省毕业生去向调查比例

（%）

教育机构	2010 届全体毕业生			西开普省毕业生去向调查应答者		
	有身份证号码的人数	在 2012 年数据库的人数		在 2012 年数据库的人数	就读于大学的人数（基于 Q4_ 1）	
开普半岛科技大学	6894	1450	21%	426	430	27%
开普敦大学	5102	1143	22%	300	379	28%
斯坦陵布什大学	7380	1710	23%	492	533	34%
总计	19376	4303		1218	1342	

资料来源：作者基于西开普省毕业生去向调查计算。

注：Q4_ 1 是西开普省毕业生去向调查问卷中与继续求学有关的问题编号。

开普高等教育联盟报告（CHEC 2013）认为，高深造率是西开普省毕业生去向调查中的一项重大发现。约 21% 的毕业生在 2010 年毕业后立即深造，31% 的毕业生在 2012 年 9 月 1 日时处于求学状态（CHEC 2013）。西开普省上述四所大学的毕业生高等教育深造率高于国际水平。例如，在一项涉及 12 个国家的毕业生去向调查（Schomberg & Teichler 2006）中，高等教育深造率最高的是法国，为 20%，最低的是捷克，为 4%。表 8.9 显示，开普高等教育联盟报告中的数据极高，西开普省的深造率已经与法国不相上下。

基于对高等教育管理信息系统 2012 年数据库的分析，我们已经证明，在深造率和母校深造率方面，应答的调查对象的样本构成有别于无应答的调查对象的样本构成。在开普敦大学的子样本中，我们可以将其 2010 届毕业生与其内部数据库中 2012 年的数据进行比对。这样一来，不仅能够知道学生在 2012 年是否处于求学状态，还可以得到所有的基线信息。有学者（Branson & Lebbrandt 2017）专门针对开普敦大学做过研究，将西开普省毕业生去向调查与行政机构数据进行比对，并将地址代码信息与 2011 年人口普查进行比对。研究表明，应答的调查对象和无应答的调查对象之间除了构成差异，在求学状态的决定因素与求学几率的决定因素之间的关系方面也存在差异。这说明，在西开普省毕业生去向调查做出应答的人中，2012年处于求学状态的调查对象的特征不能代表处于求学状态的全体学生（Branson & Lebbrandt 2017）。此外，协变量在求学几率上只占10%的比重。这说明，还有一些未被观测到的特征会影响求学几率，而应答状态不同的调查对象在其他那些特征方面可能也存在差异。因此，基于高等教育管理信息系统2012年数据库的开普敦大学个案研究表明，使用外部数据验证毕业生去向调查的结果是可行的。未来，完善行政机构数据并对教育机构之间的数据进行比对，其结果可以成为毕业生数据的重要来源。

以上发现对于就业测算偏差而言意味着什么？就业率计算的是劳动力中找到工作的人的比例，而劳动力并不包括仍在求学中的人。虽然求学的人越多意味着劳动力规模越小，但这并不一定导致对劳动力的测算出现某种偏差。另外，将求学的人分为应答的调查对象和无应答的调查对象，如果两者之间的特征差异反映了他们在不深造这一选项上的差异（例如，其中一个群体之所以还在求学，是因为自己的就业前景不好），那么，上述分析可能预示着求职偏好方面的差异。在下一部分，我们通过Heckman选择分析对此进行验证。

无应答选择修正就业函数

验证与应答情况相关的不可测特征的一个方法是Heckman选择修正模型（Heckman 1979；Maddala 1986）。该方法需要一个排他性约束，即一个与应答情况相关、但与附录中方程（1）里未被观测到的因素无关的因素。这种变量很难获取。在此前的研究中，研究人员使用过采访质量变量。例如，有学者（Maluccio 2004）使用了第一轮调查完成率以及基线调查是否经过验证的因素。关于这个问题，我们认为，在上述很多特征的前提下，教育机构邮箱这一指标可以用作西开普省毕业生去向调查数据中的排他性约束。我们的研究焦点是2012年就业情况。我们认为，将样本限定在劳动力范围内①，教育机构邮箱便与就业几率无关，但可能通过结构性方程中

① 基于高等教育管理信息系统2012年数据的分析显示，教育机构邮箱与求学几率相关。但将样本限定在劳动力范围内，这一群体就被排除掉了。

的某些特征产生关联（例如，由于对技术感兴趣，科学、工程、技术专业的毕业生使用教育机构邮箱的几率可能较低，因此，我们在就业方程中加入了所学专业的参照项）。

表 8.10 显示了以教育机构邮箱为排他性约束的就业情况 Heckman 选择模型估测的选择项（Lambda 估计值）。样本范围限定于劳动力中的男性①。在开普敦大学、斯坦陵布什大学、西开普大学，Lambda 系数为负且不显著；在开普半岛科技大学，Lambda 系数为正且不显著（请注意，在开普半岛科技大学，教育机构邮箱与应答情况之间没有关系）。这说明，在这一就业模型假定的条件下，样本选择对该模型而言似乎不是一个明显的问题。因此，一旦以这种方式解释样本选择，系数估值方面的变化会是最小程度的（表中未显示）。忽略掉显著性的问题，Lambda 系数显示，在开普敦大学、斯坦陵布什大学、西开普大学，应答的调查对象找到工作的几率低于无应答的调查对象；在开普半岛科技大学，应答的调查对象找到工作的几率高于无应答的调查对象。如果该模型的假定成立，在就业特征与毕业特征之间的关系上，表 8.10 第 2 列的测算结果更好一些。但是，选择修正模型的准确性取决于排他性约束。这说明，收集基线层面的其他信息——例如将其作为离场调查（exit survey）的一部分——可以用来支撑无应答偏差评估，因此应该在未来的南非毕业生去向调查中进行收集。

表 8.10　**以教育机构邮箱为排他性约束的就业情况 Heckman 选择模型计算的 Lambda 和教育机构邮箱系数**

	全部	开普半岛科技大学	开普敦大学	斯坦陵布什大学	西开普大学
系数	0.023	0.396	-0.108	-0.054	-0.006
标准误	(0.031)	(0.650)	(0.140)	(0.065)	(0.224)
系数	-0.365***	-0.173	-0.321***	-0.385***	-0.271***
标准误	(0.039)	(0.165)	(0.087)	(0.056)	(0.089)

资料来源：作者基于西开普省毕业生去向调查计算。

注：就业回归限定于劳动力中的男性。其中的协变量包括年龄、种族、国家学生资助计划资助和其他资助、联系方式、资质类型、所学专业、平均学分绩点。

① 将两个性别的劳动力市场参与决定都纳入考虑，会使分析变得复杂，因此限定于男性。

毕业生去向调查能否为毕业生就业评估提供有用方法?

如前所述，去向研究在设计层面存在一种固有的偏差，而且常常被人忽视。在考察可测特征后，可以发现，应答的调查对象和无应答的调查对象在特征上存在非随机的差异。偏差可能源于应答的调查对象和无应答的调查对象之间的可测差异，使用西开普省毕业生去向调查数据很难摸清偏差的走向（如对就业结果的影响）。

应答的调查对象和无应答的调查对象很可能在不可测特征上也存在差异，使用统计加权无法校正。好在文献中提出了两种有用的方法，可以用来解决偏差。将这两种方法用于西开普省毕业生去向调查数据后，我们发现，该调查关于毕业生就业情况的指标总体上是可信的，但数据中用于识别样本选择问题的信息有限，可在未来研究中加以完善。要想强化去向研究的发现，可以考虑如何才能更好获取行政机构数据。

将西开普省毕业生去向调查与高等教育管理信息系统2012年数据进行比对，结果显示，应答的调查对象处于求学状态的几率远高于毕业生的整体情况。说明这些数据不能用于测算毕业生深造情况或劳动力市场参与情况。在就业方程中使用教育机构电子邮箱地址以校正样本选择，结果显示，在分析西开普省毕业生去向调查数据中的就业结果时，样本选择偏差并不是一个严重的问题。因此，我们对该调查所测算的就业率有了一定的信心。但以上发现仅适用于就业结果（特指限定于劳动力范围内的样本）。如果要测算其他结果（如工作满意度、就业匹配、学业），应该重新实施本章中的方法，并找到合适的测算工具。

关于全国性毕业生去向调查设计的方法论反思

学界正在计划一项全国性的毕业生去向调查。这种规模的研究成本很高，无应答率也会很高。本章提及的很多研究也面临样本选择偏差和数据损耗偏差。但另一方面，每个方法都有其优点，在全国性毕业生去向调查时可以加以吸取。这一部分将反思本书其他章节在数据收集、数据比对、二级数据分析方面的经验教训。我们的一项主要发现是，将现有的高等教育机构数据与其他数据源进行比对，有助于考察年轻人的过渡情况，应该将其用到极致，为全国性毕业生去向调查提供补充和借鉴。在全国性毕业生去向调查的实施层面，应当关注最初抽样框的准备工作，并确保能够有效跟踪毕业生。鉴于劳动力市场的就业情况是全国性毕业生去向调查的研究重点，应当注意，未被跟踪到的毕业生在劳动力市场上的结果是不同的。本章已分析了西开普省毕业生去向调查中的这一问题，并为如何进行有效研究提供了解决方案。此外，将西开普省毕业生去向调查作为全国性毕业生去向调查的蓝本，可以在未来将本章对前者问题的探讨继续进行下去。

使用现有教育机构数据能够提供有用信息、带来成本效益

本书第五章说明，将国家高级证书考试信息与高等教育管理信息系统的教育机构记录进行比对，可以得到丰富的信息。如果经过有效比对，这些有价值的信息中出现样本选择偏差的几率远远小于跟踪调查，数据比对成本也要小得多。高等教育管理信息系统可以与其他行政机构数据源进行比对，如失业保险基金、南非社会保障局、南非税务局的数据，从而能够考察大学生毕业后的过渡情况。此外，该方法也可以帮助研究人员考察未毕业学生的过渡情况。这个群体的辍学率较高，是高等教育领域的重要组成部分（见本书第五章）。投资建立相关系统以比对中学、中学后教育机构、劳动力市场的重要数据，并将这些数据置于一个安全的平台使研究人员、教育机构决策者、政府官员都能获取，这样一来可以促进该领域的研究和决策。这些数据还可以帮助我们判断，用教育机构数据可以回答哪些问题、无法回答哪些问题，进而能够指导全国性毕业生去向调查的设计工作。

更好构建稳定的抽样框

提前做好规划并分析收集到的基线信息，可以得到更加有用的数据，进而用于评估样本选择偏差。设计一项短期基线调查以收集毕业后的求学计划信息，并在学生毕业时基于各种教育机构数据库制作总清单，这对研究工作非常有用。在学生上学期间就告诉他们未来会参加一项重要调查，这样做也会提高应答率。收集家庭邮编或其他长期性社会经济指标（如父母受教育程度）也会给分析带来助益。

家庭户纵向调查（如国家收入动态研究）可以帮助我们提高应答率。在毕业生跟踪研究中，20%的应答率不算反常，但小组研究的应答率则要高得多。例如，在国家收入动态研究中，最初的第一组、第二组调查对象的应答率为79%，即便是在8年后的第四组，也采访到了最初的调查对象中78%的人（Chinhema et al. 2016）。在开普地区小组研究中，第五组的应答率也与之相似，为79%（Lam et al. 2012）。此类研究给我们的启示是，在学生上学期间收集其基线层面的多个联系方式，包括重要家庭成员的联系方式。此外，在潜在的调查对象离校时与其保持联系，这一点对提高应答率也很重要。很多教育机构都会通过校友办公室开展此类工作，但工作的连贯性、频率、意愿有待加强，比如需要更新联系方式。

在更大程度上，应答率与联系方式信息的完整度有关。在其记录的联系方式质量方面，不同教育机构之间差异显著。因此，应在各个教育机构开展信息标准化工作，并收集学生的多个联系方式。如前所述，国家学生资助计划的信息就证明了从多个渠道获取联系方式的价值。这一方法值得推广。

使用其他行政机构数据库的好处有三条。这一方法可以减少调查中问题的数量（例如，可以从现有的行政机构数据中获取调查对象就读的中学以及中学所在社区）、拓展基线信息、验证调查收集的信息。也可以在学生上学期间向他们收集一些普通数据，从而避免比对不同数据源所产生的伦理问题。国际经验表明，将毕业生去向研究与其他来源的数据进行比对可以得到最好的结果，使用多种方法的优势可以抵消只使用一种方法的劣势（Teichler 2012）。

改进非高等教育管理信息系统或非继续教育与培训管理信息系统的中学后教育机构的信息系统

本书第四章、第十一章的数据收集方法不同于其他研究，原因在于成人教育与工作本位培训领域缺乏教育机构数据信息系统。此外，第九章、第十章发现，技术职业教育与培训领域虽有数据，但数据的一致性、覆盖面还不完善，某些资质的相关数据情况更糟。尚处于设计阶段的全国性毕业生去向调查聚焦于高等教育机构，但建立健全其他领域的信息系统对未来的研究也很重要。建成全面覆盖中学后教育领域的信息系统，可以帮助研究人员使用比对后的教育机构数据（如第五章所示）考察那些关注度不高的领域、未得到均等教育资源的学生。

精心选择样本以调动资源提高应答率

在全国性项目中联系所有毕业生会是一项无比艰巨的任务。只要精心选择样本，无须联系全体毕业生也能成功收集所需信息，进而调动资源提高所选样本的应答率。东开普省毕业生去向调查就是一个很好的例子，研究人员在罗德斯大学、福特哈尔大学学生中得到应答率分别达到47%、37%（Rogan et al. 2015）。然而，选择样本的前提是得有一个完整的抽样框。这再次说明，完善中学后教育系统中部分领域的信息系统十分重要。

在个人层面记录调查过程信息

许多评估无应答偏差的方法有赖于调查过程本身的信息。在依可测变量选择（selection on observables）的方法中，我们假定无应答的所有重要指标都已纳入分析。如果有足够多的个人层面信息，就可以用因变量解释更多的无应答率差异，进而可以对数据重新加权以更好反应调查对象的情况。相关研究（Falaris & Peters 1998；Hill & Willis 2001）发现，在无应答率的回归中，体现调查过程特征的指标是重要的决定因素。与之类似，在本章使用的 Heckman 选择模型中，我们就需要一个能够决定应答情况、但与考察结果无关的因素。这里可以考虑与基线数据质量或（个人层面）采访过程有关的信息。在网络调查中，可以考虑毕业生是否打开邮件，这样一个简单的做法就可以将未收到调查问卷的毕业生和决定不应答的毕业生区分开来。所以我们建议，应当采集足够多的与采访过程相关的单位层面信息，并将其向研究人员开放。随着中学后教育与培训领域各个组成部分的发展壮大，随着人们对劳动力市场的就业结果及相关教育与培训的兴趣不断增加，上述经验教训的重要性将会日益突显。

参考文献

Branson N & Leibbrandt M（2017）*Assessing the usability of the Western Cape Graduate Destination Survey for the analysis of labour market outcomes*. A Southern Africa Labour and Development Research Unit Working Paper Number 198. Cape Town：SALDRU，University of Cape Town.

CHEC（Cape Higher Education Consortium）（2013）*Pathways from university to work：A graduate destination survey of the* 2010 *cohort of graduates from the Western Cape，a CHEC study*. Cape Town：CHEC.

Chinhema M，Brophy T，Brown M，Leibbrandt M，Mlatsheni C & Woolard I（2016）*National Income Dynamics Study panel user manual*. Cape Town：University of Cape Town.

DHET（Department of Higher Education and Training）（2010，2012）*Higher education management information system*（*HEMIS*）. Pretoria：DHET.

Du Toit J（2016）Can we augment web responses with telephonic responses to a graduate destination survey? *Assessment & Evaluation in Higher Education* 41（4）：560 –574.

Du Toit J，Kraak A，Favish J and Fletcher L（2014）From study to work：Methodological challenges of a graduate destination survey in the Western Cape，South Africa. *Assessment & Evaluation in Higher Education* 39（7）：853 –864.

Falaris EM (2003) The effect of survey attrition in longitudinal surveys: Evidence from Peru, Côte d' Ivoire and Vietnam. *Journal of Development Economics* 70 (1): 133 - 157.

Falaris EM & Peters HE (1998) Survey attrition and schooling choices. *Journal of Human Resources* 33: 531 - 554.

Heckman J (1979) Sample selection bias as a specification error. *Econometrica* 47: 153 - 61.

HESA (Higher Education South Africa) (2014) Proposal for a National Graduate Destination Survey (NGDS) Annexure 1 from consultative meeting for HESA's National Graduate Destination Survey (NGDS) Johannesburg (30 October 2014).

Hill DH & Willis RJ (2001) Reducing panel attrition: a search for effective policy instruments. *Journal of Human Resources* 36: 416 - 438.

Lam D, Ardington C, Branson N, Case A, Leibbrandt M, Maughan - Brown B, Menendez A, Seekings J & Sparks M (2012) *The Cape Area Panel Study: A very short introduction to the integrated waves* 1 - 2 - 3 - 4 - 5 *data*. Cape Town: University of Cape Town.

Maddala GS (1986) *Limited dependent and qualitative variables in econometrics*. New York: Cambridge University Press.

Maluccio J (2004) Using quality of interview information to assess nonrandom attrition bias in developingcountry panel data. *Review of Development Economics* 8 (1): 91 - 109.

Rogan M, Reynolds J, Du Plessis U, Bally R & Whitfield K (2015) *Pathways through university and into the labour market: Report on a graduate tracer study from the Eastern Cape*. LMIP Report No. 18. Johannesburg: Labour Market Intelligence Partnership (LMIP), Human Sciences Research Council.

Schomburg H and U Teichler (2006) *Higher Education and Graduate Employment in Europe: Results from Graduate Surveys from Twelve Countries*. Drodrecht, The Netherlands: Springer.

Teichler U (2002) Graduate employment and work in Europe: Diverse situations and common perceptions. *Tertiary Education and Management* 8 (3): 199 - 216.

Van Der Berg S & Van Broekhuizen H（2012）*Graduate unemployment in South Africa：A much exaggerated problem*. Stellenbosch University Economic Working Papers：22/12. Stellenbosch：Department of Economics，Stellenbosch University.

附录

$$y_i = x_i'\beta_1 + \varepsilon_i (y_i \text{ 仅当 } A_i^* < 0 \text{ 时测得}) \quad (1)$$

$$A_i^* = x_i'\beta_2 + z_i'\gamma + v_i \quad (2)$$

方程（1）代表兴趣模型（我们的兴趣在于结果变量，y_i 为就业状态）。y_i 仅面向应答的调查对象测得。方程(2) 是样本选择方程，取决于自变量x_i'(与方程(1) 一致) 以及其他变量(z_i')。A_i^* 为潜在指数，在现实中，一名学生要么应答($A_i = 0$)，要么不应答($A_i = 1$)。如果 ε_i 和 v_i 相关，计算方程(1) 而不考虑方程(2) 将导致 β_1 估值不一致。这种情况下，无应答未非随机，测算存在偏差。

如果选择方程和兴趣方程的误差项相关，应答为非随机（Heckman 1979）。这种情况下，除非将决定选择的所有变量纳入考虑，否则测算的系数将不一致。从该模型中可以看出，对非随机应答的评估只能基于特定模型（Maluccio 2004）。如果结果改变，解释变量 x_i' 和误差项 ε_i 也会改变。因此，ε_i 和 v_i 在某个模型中可能相关，在其他模型中可能无关，从而导致在某项测算中可能出现选择偏差，在其他测算中可能不会出现选择偏差。

相关学者（Maluccio 2004）指出："即便两个群体之间没有可测差异，选择偏差仍有可能构成问题。这取决于模型及选择方程（1）、选择方程（2）中误差项 ε_i 和 v_i 之间的关联。例如，如果在右侧可测因变量影响下应答是选择性的，且对模型有详细说明，那么可以忽略方程(2)，在那些变量的基础上对方程(1) 得到一致的测算。但这并非我们的选择。这种情况下，一个可能的方案是使用选择修正方法。"

第三部分

技术职业教育与培训学院、职场项目、技能

第九章

追踪国家认证技术教育文凭项目毕业生在技术职业教育与培训学院期间及之后的路径

乔伊·帕皮尔(Joy Papier)
莱斯利·鲍威尔(Lesley Powell)
蒂莫西·麦克布赖德(Timothy McBirde)
谢默斯·尼达姆(Seamus Needham)

在撒哈拉以南非洲地区，对技术职业教育与培训系统的投入并没有带来高就业率，使这一领域在过去几十年广受批评（如 Foster 1965；Psacharopoulos & Patrinos 1994；Middleton et al. 1993）。联合国教科文组织与南部非洲发展共同体（South African Development Community）联合发布了一份该地区技术职业教育与培训状况的报告（UNESCO 2013）。报告指出，由于缺乏实证数据，因此无法评估技术职业教育与培训的效果及其对就业的贡献。作为“劳动力市场信息伙伴”项目的一部分，本研究考察了南非公立技术职业教育与培训学院毕业生的求学和求职路径，提出了深刻见解，做出了决定性的贡献。

本章介绍了 2016 年进行的一项调查。该调查涉及南非 50 所公立技术职业教育与培训学院中参加国家认证技术教育文凭项目商务、工程学科 3 级、6 级项目的 4050 名毕业生。在南非，国家认证技术教育文凭项目一直以来由公立的技术/继续教育与培训学院（2014 年更名为技术职业教育与培训学院）开设，旨在为已经就业的学习者提供理论培训，并为工匠培训提供支持。工程 3 级项目大概对应中学 12 年级教育水平，6 级是工程、商务学科项目的顶点，比 12 年级教育程度高出一年，对应国家资格框架中的 5 级。随着技术的快速发展，例如汽车产业计算机诊断系统的发展，国家认证技术教育文凭项目急需升级换代，实现现代化。然而，学校的课程仍旧一成不变，并未随着技术的进步而更新。

本章中的研究尝试回答以下问题：

1. 哪些人在2013年参加了国家认证技术教育文凭项目？

2. 在2013年以来的重要离校节点上，国家认证技术教育文凭项目的毕业生去向有哪些？

3. 2013年完成学业以来，国家认证技术教育文凭项目的毕业生在劳动力市场上的就业结果如何？

当然，本研究进行期间的方法论经验也十分重要：在研发全国性毕业生就业追踪系统方面，本研究迈出了重要的第一步，构建了一个国家认证技术教育文凭项目毕业生数据集，可作为技术职业教育与培训领域系统性研究与检测框架的基础。不过本章的焦点在于，针对商务、工程学科3级、6级项目毕业生就业状态进行调查数据分析。

本章首先梳理公立技术职业教育与培训学院及其政策环境方面的文献，比较技术职业教育与培训学院毕业生去向方面的文献。研究方法详见本章附录。随后介绍主要研究发现，涉及学生进入公立技术职业教育与培训学院的路径、在校期间的求学路径、离校之后的去向，最后讨论研究发现和研究方法，以期为今后技术职业教育与培训领域的研究提供借鉴。

南非技术职业教育与培训学院的背景

国家认证技术教育文凭项目又称191报告项目、N项目，源于1981年的《人力培训法案》（Manpower Training Act），曾与传统学徒制（apprenticeship）挂钩。项目分为12年级前（1—3级）和12年级后（4—6级）两大阶段，为工程学科项目和商务学科项目提供传统学徒制所需的理论知识，其中，工程学科项目一个等级的学习为期三学期，商务学科项目一个等级的学习为期一学期。

20世纪80年代至90年代早期，项目运行的特征是以“三明治模式”提供脱产（block release）培训，即学生在学校与工作岗位之间来回切换，先经过三个学期完成一个等级的学习，然后花同样的时间回去参加工作，再回到学校接受下一个等级的培训。但在种族隔离时代后期，传统学徒制逐渐衰落。非洲黑人学生入读教育与培训学院的人数不断增加，同时，学院系统从上述模式中脱钩，不再与公司产生直接关联。此前的课程仅面向签订聘用合同的传统学徒制学生，此后，这些为期三学期或一学期的理论课程也向未入职的学生开放（Kraak 2004）。衰落的进程非常之快，学徒培训事业于1985年达到顶峰，有13500名工匠，而到2004年已经下跌至2500人（Kraak 2009）。

在后种族隔离时代，国家认证技术教育文凭项目招收已入职和未入职学生，这种形式一直是技术职业教育与培训的主流。截至2002年，公立技术职业教育与培训学院86%的学生参加了国家认证技术教育文凭项目（Powell et al. 2004）。自2007年以来，这些公立学院开设了一系列项目，包括与学徒和工匠培训相关的传统1—6级项目、基于结果的现代学徒制（learnership）资质项目、国家高级证书项目、一系列技能项目、基于能力的模块化培训（competency - based modular training）、特定产业培训、技能考试备考与考试项目、高等教育证书项目、衔接课程。过去，技术职业教育与培训学院被赋予工匠培训的重任。今天，它们仍在为工程领域储备工匠，涉及建筑、电力、金属加工、现代力学等，但同时也为一系列职业提供中级技能培训，如信息科技、商务研究、酒店、旅游、教育照顾（edu-care）及其他看护性行业（如发展研究、法律与治安），以及旨在帮助年轻人完成12年级学业的各种“第二次机会”项目。

此外，这些学院于2007年引入了一个现代化、旗舰性的新项目：国家职业证书，并被要求逐渐淘汰国家认证技术教育文凭项目（见本书马绍瓜内的文章）。相关研究（Cosser et al. 2011）显示，这一决定影响了国家认证技术教育文凭项目的招生情况，招生人数从2007年的139251人下降至2009年的89473人。在产业界的大声疾呼下，该项目又恢复，并随之实施了一项国家学生资助计划，2010年以后的招生人数激增。

国家认证技术教育文凭项目乃至中学后教育与培训、技术职业教育与培训的目标都是将学生与劳动力市场对接起来，这与《中学后教育与培训白皮书》（以下简称《白皮书》）（DHET 2013）中的提法是一致的：“中学后教育系统的一个主要目标是帮助员工为进入劳动力市场做好准备，或帮助个人通过自我雇佣、建立公司或合作社拥有可持续生计。每个人都应具备谋生能力，并为经济发展贡献技能。”

与之类似，《国家技能协定》（National Skills Accord）要求企业为技术职业教育与培训学院毕业生提供 12000 个实习、学徒岗位。同时，政府部门要求学院追踪学生进展并制定毕业生就业安排目标。然而，劳动力市场到底吸收了多少国家认证技术教育文凭项目毕业生，目前的数据还很有限，仅有两项研究（Cosser 2003；Gewer 2009）。关于该项目资质在业界的含金量，各种观点之间差异很大。有人说，用人单位更看重国家认证技术教育文凭项目的资质，而非国家职业证书；有人则说，拥有国家职业证书在求职时更占优势（另见本书第十章）。

在需求侧，南非的技能发展战略一再强调，经济发展急需中级技能，而技术职业教育与培训学院规模较小限制了经济增长。在供给侧，《白皮书》（DHET 2013）计划，技术职业教育与培训学院招生人数在 2013 年约 65 万人的基础上，到 2015 年达到 100 万人，到 2030 年达到 250 万人。《白皮书》的一个主要目标是"形成单一化、差异化、高度一体化的"中学后教育与培训系统，通过提供教育机会、提升技能，使年轻人、成年人实现就业、接受高等教育，为包容性增长做出贡献。这一政策目标旨在使教育更加贴近经济发展需求，具体途径包括：促进中学后教育系统内部不同领域之间的对接与合作（另见本书第四章），满足南非劳动力市场的需求，更加贴近南非社会经济转型的需要。

技术职业教育与培训学院毕业生去向的比较研究

在很多发展中国家，人们认为，技术职业教育与培训的重要性在于它能带来技术进步，降低高失业率，从而提振经济（Essel et al. 2014；Günbayi 2015；Harris 2014；Ibrahim et al. 2012；Khalid 2015；Mwaura & Mwangi 2015；Ngure 2013；Pierre 2012；Raimi & Akhuemonkhan 2014）。但在很多时候，技术职业教育与培训资质的地位仍低于学术资质（如南非高等教育资质框架中位于国家资格框架 5 级、6 级的证书、高等证书、文凭），职业证书往往代表的是工作收入低、学业表现差、参加过"第二次机会"教育（Oketch 2017；UNESCO 2013）。

在国际学术界，有些文献发现，技术职业教育与培训对就业能力或宏观发展目标的影响有限（Raimi & Akhuemonkhan 2014），且国内企业、跨国公司对技术职业教育与培训的满意度都较低（Bappah & Medugu 2013）。

原因在于技术职业教育与培训本身，这一领域主要在两个方面做得还不够好。第一，用人单位往往认为，技术职业教育与培训的课程陈旧，没有帮助学生做好入职准备，教育模式僵化，与产业格格不入，学校培训的技能和产业所需的技能无法对接（Ngure 2013）。第二，技术职业教育与培训未能培养出技能娴熟的员工，因而无法解决合格员工（如工程师、技师）短缺的问题，也就不可能对经济产生积极影响。在发展中国家，技术职业教育与培训无法为制造业的发展或复兴提供训练有素的员工，使其广受批评（Triki 2013）。

在考察技术职业教育与培训以及劳动力市场时，本研究的一个核心概念是“过渡”（transition）。大家对于这一比喻概念看法不一，有人（Pollock 2002；Swartz et al. 2012）认为它不能充分反映当前学生的进展近况。但“轨道”（trajectory）、“路径”（pathway）等词的比喻程度又不够。生命历程研究（life course research）显示，学生在中学后教育系统中的路径往往呈之字形而非直线形（Swartz et al. 2012；Van Rensburg et al. 2011）。这种非线性的路径意味着，学生要在全日制或非全日制教育、全职或兼职工作或半工半读、闲暇、家庭义务等状态之间来回切换（Pollock 2002）。此外，“路径”假定的是存在这种路径，或教育机构有足够的安排；而“过渡”假定的是，年轻人能够甚至是希望实现最终的正规就业（formal employment）。有研究（Pollock 2002）指出，“过渡”常常伴随“断裂的”“破碎的”“拖延的”“封锁的”“不完整的”“延期的”“循环的”等词，这些代表着“例外”现象的表达方式出现频率太高，例外可能已经变成平常（另见 Brzinsky - Fay 2014；Furlong 2009）。

很多非洲国家都缺乏追踪技术职业教育与培训学院毕业生去向的研究。尽管如此，现有的实证研究还是可以反映出，技术职业教育与培训领域从学校到职场的过渡中存在很多问题。例如，对某些行业来说，技术职业教育与培训学院的最低离校资质似乎过低，因此，学生在哪个资质等级上终止了学业，这一因素可能会影响用人单位对毕业生的看法（Barnes & Meadows 2008；Lomey & McNamara 2008）。此外，工作经验能够显著提升学生的就业率，说明工作本位教育项目仍然有用（OECD 2016）。

南非技术职业教育与培训学院毕业生的就业结果

面向南非技术职业教育与培训学院毕业生的最早、最全的一项调查（Cosser 2003）显示，学生和用人单位对技术职业教育与培训领域的课程和师资都给予很高评价，但技术职业教育与培训学院毕业生在劳动力市场上的就业结果较差，调查结果和实际情况并不匹配。因此，虽然大家对毕业生和学院持正面评价，但毕业生还是找不到工作。该研究现在已经过时，没有人再对其研究结果进行挖掘，但其研究发现完全不同于大家对南非工匠技能缺乏现象的理解。

用人单位和学生的评价也许是对的，但是，技术职业教育与培训领域的课程和师资好，可能还不足以保证劳动力市场上的就业结果。技术职业教育与培训学院毕业生的就业率较低，也许与其他因素有关。例如，有研究（Allais & Nathan 2012；Vally & Motala 2014）表明，毕业生就业率不高，其原因并非技术职业教育与培训领域的失败，而是劳动力市场的需求减少导致工作岗位不足。其他研究也证实了这一观点。对某些可能存在技能短缺的领域来说，即便毕业生接受过相关的工匠培训，他们毕业后还是找不到工作（FETI 2013a；Mukora 2009）。当然，有人指出，这是因为毕业生缺乏足够或合适的工作经验（Breier 2009），但这有待深入研究。在这些问题上，各个说法之间最多算是相互矛盾，没有哪一条更有说服力。一方面，在一些据说是面临技能短缺的领域，毕业生就业率不高（Akoojee 2010；FETI 2013b；Mukora 2009）。此外，对用人单位的调查显示，他们对雇佣的国家认证技术教育文凭项目毕业生满意度很高（Cosser et al. 2003；FETI 2014）。另一方面，用人单位和官员在公开场合多次抨击技术职业教育与培训学院的教学质量。

对用人单位的研究显示，课程实施方面的问题和软技能培训的缺乏可能是技术职业教育与培训学院毕业生就业率低的原因。一项研究（FETI 2012）发现，用人单位提出，课程应使学生更多地接触工作，接受最新的知识或与特定职业相关的知识，接受职业指导，而学校似乎只是将这些建议视为课程改进的内容，没有意识到课程设置在这些方面存在根本问题。在多个研究中，用人单位都强调了非认知、非技术层面技能的重要性，如动力、可靠、勤奋以及对整个行业架构的了解（FETI 2012；Handel 2003）。

一项面向 17 所学院备考国家职业证书的学生的大规模跟踪研究（Gewer 2010a）显示，在就业率低这个问题上，不同群体低的程度不一样，受到很多因素的影响。性别、所在省份、所读高中都会影响就业率。在与就业存在正相关的因素方面，在校期间的工作体验和家庭关系（社会资本）是重要指标。与之类似，另一项研究（Altman 2007）发现，由于缺乏人际网络和求职前的工作体验，非洲黑人仍是弱势群体。

在更大层面上，技术职业教育与培训领域自身的系统性僵化和制约可能也在一定程度上影响了毕业生的就业前景。在课程、考试、达标要求、入学要求方面，技术职业教育与培训学院都有着全国统一的标准。因此，其所开设的项目从全国认可的项目得到的资助有限。此外，此类学院要与业界对接、要帮助学生获得工作本位体验、要开展毕业生跟踪调查，等等，但这些工作并没有专项资金的支持。它们能力有限，无法为促进从学校到职场的过渡创造条件。尤其是在工程领域，很多学生在完成等级较低的学业后便选择离校，很多学生没有完成学业就辍学了，或者因为各种原因无法毕业（Papier 2009），这些学院面临的问题更大。就业准备项目和实践因素对于职场而言都很重要，而这正是国家认证技术教育文凭项目所缺乏的。此外，在各个学院之间，工作体验、毕业生就业安排、项目干系人管理、课程响应度等因素的情况也不一样（FETI 2014）。

从积极的角度看，南非现有研究虽少，但提出的建议应该有助于促进技术职业教育与培训从学校到职场的过渡。第一，开设工作体验项目或使学生接触工作，这与就业之间存在正相关关系（FETI 2012；Gewer 2010b）。第二，用人单位似乎倾向于招聘学业成绩好、教育程度高的学生，而非达到最低离校资质的学生。第三，用人单位似乎更青睐特定的技术职业教育与培训项目（如国家认证技术教育文凭项目）。第四，个人技能（如求职韧性）以及学生对工作的态度（如进取精神和遵守职业道德）似乎会对求职和职位保留产生影响。第五，相比于通过学校关系找到的工作，学生通过家人和朋友找到的工作不见得与所受培训相关，也不见得是一份长期工作，但他们通过家人和朋友找到工作的几率更高。

因此，文献表明，南非学生从学校到职场的过渡是有限度的。一方面我们看到，学校承诺要与职场对接得更加紧密。另一方面，在当前的环境中，学校所面临的可能是一个不确定的、动荡的甚至是怀有敌意的劳动力市场（Vally & Motala 2014），就业率低，失业率高（Stats SA 2016），就业结果糟糕（Cosser et al. 2003；Gewer 2010b）。有研究（Allais 2011；Wedekind 2014）进一步指出，用人单位更加关注直接的短期技能，而现有文献并未对经济发展的结构性限制因素给予足够关注。有研究呼吁，要深入了解情况，开展更多理论研究，以便理解教育与经济之间的有效关联（Vally & Motala 2014），其中包括教育对社会的贡献。本文作者同意这一观点，也注意到其他研究人员（Allais 2011；Allais & Nathan 2012）提出的供给侧调查不考虑需求驱动因素的方法论问题，但我们仍然急缺学生当前在南非技术职业教育与培训系统中去向和路径的信息。

研究方法

本章介绍的是一项毕业生跟踪研究，调查对象为南非全部50所公立技术职业教育与培训学院中参加国家认证技术教育文凭项目商务学科6级、工程学科3级和6级项目的毕业生。抽样框为高等教育与培训部提供的国家技能协定就业安排名单，辅以从26所技术职业教育与培训学院（占应答学院总数的一半）取得的学生联系方式数据以及从东开普省4所学院取得的联系方式数据。对数据进行清洗后，19377人有手机号码。

目标样本占2013年毕业生总数（33651人）的20%，按所在省份、所学学科、项目等级（3级和6级）分组。在本研究中，“毕业生”一词指完成工程、商务学科3级或6级项目全部4门课程的学生（基于高等教育与培训部提供的名单）。另外对样本按学院分组，并尝试联系每所学院数据集中20%的毕业生。电话调查开展于2016年，得到4050份应答，约占研究总人数的12%。研究方法和调查应答率详见本章附录。

2016年国家认证技术教育文凭项目毕业生去向调查的主要发现

高等教育与培训部（及其前身教育部）希望将技术职业教育与培训学

院打造成学生的“首选机构”，并为过去被挡在继续教育门外的群体提供接受教育的机会。但迄今为止，面向技术职业教育与培训学院毕业生的跟踪调查极少，无法考察不同群体之间在社会参与及结果方面的差异。文献指出，技术职业教育与培训招生方面的人口统计情况发生了变化。在此基础上，表 9.1 显示，非洲黑人在技术职业教育与培训学院毕业生中占绝大多数。

表 9.1　**加权后的调查对象在毕业生中的占比（按种族和省份划分）**　（%）

省份	印度裔/亚裔	非洲黑人	有色人种	白人
东开普省	0	92	8	0
自由州省	0	99	1	0
豪登省	0	99	0	1
夸祖鲁—纳塔尔省	1	99	0	0
林波波省	0	0	0	
姆普马兰加省	0	97	2	1
西北省	0	97	1	3
北开普省	0	71	28	1
西开普省	0	75	20	4
总计	0	92	7	2

资料来源：作者基于 2016 年国家认证技术教育文凭项目毕业生去向调查计算。

注：数据经加权处理。

即便是在有色人种占绝对优势的北开普省、西开普省，非洲黑人毕业生仍占最大比例。有色人种毕业生占总数的 2.1%，白人占 1.5%（原文如此，但与表 9.1 中数据不符——编者注）。这一结果证实了文献中记录的种族构成（Sheppard & Sheppard 2012），说明这一构成在国家认证技术教育文凭项目中十分显著。

样本中还存在性别差异，女性、男性的比例分别为 52%、48%，女性比例略高。各个省份的性别分布情况与之类似，东开普省、北开普省等省份的女性毕业生比率更高一些，豪登省、姆普马兰加省、西北省等省份的比例大致均衡。在国家认证技术教育文凭项目商务学科、工程学科，毕业生构成中的性别差异十分显著。在商务学科，女性毕业生占全体毕业生的 72%；而在工程学科，女性毕业生仅占全体毕业生的 35%。技术职业教育与培训学院毕业生中的性别分布模式的原因有待进一步探讨（另见本书马绍瓜内的文章）。

研究样本的年龄分布相对均衡，15—34 岁的调查对象占 77%，25—34 岁的调查对象占 49%，35—44 岁的调查对象占比不到 5%。不同种族的年龄分布基本一致。需要注意的是，年龄指调查对象接受采访时的年龄，而非入学或毕业时（采访前三四年）的年龄。结果说明，国家认证技术教育文凭项目对年龄相对较小的学生比较有吸引力。但该项目并非仅对年轻人开放，有证据表明，一小部分年龄更大的群体也参加了项目。

在入读国家认证技术教育文凭项目前，绝大多数调查对象（95%）已经取得了 12 年级资质。多数调查对象（72%）取得了国家高级证书，17% 的人证书等级为文凭项目申请资质，5% 的人证书等级为学位项目申请资质。只有 3.9% 的调查对象在完成中学 12 年级学业之前入读国家认证技术教育文凭项目，比例极低。其原因可能在于，在国家认证技术教育文凭项目中，商务学科学生占比较大，而该学科起点为 4 级，入学要求为取得国家高级证书。在国家认证技术教育文凭项目中，工程学科起点为 1 级，学生取得中学 9 年级资质即可入读。不过，已经取得 12 年级资质的学生也可以入读工程 1 级项目，以便能够从头学起。样本中不乏取得学位项目申请资质或文凭项目申请资质的学生，但他们仅占少数。

因此，在 2013 年，国家认证技术教育文凭项目中的学生主要是非洲黑人，年龄低于 35 岁，大多数人取得了 12 年级中学毕业资质（国家高级证书）。女性在商务学科的比例较高，在工程学科的比例较低。

技术职业教育与培训学生的毕业与深造

2016 年参加调查时，样本中仅有 17% 的人表示处于求学状态。在求学的调查对象中，45% 的人在参加大学资质项目，24% 的人在参加现代学徒制项目，16% 的人在参加工匠资质项目（国家认证技术教育文凭项目课程），7% 的人在参加国家职业证书资质项目。在参加非大学资质项目的调查对象中，三分之一的人（33.9%）重新入读技术职业教育与培训学院。他们此前已经取得了 6 级资质，回去是为了入读国家认证技术教育文凭项目中的其他项目或国家职业证书项目。我们在分析学生此前的资质和当时的资质后发现，学生进入国家认证技术教育文凭项目的路径以及从国家认证技术教育文凭项目进入深造项目的路径十分复杂。例如，学生在调查中表示，选择深造的主要原因包括为了取得更高级别的资质（55%）、为了在职业生涯中更进一步（35%）、出于个人兴趣（9%）。在关于未来打算的问题上，大多数调查对象的第一选择是深造（47%），排在第二位的是在职业生涯中更进一步（29%）。另有一小部分人希望创业（13%）。

本研究还分析了学生的移居情况。在国家认证技术教育文凭项目的毕业生中，超过半数的人（57%）在家乡求学，并在毕业后留在家乡。不到四分之一的人（23%）迁至另一省份求学，并在毕业后留在该省。约有9%的人在家乡求学，但在毕业后迁至另一省份。约有8%的人迁至另一省份求学，但在毕业后回到家乡。仅有3%的人迁至另一省份求学，然后前往第三个省份工作。学生在调查中表示，移居的主要原因是为了取得更好的就业机会（73%），排在第二、第三位的分别是求学机会（13%）、希望返回家乡（9%）。

就业安排支持

在历史上，国家认证技术教育文凭项目的作用是为职场提供理论课程，两者之间的纽带是已经签订聘用合同的学生，现在这些项目的学生多数尚未就业。在此背景下，我们的调查中有一个问题是，学校为他们的求职提供了何种支持。不同学校的毕业生体会不一，同一所学校的毕业生之间也存在差异，但需要注意的是，每一所学校都有毕业生表示得到了某种形式的支持。这说明，这些学校都会为学生提供支持，但在支持形式方面，不到一半的毕业生（45%）参加了实践培训，42%的人接受了职业指导，仅有37%的人表示接触了工作。某些学校的确提供了支持项目，但相互之间并不统一。更重要的是，我们缺乏数据，无法评估这些支持措施是否早已有之。未来还需开展其他研究，考察这些支持措施的影响因素，探讨学校内部和学校之间毕业生体会不一的原因。

就业过渡

本研究的核心焦点是毕业生的去向及其在离校之后的路径。这一部分将讨论技术职业教育与培训学院毕业生的就业情况。具体来说，我们要考察毕业生在离校之后是否找到工作以及2016年参加调查时是否仍在就业状态。我们统计毕业生在2013年12月至2016年6月从事过几份工作，然后分析其工作类型、稳定程度、薪酬。

本研究的主要发现是，在2013年毕业于国家认证技术教育文凭项目商务学科、工程学科的学生中，52%的人在参加调查时处于就业状态，48%的人未就业。这里，“就业”这一概念包括兼职、实习、参与学徒制等形式。

按项目等级划分后，工程学科毕业生、商务学科毕业生在就业率方面没有明显差异。商务学科6级项目毕业生的就业率为56%，工程学科6级项目毕业生的就业率为58%。但工程学科3级项目和6级项目毕业生的就业率则有显著差异，3级项目毕业生的就业率为48%，6级项目毕业生的就业率为58%。

按性别细分的就业率显示，在国家认证技术教育文凭项目的毕业生中，男性的就业率略高于女性，男性为54.2%，女性为49.8%。不同种族的就业率差异显著，非洲黑人毕业生仅为51%，白人毕业生、有色人种毕业生则分别高达88%、71%。但样本中白人毕业生、有色人种毕业生的人数非常少（分别占毕业生总人数的1.5%、2.1%）。

按所在省份细分的就业率显示（见图9.1），在国家认证技术教育文凭项目的毕业生中，北开普省的毕业生人数较少，但就业率最高，为74.7%。西北省、西开普省、豪登省排在第二、三、四位，就业率分别为59.7%、59.1%、56.9%。夸祖鲁—纳塔尔省、姆普马兰加省、东开普省就业率较低，分别为48.8%、46.1%、45.5%。就业率最低的是自由州省，为42.7%。整体而言，在国家认证技术教育文凭项目的毕业生中，近三分之二的人应聘至私营企业，三分之一的人应聘至政府机构。这说明，工商界对国家认证技术教育文凭项目资质的认可度非常高。

我们还按毕业生此前的高中资质分析了不同群体的就业率。在国家认证技术教育文凭项目的毕业生中，具有高中资质的毕业生平均就业率为49%，取得国家高级证书的毕业生就业率达到53%，取得大学入学等级的国家高级证书的毕业生就业率达到55%。在国家认证技术教育文凭项目中学习不同课程的毕业生的就业率也不一样。在工程学科，取得6级资质的毕业生的就业率为58%，3级项目毕业生的就业率为48%。在工程学科，学习制造专业的毕业生人数较少，就业率达100%。就业率较高的其他专业有机电工程、化学工程、装配和车削、机械工程，分别为59%、57%、

53%、51%。就业率最低的是土木工程专业，为46%。在商务学科，就业率最高的是公共管理专业，为62%。就业率较高的其他专业有金融管理、管理助理、人力资源管理，分别为61%、58%、57%。就业率较低的专业有企业管理、会计，分别为51%、50%。就业率最低的是公共关系专业，为40%。但是，在毕业率最高和最低的专业，毕业生人数都比较少，所以应该慎重对待以上数据。

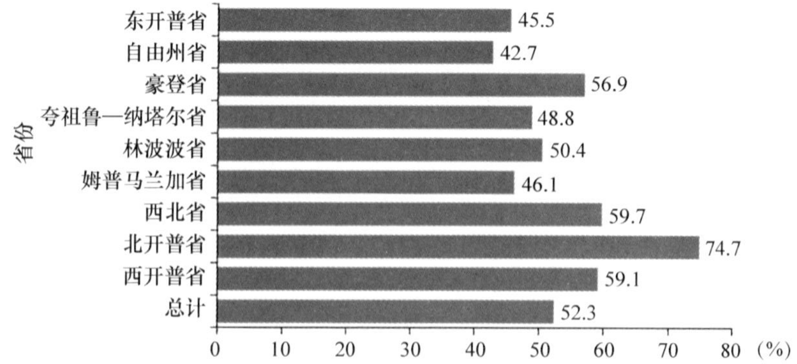

图9.1　国家认证技术教育文凭项目毕业生就业率（按省份划分）

资料来源：作者基于2016年国家认证技术教育文凭项目毕业生去向调查计算。

注：数据经加权处理。

我们在调查中还考察了聘用合同的时限。在调查时处于就业状态的1576名毕业生中，530人为实习生或学徒身份，占34.4%。超过四分之一的人（26.5%）从事无固定期限工作，23.7%的人签订长期合同。其余15.4%的毕业生签订不超过六个月的短期合同。按年龄划分后，数据显示，年龄较小的毕业生从事无固定期限工作的比例很低，为21%。大多数15—24岁的年轻人为实习生（35%）或签订6个月以上的长期合同（25%）。研究还发现，实习生或学徒身份的女性多于男性，从事无固定期限工作的女性少于男性。在种族方面，已就业的白人中有84%的毕业生（仅32人）从事无固定期限工作，这一比例在非洲黑人中仅为24%，在有色人种中为43%。按省份划分，西北省、西开普省从事无固定期限工作的毕业生比例最高，分别为45%、34%。林波波省、东开普省从事无固定期限工作的毕业生比例最低，为18%。自由州省、东开普省以实习生或学徒身份就业的毕业生比例最高，为52%。

在调查中，国家认证技术教育文凭项目的毕业生还需要回答，自己从技术职业教育与培训学院毕业后从事过几份工作。近65%的毕业生表示，自2013年毕业以后只从事过一份工作，27%的毕业生表示从事过两份工作。未来还需要开展小组研究和纵向研究来考察短期工作的具体情况。

从技术职业教育与培训学院毕业、完成18个月的实践就业安排后一年内，近三分之二的毕业生（64%）找到了工作，具体来看，38%的人在前六个月内找到工作，26%的人耗时六至十二个月找到工作；22%的人为实习生或学徒身份，9%的人签订不超过六个月的短期合同，33%的人签订长期合同或从事无固定期限工作。在找到工作的毕业生中，63%的人应聘至私营企业，31%的人应聘至政府机构，其余6%的人应聘至非营利、非正式岗位或数据缺失。其中一个问题在于，在找到工作的毕业生中，58%的人耗时至少六个月才找到第一份工作，32%的人耗时一年多才找到第一份工作。在找到工作的毕业生中，大多数人（67%）表示，自己在工作中会用到在国家认证技术教育文凭项目中所学的多数技能，27%的人表示会用到所学的部分技能，6%的人表示并未用到所学的任何技能（另见本书格拉普萨等人的文章、罗根的文章）。

总体来看，48%的调查对象表示，他们既未找到工作，也未自我雇佣。仅有6%的调查对象表示他们自我雇佣，其中31%的人还雇佣了员工。调查对象需要回答自我雇佣的原因。在236名自我雇佣的调查对象中，46%的人表示找不到工作，19%的人表示所取得的资质可以帮助他们实现自我雇佣，13%的人表示找不到与自己的资质匹配的工作。还有27%的人是出于其他种种原因，在问卷中选择了“其他”一项。这表明，无法实现正规就业是自我雇佣的主要原因。但我们在深入分析后发现，自我雇佣并不仅仅是一种生存主义的选择，并非只有收入较高（月收入超过10000兰特，约合3831元人民币）的个别人才会自我雇佣。在自我雇佣的调查对象中，大多数人（189人中有118人）没有提供收入数据。在提供收入数据的调查对象中，12%的人月收入超过10000兰特，37%的人月收入在5001—10000兰特，21%的人月收入在3001—5000兰特，20%的人月收入在1000—3000兰特，10%的人月收入低于1000兰特。

在收入方面，大多数找到工作的毕业生（63%）月收入超过3000兰特。3.7%的人月收入低于1000兰特，33%的人月收入在1000—3000兰特，28.6%的人月收入在3001—5000兰特，20%的人月收入在5001—10000兰特，14.6%的人月收入超过10000兰特。不同性别的毕业生之间收入差异显著。在女性毕业生中，近一半人（49%）月收入低于3000兰特，这一比例在男性中为28%。在女性毕业生中，仅有27%的人月收入高于5000兰特，这一比例在男性中为40%。商务学科毕业生、工程学科毕业生之间也存在收入差异。在商务学科毕业生中，近一半人（49%）月收入低于3000兰特，这一比例在工程学科毕业生中为三分之一。在商务学科毕业生中，约四分之一的人（26%）月收入超过5000兰特，10%的人月收入超过10000兰特，这个比例在工程学科毕业生中分别为37%、16%。

失业情况

接下来我们要关注在参加调查时处于失业状态的国家认证技术教育文凭项目毕业生、失业状态持续的时长、失业的原因。如前所述，48%的毕业生（1437人）在2016年参加调查时表示自己处于失业状态。在这一群体中，93%的人表示正在努力求职，7%的表示并未找工作（即非经济活动人口）。在这1437名未就业的毕业生中，29%的人失业已超过一年，46%的人处于失业状态已超过两年，其余24%的人处于失业状态在六个月至一年不等。我们起初将所有未处于有偿就业状态的人划入“失业”，在随后的分析中对此进行了修正。对比仍在求学状态的调查对象、非经济活动人口的调查对象清单后，我们将36%的调查对象划入既未就业也未接受教育或培训的非经济活动人口。

在未就业的毕业生中，大多数人（78%）表示自己未就业的原因是缺乏就业机会，20%的人表示自己不具备合适的技能，1%的人表示考虑到所学学科后没有求职兴趣。不到1%的人表示，找不到工作的原因是没有取得国家高级证书。在未就业的毕业生中，大多数人（78%）没有说明使用何种策略求职。22%的人给出了答案，其中，96%的人表示通过中介和广告自己找工作，其余4%通过关系或母校找工作。

基于以上发现理解国家认证技术教育文凭项目毕业生的求职去向和路径

本研究是分析国家认证技术教育文凭项目毕业生的求职路径和去向的第一项研究，得出了重要的实证结果，也为今后的此类研究总结了方法论经验。有些情况很容易确认，例如，商务学科和工程学科之间存在性别差异，具体来说，商务学科的女性学生人数超过男性学生人数，工程学科男性超过女性。有些发现则出乎意料，例如，绝大多数调查对象是先完成了12 年级学业，然后再入读等级低于国家资格框架 3 级的国家认证技术教育文凭项目。这一现象可能说明，这些学生成绩较低或达不到大学入学要求，所以无法进入大学深造，只能进入技术职业教育与培训学院参加一个等级低于 12 年级的项目；但也可能说明，技术职业教育与培训学院考虑到自身毕业率较低，尤其是将数学作为必修科目的工程学科毕业率很低，所以刻意吸引 12 年级中学毕业生入读以提高毕业率。无论是哪种情况，未来都需要继续研究其背后的原因。

此外，有些学生已经取得 6 级资质，又重新入读技术职业教育与培训学院，参加 6 级以下的国家认证技术教育文凭项目或国家职业证书项目，这一现象也值得关注。尽管此类学生比例较小，在加权后的返校群体中占比不到 5%，但上述发现说明技术职业教育与培训是低效的，说明学生从学校到职场的路径是螺旋式的。对年轻人而言，他们从 9 年级到技术职业教育与培训学院的国家认证技术教育文凭项目的路径不是线性的，他们的继续教育与培训路径往往是循环的、之字形的（Kruss et al. 2011；Pollock 2002）。

在跨省移居的问题上，有些学生之所以移居，是为了获得教育与培训机会，但多数学生选择留在家乡求学。豪登省是一个例外，2013 年，其技术职业教育与培训学院的半数学生来自林波波省，还有很多学生来自西北省、姆普马兰加省。西开普省也接收了不少来自东开普省的学生，其中不少人在完成学业后返回了东开普省。有迹象显示，有些学生在毕业之后会迁回其出生的省份，但跨省就业的人数相对较少。

在为就业做准备时，参加国家认证技术教育文凭项目的学生会得到不同层次的额外支持。但此类支持措施目前尚未获得国家资助。这些措施的问题在于，技术职业教育与培训学院提供的实践培训、职业指导、工作接触项目层次较低，不同省份、不同学院的措施也存在差异。文献指出，此类支持对于帮助学生成功就业至关重要，尤其对于缺乏社会资本和人际网络、出身贫穷的学生更是如此（Breier 2009；FETI 2013c；Gewer 2010a）。

关于毕业生在重要离校节点上的去向以及在劳动力市场上的就业结果，国家认证技术教育文凭项目 2013 届毕业生中超过半数的人（52%）在离开技术职业教育与培训学院后找到了工作。年龄较小的学生在实习、学徒制、短期合同方面的就业率较高，年龄较大的学生在签订长期合同或从事无固定期限工作方面就业率较高。就业和收入方面存在显著的性别差异和种族差异。相比于男性，女性签订短期合同、受聘为实习生的比例较高，签订长期合同、从事无固定期限工作的比例较低。

在就业方面，对参加调查时处于就业状态的毕业生而言，其就业经历在大多数时间相对稳定，大多数人表示毕业以后只从事过一份工作，一小部分人表示从事过两份工作，这一发现令人欣喜。在国家高级证书考试中取得学位项目申请资质的毕业生，其收入高于在国家高级证书考试中取得其他等级的毕业生，这一点证实了学业表现和收入水平之间的关系。

自我雇佣的人数很少，这说明大多数毕业生理想中的去向是正规就业。此外，私营领域为国家认证技术教育文凭项目毕业生提供的就业岗位多于公共领域，其原因可能在于，曾经的国有企业在加速私有化进程，或是因为，工商界仍很认可国家认证技术教育文凭项目资质。未来仍需继续研究，以确认私营领域增加招聘毕业生人数的原因。

在参加调查时处于失业状态的国家认证技术教育文凭项目毕业生中，绝大多数人都在努力求职，有些人处于失业状态已逾一年，近半数的人失业已逾两年。未就业的毕业生表示，自己未就业的主要原因是缺乏就业机会，这与一项研究（Allais & Nathan 2012）的发现吻合：工作的数量不能满足具有中级技能的技术职业教育与培训学院毕业生人数，需求侧的因素是高失业率的重要原因。但从供给侧看，在积极响应劳动力市场需求方面，技术职业教育与培训学院面临很多挑战。主要的问题可能包括：课程僵化过时、自主程度较低、资金有限因而无法为学生创造有效的实践和岗位体验（Gewer 2010a）。但是，即便在校期间的学习经历并未帮助样本中的半数调查对象成功就业，本研究采访的国家认证技术教育文凭项目毕业生仍对自己的学习经历持肯定态度。在取得国家认证技术教育文凭项目资质后，只有一小部分调查对象选择深造，其中一小部分人在参加大学资质项目。尽管这一群体人数较少，但起码说明国家认证技术教育文凭项目至少可以帮助一部分学生进入高等教育。

最后，本研究的一个重要成果与方法论有关。对于评估影响、支撑决策尤其是考察年轻人的发展、培训、就业而言，跟踪研究意义重大，因此，为数据收集工作制定有效策略至关重要。目前，招生和学业表现方面的全国性数据库掌握在不同的主管部门手中，应当将其整合起来，互为补充，使研究人员能够追踪学生从入学到离校的进展，并能够从中提取包含学生各类信息的一体化记录。全国性教育管理信息系统应当提供各类报告，辅助规划与预测工作、学业表现监控与评估工作。

结　论

在国家认证技术教育文凭项目的学生毕业三年后对其进行分析，这为我们打开了一扇窗户。透过这扇窗户，可以考察这些学生面临的机遇、离校后的轨迹及其对所受培训价值的认识。此外，在国家认证技术教育文凭项目商务学科、工程学科毕业生的就业类型、合同特征、收入等方面，本研究提出了深刻见解。

但对很多成功完成学业的2013届毕业生来说，取得资质并不意味着获得有意义的就业机会，未来应对这一问题予以高度关注。有证据表明，技术职业教育与培训学院需要出台更有创意的措施，帮助毕业生实现持续性就业，避免出现返校回炉的问题，并为新入学的学生提供就业安排。学生认为，教育能够带来改善生活的机遇，而我们要做的，就是坚守对学生的这一承诺。当年轻人克服种种障碍完成学业，却发现无法有效参与经济活动，越是这种时候，我们越不能放任他们失去希望。在这一问题上，经济学家等各界人士指出了公共领域的努力方向，但本研究的侧重点在于，学校和用人单位还是有能力做出更多变革，例如，培养学生实现自我雇佣的积极性、解决职场中的性别歧视。

参考文献

Akoojee S（2010）Skills development and disempowerment：Unraveling workplace skills transfer in trying economic times! *Procedia – Social and Behavioral Sciences* 9：179 – 183.

Allais S（2011）*What are skills? Rethinking the relationships between labour markets，social policy，and skills development.* Paper presented at the Global Labour University Conference：The Politics of Labour and Development（28 – 30 September）.

Allais S & Nathan O（2012）*Skills? What skills? Jobs? What jobs? An overview of studies examining the relationship between education and training and labour markets.* LMIP（Labour Market Intelligence Partnership）Working Paper No. 28. Johannesburg：LMIP.

Altman M（2007）*Youth labour market challenges in South Africa.* Cape Town：HSRC.

Bappah AS & Medugu JD（2013）Employers' perception of the role of technical vocational education and training in sustainable development in Nigeria. *IOSR Journal of Research & Method in Education* 2（3）：1 – 5.

Barnes J & Meadows B（2008）*On the brink? Skills demand and supply issues in the South African automotive components industry.* Report prepared for the Department of Labour.

Breier M（2009）Introduction. In J Erasmus & M Breier（Eds）*Skills shortages in South Africa：Case studies of key professions.* Cape Town：HSRC Press.

Brzinsky – Fay C（2014）The measurement of school – to – work transitions as processes：About events and sequences. *European Societies* 16（2）：213 – 232.

Cohen L，Manion L & Morrison K（2007）*Research methods in education*（6th edition）. London and New York：Routledge/Falmer.

Cosser M（2003）Graduate tracer study. In M Cosser，S McGrath，A

Badroodien & B Maja (Eds) *Technical college responsiveness: Learner destinations and labour market environments in South Africa*. Cape Town: HSRC Press.

Cosser M, Kraak A & Winnaar L (2011) *Further education and training colleges at a glance in* 2010: *FET colleges audit May – July* 2010. Pretoria: HSRC.

Cosser M, McGrath S, Badroodien A & Maja B (Eds) (2003) *Technical college responsiveness: Learner destinations and labour market environments in South Africa*. Cape Town: HSRC Press.

DHET (Department of Higher Education and Training) (2013) *White paper for post – school education and training: Building an expanded, effective and integrated post – school system*. Pretoria: DHET.

DHET (Department of Higher Education and Training) (2015) *Statistics on post – school education and training in South Africa*: 2013. Pretoria: DHET.

DTI (Department of Trade and Industry) (2011) *National skills accord*. Pretoria: Economic Development Department.

Essel OQ, Agyarkoh E, Sumaila MS & Yankson, PD (2014) TVET stigmatization in developing countries: Reality or fallacy? *European Journal of Training and Development Studies* 1 (1): 27 – 42.

FETI (Further Education and Training Institute) (2012) *Facilitating college to work transitions for FET colleges students in the Western Cape* (Report prepared for the DG Murray Trust in collaboration with WCED). Cape Town: FET Institute.

FETI (Further Education and Training Institute) (2013a) *FET college engineering programmes in South Africa: Content, uptake, completion and progress* (Report prepared for City & Guilds Centre for Skills Development). Cape Town: FET Institute.

FETI (Further Education and Training Institute) (2013b) *Completion, progression and throughput in college engineering qualifications in the Western Cape* (Report prepared for City & Guilds Centre for Skills Development). Cape Town: FET Institute.

FETI (Further Education and Training Institute) (2013c) *Artisan demand and supply in the Western Cape*：*Phase* 2 *Report*（Report prepared for DEDAT）. Cape Town：FET Institute.

FETI（Further Education and Training Institute）（2014）*Supporting college engineering graduates into employment*（Report prepared for Access Trust & SSACI）. Cape Town：FET Institute.

Foster PJ（1965）The vocational school fallacy in development planning. *Education and Economic Development* 7：19 –78.

Furlong A（2009）Revisiting transitional metaphors：Reproducing social inequalities under the conditions of late modernity. *Journal of Education and Work* 22（5）：343 –353.

Gewer A（2009）Features of social capital that enhance the employment outcomes of FET college learners. PhD thesis. Johannesburg：University of the Witwatersrand.

Gewer A（2010a）*Choices and chances*：*FET colleges and the transition from school to work*. Report prepared for DHET，HRD Support Unit. National Business Initiative.

Gewer A（2010b）Post – school pathways to youth employment：The contribution of FET colleges. In Hofmeyer J（Ed.）*Transformation audit*：*Vision or vacuum*? *Governing the South African economy*. Cape Town：Institute for Justice and Reconciliation.

Günbayi I（2015）Making vocational and technical upper secondary schools more attractive for students to prefer：An action research. *International Journal on New Trends in Education and Their Implications* 6（2）：13 –29.

Handel MJ（2003）Skills mismatch in the labour market. *Annual Review of Sociology* 29（1）：135 –165.

Harris T（2014）Secondary school students' perceptions of vocational education in Barbados. Major Research Project for MA in International Education and Development，University of Sussex.

Ibrahim MZ，Rahman MNA & Yasin RM（2012）Assessing students' perceptions of service quality in technical educational and vocational training（TVET）institutions in Malaysia. *Procedia – Social and Behavioral Sciences* 56：272 –283.

Kraak A (2004) Training policies under late apartheid: The historical imprint of a low skills regime. In A Badroodien, S McGrath, A Kraak & L Unwin (Eds) *Shifting understandings of skill: Overcoming the historical imprint of a low skills regime*. Cape Town: HSRC Press.

Kraak A (2009) *Understanding differentiated demand for skills in the South African economy: The relevance of segmented labour market theory*. ECSECC Working Paper Series No. 7. East London: ECSECC (Eastern Cape Socio Economic Consultative Council).

Kruss G, Wildschut A, Van Rensburg D, Visser M, Haupt G & Roodt J (2011) *Developing skills and capabilities through the learnership and apprenticeship pathway systems*. Cape Town: HSRC.

Lomey J & McNamara K (2008) *Projected skills demand and supply for the electrical energy sector*. Report prepared for Department of Labour. Cape Town: HSRC.

Middleton J, Ziderman A & Van Adams A (1993) *Skills for productivity*. New York: World Bank/Oxford University Press.

Mukora J (2009) Artisans. In J Erasmus & M Breier (Eds) *Skills shortages in South Africa: Case studies of key professions*. Cape Town: HSRC Press.

Mwaura AN & Mwangi SW (2015) Perceptions on implementation of automotive national diploma curriculum on its trainees' preparation for job performance of Technical Vocational Education Training (TVET) in Nairobi Region. *Advances in Social Sciences Research Journal* 2 (3): 85 – 106.

Ngure SW (2013) Stakeholders' perceptions of technical, vocational education and training: The case of Kenyan micro and small enterprises in the motor vehicle service and repair industry. PhD thesis. Perth, Australia: Edith Cowan University.

Oketch MO (2007) To vocationalise or not to vocationalise? Perspectives on current trends and issues in technical and vocational education and training (TVET) in Africa. *International Journal of Educational Development* 27 (2): 220 – 234.

OECD (Organisation for Co – operation and Development) (2016) *Enhancing employability: Report prepared for the G20 Employment Working Group with in-*

puts from the International Monetary Fund. Accessed April 2017, https://www.oecd.org/g20/topics/employment – and – social – policy/Enhancing – Employability – G20 – Report – 2016.pdf.

Papier J (2009) *Getting the right learners into the right programmes. An investigation into factors that contributed to the poor performance of FET college learners in NCV 2 and NCV 3 programmes in 2007 and 2008 – reasons and recommendations*. Report prepared for WCED. Cape Town: FET Institute.

Pierre JC (2012) Perceptions of vocational educators regarding TVET in economic development. In*Caribbean Association of National Training Agencies (CANTA), 2nd International Conference on TVET in the Caribbean: STEM Education in TVET: Imperative to national and regional development*, May 13 – 15, 2015. Montego Bay, Jamaica.

Pollock G (2002) Contingent identities: Updating the transitional discourse. *Young* 10 (1): 59 – 72.

Powell L, Hall G & Jaff R (2004) *Quantitative overview of the further education and training college sector: A sector in transition*. Pretoria: Department of Education.

Psacharopoulos G & Patrinos HA (1994) *Indigenous people and poverty in Latin America: An empirical analysis. World Bank Regional and Sectoral Studies*. Washington, DC: World Bank.

Raimi L & Akhuemonkhan IA (2014) Has technical vocational education and training (TVET) impacted on employability and national development? *The Macrotheme Review* 3 (2): 129 – 146.

Sheppard C & Sheppard R (2012) A statistical overview of further education and training colleges. In H Perold, N Cloete and J Papier (2012) *Shaping the future of South Africa's youth: Rethinking post – school education and skills training*. Cape Town: African Minds.

SSACI (Swiss – South African Cooperation Initiative), JET (Joint Education Trust) & NBI (National Business Initiative) (2016) *Tracer study of the transition of students from TVET colleges to the labour market*. Accessed January 2017, http://www.ssaci.org.za/images/NCV%20Tracer%20Study%20Report%202016.pdf.

Stats SA（Statistics South Africa）（2016）*Statistical release, quarterly labour force survey, third quarter* 2015. Pretoria: Statistics South Africa.

Swartz S, Khalema E, Cooper A, De Lannoy A & Segal H（2012）*Navigational capacities for youth employment: A review of research, policies, frameworks and methodologies*. Cape Town: HSRC.

Triki NM（2013）Higher technical and vocational education and training programmes and its impact on the Libyan manufacturing industry. *Literacy Information and Computer Education Journal* 2（2）: 1287 – 1293.

UNESCO（United Nations Educational, Scientific and Cultural Organization）（2013）*Status of TVET in the SADC region*. Paris: UNESCO.

Vally S & Motala E（2014）*Education, economy and society*. Pretoria: Unisa Press.

Van Rensburg D, Visser M, Wildschut A & Kruss G（2011）*A technical report on learnership and apprenticeship population databases in South Africa: Patterns and shifts in skills formation: final report*. Cape Town: HSRC.

Wedekind V（2014）Going around in circles: Employability, responsiveness and the reform of the college sector. In S Vally and E Motala（Eds）*Education, economy and society*. Pretoria: Unisa Press.

附录：研究方法

本研究基于国家职业证书去向调查（SSACI et al. 2016），使用跟踪调查法，考察公立技术职业教育与培训学院国家认证技术教育文凭项目工程、商务学科毕业生。由于缺乏技术职业教育与培训学院毕业生去向的数据，实证研究可以很好地帮助我们了解毕业生的去向。跟踪研究有助于对调查对象进行回溯性分析，常常用于教育领域，以评估所学项目对毕业生的影响。跟踪研究往往在毕业后一两年进行，由大规模概要性调查组成，收集纵向数据，并为后续调查铺平道路。跟踪研究一般只提少量问题，以便在更大范围上得到更为清晰的应答。鉴于缺乏数据，对技术职业教育与培训学院毕业生的生命历程特征也不够了解，本研究尝试建立一个较大的变量集，从而可以与上述国家职业证书去向调查对接，开展一项比较性研究。我们希望，这篇首创性文章能够为未来的深入研究指明方向。

抽样框

由于官方数据要么记录的是分专业毕业情况（而非一体化的毕业生记录），要么同时包含公立、私立技术职业教育与培训学院数据，要么记录的是入学情况（而非毕业情况），我们在抽样时遇到了很多问题。在国家认证技术教育文凭项目中，2 级是学生进入学徒制的第一个离校节点，但我们所得到的这方面数据较少。因此，我们决定记录工程学科 3 级、6 级项目的学生数据和商务学科 6 级项目的学生数据，只关注 2013 届毕业生。最后使用高等教育与培训部发布的官方数字、按学科细分的数字、项目等级、年限来确定 2013 届毕业生样本规模。

该调查为定量分析，我们经过咨询确定了问卷中的选项清单，调查对象从给定的选项中选择作答，涵盖上文介绍的重要研究问题。调查涉及 38 个变量，包括入读技术职业教育与培训学院的学生特征（人口统计信息、此前所获资质、入学动机）、入学选择与在校期间的经历（学校、学科、等级、课程等方面的选择）、毕业去向与经历（就业状态、薪酬、合同类型、求职策略）、省际移居情况。

调查情况

本调查旨在解决重要的研究问题，并尝试与上述国家职业证书去向调查的研究问题对接。本调查还借鉴了东开普省面向高等教育学生开展的“劳动力市场信息伙伴”项目。研究团队、相关方面、开展电话调查的呼叫中心公司通力合作，多次沟通，反复打磨调查问卷。在确定最终版本之前，呼叫中心公司在一个有安全保障的在线平台上对问题进行了试点调查，评估哪些地方可能存在表述不清的问题。

我们选择电话调查而非在线调查的原因是，对技术职业教育与培训学院的学生而言，可能并非人人都有条件上网完成在线调查。在 19377 名调查对象中，仅有 208 人表示可以参加在线调查或电子邮件调查，这也证实了我们的猜想。因此，我们委托一家呼叫中心公司开展电话调查。相比于当面调查或书面调查，电话采访要求我们在设计研究时不仅考虑应答数量，还要考虑应答质量。其原因在于，进行电话调查不仅会遇到漏接电话的情况，还会出现数据缺失、调查对象对采访漠不关心等现象（Cohen et al. 2007）。

“意外访问”（cold call）的效率低下，呼叫中心建议分阶段开展调查，在电话呼叫之前先发送短信，即采用“已知市场推销”的形式。我们做了一系列工作，为调查扫清障碍。在开展调查时，学生可能已经毕业至少三年，因此，首先用呼叫系统对数据集中的号码拨号，看看有多少号码还在使用当中。随后向所有正常使用的号码发送短信，告知调查对象我们的研究目的、完成调查的奖励，请求他们参加采访，短信中包含同意或不同意的选项。此外，短信还向学生提供了参加在线调查的选项，接着将调查问卷以电子邮件的形式发送给选择在线调查的学生。完成这些工作之后，对同意参加调查的学生进行电话采访。最后会向学生发送一封致谢的电子邮件，告知他们获奖名单。

联系率与应答率

面对 50 所公立技术职业教育与培训学院的国家认证技术教育文凭项目毕业生，呼叫中心计划在每所学院联系 20% 的样本，从而得到一份具有全国代表性的样本。这 20% 的调查对象是随机挑选的，挑选方法见上文。调查于 2016 年 6 月 6 日开始，截至 6 月 30 日，4050 名国家认证技术教育文凭项目毕业生完成了调查。

除应答率外，联系率的问题对未来此类研究也很重要。在 19377 条数据记录中，我们无法打通其中 10121 条手机号码（58%）。在能够打通的号码中，有 2666 条无法联系到样本中的联系人。在抽样框的 19377 名潜在调查对象中，实际调查对象仅为 4561 人。在此基础上，要实现原计划的 20% 的样本，就要采用分层样本。在这 4561 名实际调查对象中，4050 人完成了调查，应答率为 80% 多。在拒接问题上，每位话务员平均需要联系 1.78 个调查对象才能得到应答。

我们从呼叫中心得到了 4049 条数据，但本研究只考察了 3013 条。566 名 2012 届毕业生不属于考查范围，有以下情形中的一条或多条的调查对象也不予考虑：第一，表示自己在 2013 年未在公立技术职业教育与培训学院求学；第二，未告知所学学科；第三，重复性数据；第四，所学课程表明其 2013 年并非毕业于国家认证技术教育文凭项目，而是毕业于国家职业证书项目；第五，未告知所在省份、项目等级或所学学科，也无法从其他信息推算。最后，仅有 3013 条有效数据。

加权

随后，我们对数据进行加权。虽因上述原因未达理想状态，但所得结果在大多数情况下还是有其代表性的。为校正调查结果的不平衡问题，本研究对数据进行加权，数据代表的是有联系方式的毕业生的概率样本。不平衡来源于常见的调查偏误，但公立技术职业教育与培训学院领域的各个管理信息系统加剧了不平衡，导致这些系统提供的毕业生联系方式质量不一。

我们基于《南非中学后教育与培训统计报告（2013）》（DHET 2015）提供的数据对研究对象加权（表 9A），使用报告中的四个因素加权，即所学学科（特指商务或工程）、项目等级（特指 3 级和 6 级）、所在省份、性别。加权后的调查对象来自南非全部 50 所公立技术职业教育与培训学院。

因此，抽样过程本身就是本研究的一项重要发现。尽管得到了计划中的调查对象人数，但数据收集的条件不算理想，未来还需进行系统性干预。

表 9A 研究对象 （人）

省份	工程			商务			总计
	3 级	6 级	小计	3 级	6 级	小计	
东开普省	1113	619	1732		561	561	2293
自由州省	1094	479	1573		782	782	2355
豪登省	6277	3153	9430		1758	1758	11188
夸祖鲁—纳塔尔省	3719	1689	5408		1545	1545	6953
林波波省	2008	1394	3402		477	477	3879
姆普马兰加省	2117	469	2586		175	175	2761
北开普省	113	65	178		138	138	316
西北省	1148	270	1418		361	361	1779
西开普省	794	473	1267		860	860	2127
总计	18383	8611	26994		6657	6657	33651

资料来源：DHET 2015。

注：人数代表 2013 届毕业生数量。毕业生数量指 2013 学年具备毕业条件、成功取得国家认证技术教育文凭项目 3 级或 6 级资质的学生人数。

西开普大学中学后教育研究所（Institute for Post School Studies）遵守了西开普大学和高等教育与培训部的职业道德审查规定。在调查开始前，研究院确保所有毕业生均了解本研究、选择是否接受电话调查。毕业生同意后，研究院向所有人保证，其个人姓名与毕业学院名称均不会泄露，确保每个人的匿名身份。所有电话采访均有录音，其中包括调查对象对接受采访的口头同意。

第十章

继续学习与就业：西北省技术职业教育与培训学院工程类专业毕业生去向

塔博·马绍瓜内（Thabo Mashongoane）

如第九章所示，在现代经济中，职业教育与培训项目是技能发展的关键组成部分。在国际范围内，技术职业教育与培训项目在减贫、经济增长、可持续发展等领域的作用日益突显。联合国教科文组织2012年“上海共识”指出，质量与平等是技术职业教育与培训的核心议题，要提升技术职业教育与培训的形象，增强其对于用人单位和学生的吸引力（UNESCO 2016）。在德国、澳大利亚、巴西、爱尔兰、丹麦、瑞士等发达国家，完善的技术职业教育与培训系统是职业教育项目良好运行的黄金标准。在缅甸、印度、约旦、泰国等中低收入国家，职业教育项目也可以达到较高水准（UNESCO 2016）。无论在何种背景下，技术职业教育与培训项目都可以发挥至关重要的作用，例如，它能够解决年轻人的失业问题、2008年世界金融危机后经济恢复缓慢的问题、工匠型工作与技能型工作界限不清的问题（Burke & Ng 2007；Muzio et al. 2011；UNESCO 2016）。

同时，“上海共识”指出，要加强实证研究，评估技术职业教育与培训项目对社会、国家、可持续发展目标的影响（UNESCO 2016）。要使技术职业教育与培训机构和课程适应急剧变革的劳动力市场，就要加强这方面的研究（Gewer 2016；Unwin 2003）。2007年，南非的资质认证开始从国家认证技术教育文凭（见本书第九章）向国家职业证书（Gewer 2016）过渡。按照计划，国家职业证书的授予对象是继续教育与培训学院（后更名为技术职业教育与培训学院）的学生。项目的实施离不开业界和其他有关方面的通力合作，这样可以保证毕业生的就业率。

国家认证技术教育文凭项目早已在技术职业教育与培训学院落地生

根，本书前几章聚焦其实施成果。本章将介绍一项探索性研究，考察国家职业证书项目在南非的早期成果。本研究的关注焦点是工程类专业毕业生的继续学习路径和劳动力市场去向。研究的主要目的是考察国家职业证书资质与就业或参加学徒制项目、职业生涯、深造进修之间的关系。研究的主要发现是，当前，教育领导者、业界雇主、政府官员、学生及其他相关方面都对技术职业教育与培训学院怀有顾虑，这并非没有道理。例如，高等教育与培训部在一份关于国家职业证书项目的报告（DHET 2013b）中指出，尽管各方面通力合作，但仍有一种观点认为，这些项目没有用处、没有聚焦职场、没有灵活性，从而导致有些重要的用人单位似乎对项目所授技能持怀疑态度。

本章结构如下：首先概述南非职业教育与培训的背景，回顾从国家认证技术教育文凭到国家职业证书的转变历程，讨论南非技术职业教育与培训领域面临的挑战；在研究发现方面，首先介绍西北省技术职业教育与培训学院建筑、电力、工程相关领域三个项目毕业生的社会人口统计特征和教育背景，然后梳理毕业生取得国家职业证书后的主要去向（既考察劳动力市场去向，也考察深造去向），接着分析毕业生、学校管理层、公司经理对国家职业证书的看法；最后讨论主要研究结果，总结国家职业证书项目最初几届毕业生的经验教训，并就未来研究与决策提出建议。

南非职业教育与国家职业证书项目的背景

20 世纪 80 年代，南非成立了多个行业培训委员会（industry training board），旨在与拥有共同价值链或提供同类产品的行业开展联合培训，以弥合理论与实践的差距。1994 年以后，这些委员会转型为行业教育与培训局，其职能是以技能发展的形式提供职业培训。由于行业教育与培训局后期会与相关学院接受同一个部门的统筹管理，因此，上述安排的目的是提升参加技术项目的学生的就业率。种族色彩浓厚的传统学徒制是种族隔离时期的一个鲜明标志。在上述进程的同一时期，职业教育尝试跳出这种学徒制体系，相关学院出现了一系列影响深远的机制性、结构性、管理层变革（Gewer 2016）。然而，这些变革带来了一些问题。在南非实现民主后的前十年间，当时的继续教育与培训学院缺乏明确的定位，被夹在了中学系统与旨在促进技能发展的新型教育机构之间（Gewer 2016）。

尽管存在上述挑战，但教育部的《2007—2011 年战略计划》（*Strategic Plan of 2007 - 2011*）（DoE 2007）提出，要大幅增加对技术职业教育与培训以及高等教育领域的资金投入，提升学生的技能，进而促进经济增长、强化产业全球竞争力。这一战略计划的背景是，大家认识到中级技能对实现工业化、提升工业国际竞争力至关重要，但是，南非以种族隔离政策驱动的产业发展模式导致严重的技能习得两极分化现象，民众要么具备高级技能，要么只有低级技能，中级技能培训严重不足（McGrath 2003）。为解决这一问题，促进资本重组，时任教育部部长基于 1996 年第 27 号法案《国家教育政策法案》（*National Education Policy Act*），为继续教育与培训领域的国家职业证书项目设立了实施标准。主要项目包括土木工程与建筑施工、工程与相关设计、电力基础设施建设，旨在解决工程领域的技能短缺问题。在后文中，这三者统称为工程类专业。

在实施之初，国家职业证书项目的目标之一是帮助取得技术职业教育与培训资质的学生入读大学或其他高等教育机构。高等教育与培训部在《中学后教育与培训白皮书》（DHET 2013a）中强调，技术职业教育与培训学院开展的职业教育不能发展成一条死胡同，学生如果希望在取得国家职业证书资质后继续接受大学教育，就应当确保他们有门路实现理想。因此，技术职业教育与培训资质不仅关乎学生在劳动力市场的去向，也关乎他们的继续教育去向。

职业教育是否取得了成功?

在这一政策背景下，要想实施《中学后教育与培训白皮书》中的宏伟计划，我们首先要问：我们对后种族隔离时期南非职业教育的成就到底了解多少？自 1994 年以来，这一领域的主要成就可能在于，学生的人口分布变得更有代表性了（Akoojee & McGrath 2008）。在种族隔离时期，职业教育系统尤其是学徒制下的种族分化现象严重，因此，上述成就就愈发显得重要了（McGrath 2003）。2009 年以后，入学人数快速增长；有证据（Cosser et al. 2011）表明教学效果也有所改善，2007—2009 年，各个省份的国家职业证书项目毕业率有所提高。但与其他国家相比，相关学院的年轻人比例过高，成人学生数量过少（Akoojee & McGrath 2008）。很多人过去遭遇不公，没有机会接受技能培训，而成人教育应该成为职业教育的重要补充，上述发现对于解决这两个问题都有着重要启示（见本书第四章）。

虽然这一领域在转型过程中取得了一定发展，入学人数和毕业率都有所提升，但很多文献也指出了其所面临的诸多挑战。一直以来，英国学者指责，缺乏私营领域的大规模招聘，南非的技术职业教育与培训就难以发展（Kraak 2016）。例如，一项调查（Maja & McGrath 2003）显示，用人单位担心的是学校的理论与实践教学比例不够平衡、毕业生缺乏工作经验。技术职业教育与培训学院设立的初衷是，学院与业界合作，学院负责向学生尤其是工程领域的学生教授理论知识。其理念在于，业界和学院应该形成一种伙伴关系，员工或学徒上三个月课，然后进入职场工作九个月或等学徒成长为工匠。国家职业证书项目的目标是响应现代经济发展的技能需求，但是，南非职业继续教育与培训研究院（South African Institute for Vocation and Continuing Education and Training）报告发现（DHET 2013b），学校未能将国家职业证书推销给业界。报告指出，相关学院没有将自己的课程与当地业界需求对接起来，而且即便是在现阶段，也鲜有学校为国家职业证书项目的学生提供工作体验项目。因此，国家职业证书项目的大多数全日制学生学了三年后，还从未踏入业界一步。有人指出，这对学生的就业能力和国家职业证书项目的信誉没有什么好处。

学生缺乏工作经验，学校没有与业界对接，除了这些问题，文献中还列举了很多问题（如 Gewer 2016），涉及机构布局、学校的大范围重组。有学者（Gewer 2016）分析了技术职业教育与培训领域尤其是国家职业证书项目面临的重大结构性挑战，指出："高等教育与培训部应面向教师出台适当的计划，教师要确保为传授项目要求的技能做好准备，确保帮助学生为进入职场做好准备。高等教育与培训部还应确保学校为负责任地、高效地管理公共资源做好机制准备。"这一领域在 2000—2006 年经历了一次结构重组，相关学院的运行与管理主体从省级政府转变为高等教育与培训部，有些问题就是在这次重组进程中突显了出来。除此之外，国家职业证书项目在课程实施层面也存在问题。很多研究指出，不同学院、不同省份的教师在教学能力、学科知识储备方面水平不一，这可能也在一定程度上影响了课程的开设。有研究（Cosser et al. 2011）特别指出，教师缺乏相关资质和行业经历是阻碍项目成功实施的重要因素。

我们把视线转回本章的焦点。目前，我们对国家职业证书项目毕业生的就业与求学去向仍知之甚少。在职业教育与劳动力市场之间的关系方面，南非一项最早、最全面的研究（Cosser 2003）发现，大家（如近年的毕业生或潜在的学生）并不认为过去的继续教育与培训学院能够帮助毕业生直接就业。该研究还指出了劳动力市场就业率低的很多原因，包括潜在学生和用人单位对学校的印象较差、学校教授的技能与公司需要的技能不匹配、教学水平不高、基础教育学业表现较差（Cosser 2003），这些问题在很多文献中也都被提及。除本书中帕皮尔等人的文章（第九章）外，近年来几乎没有研究关注技术职业教育与培训学院毕业生在劳动力市场上的就业结果。与该领域急剧变革的现实形成鲜明对比的是研究领域的空白。截至目前，仅有一项研究（SSACI et al. 2016）考察学生从技术职业教育与培训学院到劳动力市场的就业过渡。在跟踪调查 2010 年入读国家职业证书项目的学生后，该研究发现，2015 年仅有 38% 的人表示自己处于就业状态（SSACI et al. 2016）。此外，仅有极少数人表示自己在深造、进修，在这一小部分人中，仅有 8% 的人入读大学。国家职业证书项目的具体构成及其与劳动力市场之间有何关联，这方面的研究仍是空白。近年的毕业生如何看待其所取得的资质在求职中的作用，也是一个需要研究的重要问题。为填补上述空白，本章将在下文介绍新近开展的一项细致研究。该研究考察了国家职业证书项目工程类专业毕业生的体验，以及管理人员和相关人士对项目和项目实施情况的看法。

研究方法

本研究的首要目标是了解国家职业证书项目工程类专业前四届毕业生的去向。这些学生分别于 2007 年、2008 年、2009 年、2010 年以一年级学生的身份入读刚刚设立的国家职业证书项目。在全国范围内，国家职业证书项目开设各种类型的专业。作为一项探索性研究，本研究聚焦的是西北省 3 所技术职业教育与培训学院工程类专业的毕业生。工程类项目旨在解决经济发展中的技能短缺问题，而选择西北省则是因为南非采矿业相关的活动主要集中在这一地区。

本研究既收集定性数据，也收集定量数据。定性数据基于对相关人士的采访，调查对象来自技术职业教育与培训学院、高等教育与培训部、行业教育与培训局、科技大学以及很多用人单位。在采访人员中，有21人来自学院，4人来自高等教育与培训部，6人来自科技大学，21人来自行业教育与培训局，30人来自用人单位。本研究从中挑选了9名学院负责人、1名高等教育与培训部高级主管、10名雇主、2名大学代表、3名行业教育与培训局代表。定量数据基于国家职业证书项目前述三个工程类专业的前四届毕业生。调查问卷包含一系列封闭式问题和开放式问题，用于收集学生的教育背景、项目体验、毕业后的求学和就业结果。问卷还包含一系列主观问题，用于考察国家职业证书资质与就业、职业生涯的关联。正式调查开始之前，本研究通过调查问卷的形式面向一小部分即将毕业的学生进行了尝试，这一群体与最终的调查对象之间存在很多相似之处。

本研究是一项探索性研究，挑选了180名国家职业证书项目毕业生作为样本。这些毕业生学习的是工程类专业，毕业于2009—2012年，这一时段的毕业生总数约为600人。我们将这180名毕业生按专业和学校分组，使样本能够均衡反映各类调查对象的情况。我们请每所学校的学生工作部门协助开展调查，但响应率比较低。在此基础上，我们对样本中的其余调查对象进行了电话采访。最终结果显示，70%的问卷通过电话进行，30%的问卷由学校的学生工作部门收集。在我们联系的180名毕业生中，120人成功完成了调查。无应答的主要原因是缺乏有效的联系方式。

本研究存在明显的局限性，其样本既不能代表西北省国家职业证书项目工程类专业全体毕业生，更不能代表国家职业证书项目的全体毕业生。但考虑到南非该领域的数据短缺问题，本章所介绍的这样一个探索性研究还是可以提供一些重要启示，帮助大家了解哪些学生能从项目获益以及毕业生是如何求职、深造的。因此，通过本研究能够考察国家职业证书项目最初几届毕业生的体验，也可以基于本研究的发现设计更加深入的研究，以探索南非的职业教育（另见本书第九章）。

国家职业证书项目的毕业生情况

国家职业证书项目的毕业生样本在性别方面较为均衡。男性一直以来在工程类专业中占绝对优势，现在我们高兴地看到，女性的人数有所增加

（Cosser 2003）。但需要注意的是，女性增多的原因可能在研究设计层面，在国家职业证书项目的毕业生中，女性参与调查的几率可能高于男性。由于未能获取相应的行政机构数据，因此无法对样本中的性别均衡现象做进一步探讨。而且还有一种可能：样本来自国家职业证书项目的毕业生而非辍学生，女性修完学业的几率可能高于男性。本研究的目标并不是考察国家职业证书项目毕业生的性别构成，但工程类专业的性别分布从男性为主转变为两性均衡，这其中还是有些重要问题值得思考。而在种族方面，调查对象的人口分布与南非全国的人口分布情况高度一致。在从三所技术职业教育与培训学院选取的样本中，非洲黑人的比例为92%，有色人种、白人、印度裔/亚裔分别占4%、2%、2%。在种族隔离时期，很多求职、求学机会都轮不到非洲黑人，职业教育领域也是如此，所以上述分布情况显然是社会转型的一项重要成果（Gewer 2016）。

在样本中，国家职业证书项目工程类专业大多数学生毕业时的年龄为21—25岁。这些专业的最低入学要求为完成9年级学业，但数据显示，国家职业证书项目的大多数毕业生（59%）在入学时已经完成12年级学业，完成11年级、10年级、9年级学业的学生比例分别为20%、14%、6%，其他水平的学生占比1%（见图10.1）（正文表述与图10.1的数据不一致，原文如此——编者注）。本研究只关注通过国家职业证书4级的学生，并未在学生入学时对其进行调查，我们可以推测，入学时已达到12年级水平的学生通过工程类专业国家职业证书4级的几率更高。逾半数调查对象（54%）表示，入读国家职业证书项目时，自己在数学、科学两个科目上已经达到12年级水平。仅有11%的调查对象在数学、科学上达到9年级水平。在具体专业方面，调查对象最青睐电力基础设施建设，其次是木工程与建筑施工。

毕业生去向

本研究的一个核心目标是“跟踪”国家职业证书项目三个工程类专业的毕业生，考察其资质与就业前景、职业生涯、进修深造是否有关联以及如何关联。这一部分将梳理毕业生取得资质后的去向，探讨调查的主要结果。图10.2显示，国家职业证书项目工程类专业毕业生在参加调查时，占

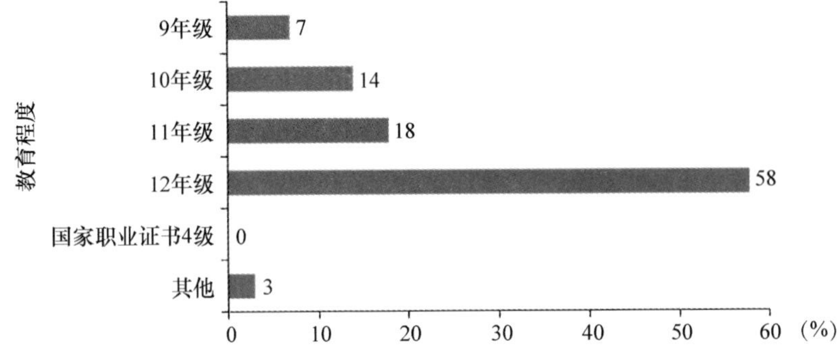

图 10.1　学生入读国家职业证书项目时的教育程度

资料来源：作者基于国家职业证书项目跟踪研究计算。

比最大的是接受各类工作本位培训的群体（40%），他们参加的项目类型包括传统学徒制、现代学徒制、实习。占比第二高的是继续在技术职业教育与培训学院求学的学生，为 23%（图 10.2 中数据为 27%，原文如此——编者注）。失业的调查对象比例排名第三，为 18%，这一现象令人担忧。此外，在国家职业证书项目工程类专业 2009—2012 届毕业生中，仅有 15% 的调查对象在 2014 年参加调查时处于就业（10%）或自我雇佣（5%）状态。

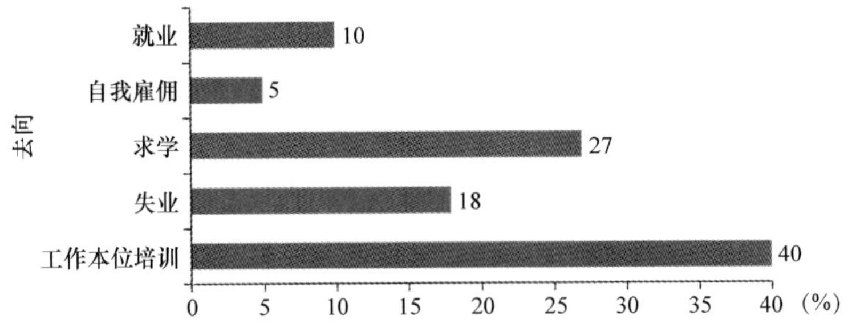

图 10.2　国家职业证书项目毕业生去向

资料来源：作者基于国家职业证书项目跟踪研究计算。

这一现象比较复杂。一方面，有大量国家职业证书项目毕业生在接受行业培训，同时，超过四分之一的人在深造或进修。总的来说，绝大多数毕业生（67%）仍在提升技能或深造。另一方面，近五分之一的毕业生处

于失业状态，仅有15%的人进入了劳动力市场。

在此基础上，调查对象需要说明自己的求学或工作本位培训详情（这不包括已就业或未就业的调查对象）。结果显示，处于实习状态的毕业生占比最大，为55%。技能进修方面占比第二高的是参加行业培训的毕业生，为23%。

对国家职业证书资质的看法

要调查国家职业证书项目的成果，还有一个方法是让调查对象回答该项目是否对自己的就业前景、求学路径或职业生涯产生了积极影响。图10.3反映了调查对象心目中国家职业证书资质对毕业去向的影响程度。数据显示，大多数毕业生（57%）认为，国家职业证书资质与其当前的毕业去向有关，29%的人持不同看法。此外，大多数毕业生（69%）表示，愿意向潜在的学生推荐该项目（图中未显示）。

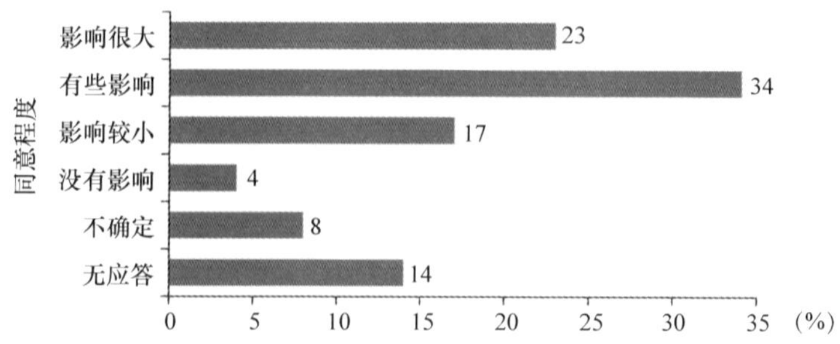

图10.3　调查对象心目中国家职业证书资质对毕业去向的影响程度

资料来源：作者基于国家职业证书项目跟踪研究计算。

有些毕业生认为该项目很重要，或表示愿意向其他人推荐该项目，这背后的原因也值得思考。在表示愿意推荐国家职业证书项目的调查对象中，约有38%的人认为该项目是接受教育的第二次机会，既能学习理论知识，也能学习实践技能。很多调查对象在开放式问题的答案中表示，对未能完成12年级学业的人来说，国家职业证书项目是一个很好的选择。约有三分之一的调查对象强调，该项目既教理论，又有实践，这一点非常重要。

还有一部分调查对象表示，国家职业证书项目能够增加就业机会。约有16%的调查对象表示，通过该项目能够实现自我雇佣或提升就业能力，愿意向其他人推荐。很多毕业生认为，由于取得了相关资质，他们才有更多机会进入采矿业或成为自我雇佣的企业家。

很多调查对象也表示，国家职业证书资质帮助自己获得了技能培训的机会。他们表示，该项目教授实践技能，项目资质被用人单位广泛认可。但也有一些负面的看法。例如，约有六分之一的毕业生出于各种原因不打算向其他人推荐国家职业证书项目，有人认为高等教育与培训部对其推广不够，有人认为多数公司并不认可项目资质，也有人认为项目并未带来多少机会。此外，样本中约有40%的调查对象对国家职业证书项目印象不佳，他们的理由包括：项目课程与就业无关、面向用人单位的项目推广度较低、项目资质对入读大学的作用不大。

在国家职业证书项目如何影响就业去向的问题上，62%的调查对象认为，实践培训是国家职业证书项目的核心，能够帮助自己适应各个工程类专业的学习或取得优异成绩。一名毕业生表示："我能将所学的东西用于工作之中，实践培训发挥了重要作用，帮我为入职做好了准备，我完全不用费劲。它教会我的知识正是职场所需要的。我所进行的实践帮我为入职做好了准备，学习的理论部分使我更快地适应了工作。"

其他一些调查对象在采访中也持上述观点，认可项目资质在职场中的价值。很多人在回答中既强调了理论知识，也强调了实践技能以及从职场体验中获得的"软技能"。一名毕业生表示："通过工作坊和公司实地考察，我在上学期间就了解了公司对我的要求。"

由于南非的国家职业证书项目才刚刚起步，很多相关人士表示，在劳动力市场所需技能方面，现在还难以评估项目对技能培训的作用。但多数相关人士及学校负责人都强调了全面评估的必要性，认为应当收集更多信息，以便了解如何才能使项目实施达到业界预期。不过，我们不妨在讨论中引用一名毕业生的话，看看他是如何在工作中受益于自己所受的培训。这名毕业生表示："在国家职业证书项目方面，我的体验很好……有了老师教给我的知识，我现在对工作很有信心。项目资质事关技能培训，这对南非来说很有用处。如果各个公司都能意识到项目的价值，意识到雇佣一名项目毕业生能节约多少培训费用，那大家就会知道这个项目能为公司省下多少钱。技能短缺的问题应该通过国家职业证书解决。”尽管这只是一个例子，但它代表了很多毕业生对实践技能重要性的认可，也说明项目培训与求职、工作都是相关的。

国家职业证书项目是否是通往就业、深造、进修的一条新路？

本章所介绍的研究为考察南非国家职业证书项目最初几届毕业生的体验提供了一个独特视角。虽然研究发现不具有广泛的代表性，但研究所关注的项目对技能发展的宏伟目标而言至关重要，然而现在对这些项目的研究还远远不够。研究结果能够反映项目毕业生的早期体验。

总体而言，项目最初几年的成果比较复杂。一方面，只有很小一部分毕业生在完成国家职业证书项目课程后找到了工作。另一方面，毕业生中占比最大的群体在继续接受培训，要么是其他形式的职业教育，要么是实习或行业培训项目。在此背景下，约有18%的毕业生处于既未就业也未接受教育或培训的状态。面向毕业生和相关人士的定性评估显示，大家整体上对国家职业证书项目持肯定态度。找到工作的毕业生更是如此，他们强调，该项目为自己带来了实实在在的技能，有助于求职，也有助于胜任现在的工作。

国家职业证书项目的目标是帮助学生进入高等教育领域，但本研究显示，当前的项目实施在这个方面还存在缺陷，至少对本研究所考察的工程类项目来说还做得不够。在南非的第三级教育领域，职业教育与培训的很多资质无法作为高等教育的最低入学资质，因此，学生在这两者之间的流动有限（另见本书第九章）。鉴于职业教育与培训、高等教育之间的对接是国家政策的重中之重，且南部非洲发展共同体也在其《技术职业教育与培训战略框架》中予以强调（SADC 2011），政府在实施职业教育项目时就应该考虑如何帮助这一领域的学生进入大学或行业技能发展培训项目。

还有一个重要问题：年轻人和用人单位是否认为国家职业证书资质对工作有用、达到最低入职要求？该项目实施的最初几年面临很多问题，如起步较缓、学生较少、机制不够健全。因此，现在就对项目资质和劳动力市场之间的关联下定论可能为时尚早。未来还需要对国家职业证书项目毕业生的去向进行更加深入的研究。本章对此提出两点具体建议：第一，应大幅提升行政机构数据中学校层面信息的质量。如果缺乏全体学生的单位记录数据，就无法准确评估资质与就业或资质与进修深造之间的关联。第二，应在第一条的基础上精心设计一项毕业生跟踪调查（类似于本书其他章节介绍的调查），以便梳理国家职业证书项目不同毕业生群体的去向。

结　论

本章考察了技术职业教育与培训学院最初几届毕业生进入高等教育机构、进修项目（如职场技能项目）、劳动力市场的情况。研究发现，在实施的最初几年，国家职业证书项目的成果比较复杂。要想了解南非技术职业教育与培训学院学生的期望、路径、去向，还需要开展大量研究工作。在南非计划大力发展技术职业教育与培训的背景下，在综合考察本书第三章、第九章的研究后，本章提议开展常态化研究，考察南非职业教育领域学生的入学、求学、毕业情况。在更大层面上，还要认真考虑技术职业教育与培训机构、职业教育领域与中学后教育领域其他组成部分的关联。下一章将从工作本位学习项目的角度深入考察职业教育。职场学习与就业机会有助于未来的职业生涯，对技术职业教育与培训学院的大多数毕业生而言都是一个重要话题。

参考文献

Akoojee S & McGrath S（2008）Skills development for poverty reduction：Can FET colleges deliver? In S Maile（Ed.）*Education and poverty reduction strategies*：*Issues of policy coherence*. Cape Town：HSRC Press.

Burke RJ & Ng E（2006）The changing nature of work and organisations：Implications for human resource management. *Human Resource Management Review* 16（2）：86 –94.

Cosser M（2003）Graduate tracer study. In M Cosser, S McGrath, A Badroodien & B Maja（Eds）*Technical college responsiveness*：*Learner desti-*

nations and labour market environments in South Africa. Cape Town: HSRC Press.

Cosser M, Kraak A & Winaar L (2011) *Further education and Training (FET) colleges at a glance in 2010: FET colleges audit*. Pretoria: HSRC.

DHET (Department of Higher Education and Training) (2013a) *White paper for post school education and training*. Pretoria: DHET.

DHET (Department of Higher Education and Training) (2013b) *Report of the ministerial task team on the establishment of a South African Institute for Vocational and Continuing Education and Training (SAIVCET)*. Pretoria: DHET.

DoE (Department of Education) (2007) *Strategic Plan 2007 – 2011*. Pretoria: Department of Education.

Gewer A (2016) Unfinished business: Managing the transformation of further education and training colleges. In A Kraak, A Paterson & K Boka (Eds) *Change management in TVET colleges: Lessons learnt from the field of practice*. Cape Town: African Minds and JET Education Services.

Kraak A (2016) Three decades of restructuring in further education colleges: Divergent outcomes across differing global vocational education and training systems. In A Kraak, A Paterson & K Boka (Eds) *Change management in TVET colleges: Lessons learnt from the field of practice*. Cape Town: African Minds and JET Education Services.

Maja B & McGrath S (2003) Employer satisfaction. In M Cosser, S McGrath, A Badroodien & B Maja (Eds) *Technical college responsiveness: Learner destinations and labour market environments in South Africa*. Cape Town: HSRC Press.

McGrath S (2003) Researching responsiveness. In M Cosser, S McGrath, A Badroodien & B Maja (Eds) *Technical college responsiveness: Learner destinations and labour market environments in South Africa*. Cape Town: HSRC Press.

Muzio D, Kirkpatrick I & Kipping M (2011) Professions, organizations and the state: Applying the sociology of the professions to the case of management consultancy. *Current Sociology* 59 (6): 805 – 824.

SADC (Southern African Development Community) (2011) *Strategic framework and programme of action for technical and vocational education and training in the southern African region*. Gaborone: SADC.

SSACI (Swiss – South African Co – operation Initiative), JET Education Services & the NBI (National Business Initiative) (2016) *Tracer study of the transition of students from TVET colleges to the labour market*. Accessed January 2017, http://www.ssaci.org.za/images/NCV%20Tracer%20Study%20Report%202016.pdf.

UNESCO (United Nations Educational, Scientific and Cultural Organization) (2016) *Enhancing relevance in TVET: Review of progress in the Asia – Pacific since* 2012. Paris: UNESCO.

Unwin L (2003) Being responsive: Colleges, communities and 'stakeholders'. In M Cosser, S McGrath, A Badroodien & B Maja (Eds) *Technical college responsiveness: Learner destinations and labour market environments in South Africa*. Cape Town: HSRC Press.

第十一章

工作本位学习项目与就业过渡

安热莉克・维尔德舒特(Angelique Wildschut)
格伦达・克鲁斯(Glenda Kruss)

从中学教育阶段成功进入各种形式的第三级教育，这个进程中有哪些影响因素？回答好这个问题永远都很重要（另见本书第二章、第三章、第五章）。现在有越来越多的人认为，要扩大中学后教育与培训领域的规模，为年轻人创造更多机会，尤其是大量未能升学至12年级的人、通过国家高级证书考试但尚未达到高等教育入学条件的人（另见本书第三章）。并非所有年轻人都有入读高等教育机构的天资、兴趣或能力，高等教育系统也没有条件吸纳所有中学毕业生。很多人都渴望着大学资质和向上流动，这说明，技术职业教育与培训资质和中级职业的地位极低，大家基本上不会将其作为首选。然而，中级水平的工匠技能和技术技能对南非的技术升级和经济增长至关重要，因此，用人单位对接受过技能培训的年轻人需求很大。要想得到此类工作，方法之一便是先从公立或私立的技术职业教育与培训学院取得一份资质。但如前两章所示，我们对技术职业教育与培训项目学生的入学、求学、毕业路径还知之甚少。

而工作本位学习项目的路径研究方面情况更糟。过去，南非的工作本位学习项目一直以传统学徒制的形式出现，学徒多年跟随一名工匠师傅习得工作技能，辅以学校的正式理论课程，最后参加一项技能考试。1994年，当时新成立的行业教育与培训局设计并开始实施一种与国际接轨的新型、现代化，更具包容性的学徒制。现代学徒制旨在为中学毕业进入劳动力市场的年轻人提供更多机会，并帮助已经就业但所获资质已经跟不上工作、科技变化的员工提升技能。传统学徒制聚焦工匠手艺，一般是对中级技能进行认证。而现代学徒制的初衷则是适应国家资格框架下所有等级的各类职业认证，不管是国家资格框架7级会计师专业认证，还是国家资格框架2级或3级社区护工职业认证，都是现代学徒制的组成部分（Kruss et al. 2012）。

近几年，工作本位学习（形式包括实习、现代学徒制、传统学徒制、技能项目）领域通过一项政策框架取得了一定发展（Blom 2015；DHET 2015）。在南非社会，大量年轻人没有取得中学毕业资质，处于失业状态（Reddy et al. 2016），而在劳动力市场，用人单位往往认为毕业生缺乏工作经验，导致用工需求与技能供应之间不相匹配（另见本书第十二章）。在此背景下，做大做强工作本位学习项目的意义不言而喻。

然而，南非工作本位学习系统当前的发展情况是否与预期一致，我们对此知之甚少。工作本位学习项目是南非中学后教育与培训系统的组成部分。决策部门应不应该投入更多资源来做大做强该项目？如果应该，那具体要怎么做？涉及政策问题，我们首先应该回答几个关键问题。第一，该项目是否会吸收更大规模、更有代表性的南非年轻群体，并为他们提供技能培训？第二，该项目提供技能培训的各种方法之间有何差异？第三，该项目为南非民众提供技能培训后，能否增加他们的就业机会？

本章基于两个数据源来回答这些问题。首先，我们使用行业教育与培训局管理的行政机构数据，建立现代学徒制、传统学徒制、实习的人口数据集①。我们在两个不同的时段对这些数据进行分析，以考察样本规模、人口分布的变化情况。其次，基于一项开展于2009—2010年的现代学徒制和传统学徒制毕业生跟踪调查（Kruss et al. 2012），我们构建了一个原创数据集并对其进行分析。在此基础上，本章做出了方法论贡献，并且证明，将行政机构数据和调查数据进行比对，能够非常有效地评估不同过渡路径的影响。在结论部分，我们指出，工作本位学习能够帮助学生过渡至劳动力市场，是一条有价值且可行的路径，此外，当前的政策应当继续执行并予以强化。

① 公认的工作本位学习项目有四种形式，由于难以评估短期技能课程的影响，我们只聚焦其中三种。

工作本位学习项目的背景

在2009年以前，不论是在国际社会还是在南非国内，制定技能发展政策时都要考虑年轻人失业率居高不下的问题（Breen 2005；Burger & Woollard 2005；CDE 2008；Leibbrandt et al. 2010；Marock 2008；OECD 2000）。年轻人现在仍是政策关注的焦点，但大家也日益认识到，社会上还有其他一些群体也未就业，此外，我们在想方设法促进学生的就业过渡时，还要面对劳动力市场自身的问题（Bhorat & Tian 2014；Reddy et al. 2016）。接下来的两个小节将详细分析影响不同时期关注焦点的因素。

过去：工作本位学习项目是通过技能培训促进社会经济包容性的工具

20世纪70—80年代是一个动荡的时期，南非的技能危机及其与政治制度、衰退的经济制度之间的关系迅速成为社会焦点（Mbatha et al. 2014；Mukora 2009）。1994年以后，当时新成立的民主政府致力于实现更大范围的平等，尤其是为被种族隔离政府排斥并边缘化的群体争取平等。其中就要考虑，出台什么样的新政才能在最大程度上解决技能危机、促进平等、创造更多技能发展机会。当时关注的问题不仅是解决技能短缺，还包括满足劳动力市场在高级技能方面不断变化的需求。人们日益认识到，南非需要一个差异化、多层次的技能战略，将经济发展特征（主要是采矿和资源领域）、先进制造业、高技能技术纳入考虑（Kraak 2005）。

在“国家技能发展战略”的指导下，政府采取了一系列政策干预措施并建立了资助机制。自2011年实施以来，“国家技能发展战略”致力于解决“劳动力市场历史遗留的结构性问题，改造南非劳动力市场的技能基础薄弱状态，使更多人拥有技能、愿意终身学习。这一战略还致力于通过教育与培训确保劳动力市场能够更好地应对贫困、不平等、疾病、失业等南非社会发展所面临的挑战。”（DoL 2005）各界开始重视这个领域以及行业教育与培训局、用人单位、各个公立和私立培训机构。在这一政策背景下，为了与传统学徒制的现代化改造这一国际形势接轨，南非建立了一套新的现代学徒制（Fuller & Unwin 2003；Gospel 1998；Steedman 2001）。大家认为，现代学徒制更具包容性，能够促进正规经济领域的技能发展，帮助年轻人为进入职场做好准备。

起初，现代学徒制由南非劳工部牵头推行并进行管理。劳工部设立了一系列目标和指标，为每个行业教育与培训局都设定了全国性技能目标，要求大规模招收失业青年。显而易见，当时的工作重心已经不再是以需求为导向的技能干预机制，而是将现代学徒制视为促进年轻人就业过渡的工具（Grawitzky 2006；Visser & Kruss 2009）。

数年后，在“国家技能发展战略”二期（2005—2010 年），工作重心又重新回到解决技能升级严重不足的问题上，日渐衰落的传统学徒制再一次进入人们的视野。2004 年后，南非经济增长回升，工匠技能严重短缺的问题突显出来，严重制约经济发展，无论是现代学徒制还是传统学徒制都无法有效解决这一问题。在“重点技能习得联合计划”（Joint Initiative on Priority Skills Acquisition）的带动下，传统学徒制于 2006 年起又重获生机，为经济发展提供中级工匠技能和技术技能，解决工匠短缺的问题。国家层面建立了新的机制，认可了包含四种学习模式的工作本位学习资质，并通过 2008 年第 38 号法案《技能发展法案》（*Skills Development Act*）的一系列修正案在立法层面确立下来。新机制基于“学习项目”的概念，其项目在某个行业教育与培训局注册后就可开展，其中包括现代学徒制、传统学徒制、技能项目、其他涉及结构性工作体验内容的指定项目（如技术职业教育与培训学院开设的项目）。

现在：做大工作本位学习项目，努力完善中学后教育与培训系统

2009 年，南非成立了高等教育与培训部，技能发展工作的主管部门发生变化，这意味着工作重心转向了“国家技能发展战略”三期。其中一个变化是对工作本位学习项目①日益重视，该项目囊括了行业教育与培训局所有形式的学习项目。2013 年，《中学后教育与培训白皮书》发布。其愿景中强调，工作本位学习项目的意义在于强化职场与教育培训机构之间的关系。高等教育委员会对工作本位学习的定义是：一项连接学校与职场、促进学生与职场共同利益的教育方法（CHE 2011）。前两年，高等教育与

---

① 不同于“南非加速与共享增长计划”（Accelerated and Shared Growth Initiative for South Africa）、“重点技能习得联合计划”等。鉴于中级技能、技术技能、工程技能短缺限制了经济增长，这些计划关注的是工匠技能或中级技能。而工作本位学习项目并非仅仅着眼于工匠技能。

培训部在此基础上提出了一项政策框架（DHET 2015）。此前在劳工部的主管下，职场本位培训往往采取非正式的形式，或通过行业教育与培训局、私立机构实施。而按照高等教育与培训部的政策框架，工作本位学习这种教育方法应“促进学生接触职场，取得能够用于工作的特定成果，从而内化知识、增长见识、习得技能和提高能力”（DHET 2015）。这样一来，各个行业教育与培训局以前是与各自领域的私营公司和培训机构合作，现在则要促进“工作本位学习融入学院与大学项目”（DHET 2015）。

此外，该政策框架还梳理了工作本位学习的形式、政策背景、相关方面的角色和责任。不同形式的工作本位学习项目之间存在差异，有的要取得资质，有的要完成职业注册，有的仅为获得工作经验。其基础在于，工作本位学习包括三种：为了工作学习（learning for work）、在工作中学习（learning at work）、通过工作学习（learning through work）（DHET 2015）。然而，由于缺乏工作本位学习参与人员的就业结果数据，因此很难对其成就和效果下定论。为此，我们将采用一份跟踪调查的数据集展开分析。

证据

有学者（Kruss et al. 2012）详细介绍了评估“国家技能发展战略”二期现代学徒制、传统学徒制影响的研究设计和研究方法。如前所述，我们使用两个互为补充的数据源，其一是包括不同产业现代学徒制、传统学徒制、实习项目所有群体的行政机构数据（Janse Van Rensburg et al. 2012），其二是一项涉及路径研究的跟踪调查数据（Wildschut et al. 2012）。

路径研究往往涉及对某个群体的纵向调查，考察调查对象从中学后期到中学后教育与培训阶段直至就业的进展。南非目前还没有全国性的此类纵向研究。我们首先建构了一个调查对象数据库，然后通过电话调查的形式对调查对象进行多年跟踪（HSRC 2007；Kruss et al. 2012）。该研究汲取了相关研究（Robinson 2004）的经验，于 2012 年实施，通过记录、分析个人层面数据评估现代学徒制、传统学徒制的影响（见图 11.1）。

图 11.1 不仅记录了个人在项目结束后的去向，还记录了项目结束后每个过渡期的去向，以及参加调查时的最终求学或就业状态之前的去向。例如，“求学—就业—失业—就业”的路径表示，某人在现代学徒制项目结

束后继续深造，然后就业，接着经历了一段时期的失业，最后在接受调查时又回到就业状态。通过这一方法，我们可以分析完成工作本位学习项目的群体的就业路径是简单还是复杂。

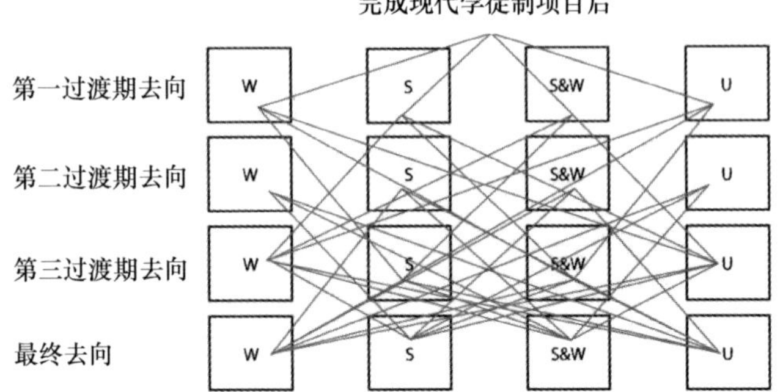

图 11.1　个人完成现代学徒制项目后的潜在过渡模式

资料来源：作者。

注：W—就业、S—求学、S&W—求学和就业、U—失业。

我们基于行业教育与培训局的行政机构数据建构了调查对象数据集，它们在本研究中同样重要。表 11.1 显示了本研究中的调查对象数据集，涉及在 2009—2010 年、2014—2015 年这两个时期注册某个工作本位学习项目的群体以及完成项目的群体：

2009—2010 年实习项目的注册人数、完成人数（群体 1、群体 2）；

2014—2015 年实习项目的注册人数、完成人数（群体 3、群体 4）；

2009—2010 年传统学徒制项目的注册人数、完成人数（群体 5、群体 6）；

2014—2015 年传统学徒制项目的注册人数、完成人数（群体 7、群体 8）；

2009—2010 年现代学徒制项目的注册人数、完成人数（群体 9、群体 10）；

2014—2015 年现代学徒制项目的注册人数、完成人数（群体 11、群体 12）。

在“国家技能发展战略”二期（2005—2010 年）期间，现代学徒制项目招生规模显著扩大，为年轻的非洲黑人和女性带来了技能发展机会

（Kruss et al. 2012）[①]。在这一时期，传统学徒制也得到了发展，但方向并非是为已就业的群体创造提升技能的机会，而是为未就业的年轻人提供机会（Kruss et al. 2012）。总体而言，这两种模式的规模都还很小，但已经有了显著发展，带来了积极影响。其中最为重要的指标在于，对于参加项目的大多数人（样本中70%—80%的人）来说，这两个项目都为其成功就业发挥了至关重要的作用。但本研究认为，相比之下，现代学徒制项目更具包容性。我们将在下文中将2014—2015年度的数据纳入考虑，通过对比考察这两个项目在2009—2010年度之后的变化情况。

表11.1 **数据集与各个群体** （人）

数据集	年度	注册人数	完成人数	小计
实习	2009—2010	2678（群体1）	1152（群体2）	3830
	2014—2015	11370（群体3）	3145（群体4）	14515
传统学徒制	2009—2010	9316（群体5）	3432（群体6）	12748
	2014—2015	21070（群体7）	10632（群体8）	31702
现代学徒制	2009—2010	43569（群体9）	28410（群体10）	71979
	2014—2015	77058（群体11）	40528（群体12）	117586

资料来源：DHET 2015.

三种工作本位学习项目是否为更多南非民众提供了更加公平的技能发展机会?

项目数量大幅增加

表11.2显示，从2009—2010年度到2014—2015年度的五年间，实习、传统学徒制、现代学徒制项目的规模大幅扩大，幅度分别为278%、148%、63%。数据显示，在注册人数方面，现代学徒制项目仍是规模最大的，其次为传统学徒制项目，不过实习项目的增幅最大。在所有项目中，注册人数均高于完成人数，但注册人数和完成人数均在2009—2010年度的

① 2012年，人文科学研究理事会牵头实施一个项目，评估劳工部主管下的“国家技能发展战略”二期的影响。在该项目框架下，格伦达·克鲁斯博士带领一个团队重点研究这一时期现代学徒制、传统学徒制的影响。

基础上有所增加。

表 11.2　　2009—2010 年度、2014—2015 年度工作本位学习项目的注册人数、完成人数　　（人）

工作本位学习项目	2009—2010 年度		小计	2014—2015 年度		小计	增幅（%）
	注册人数	完成人数		注册人数	完成人数		
实习	2678	1152	3830	11370	3145	14515	278
传统学徒制	9316	3432	12748	21070	10632	31702	148
现代学徒制	43569	28410	71979	77058	40528	117586	63

资料来源：作者基于高等教育与培训部 2009—2010 年度、2014—2015 年度数据计算。

但我们通过数据比对发现，这一时期的注册人数增幅高于完成人数增幅，三种项目的注册总人数增加了近一倍，增幅达 97%，而三种项目的完成总人数仅增加了 65%。当然，我们不仅关注工作本位学习项目的扩招情况，更关注这些项目的转型情况，即是否有更多的人能够进入项目并取得成功。

哪些人参加并完成了现代学徒制、传统学徒制、实习项目？

一般来说，我们会考察不同种族、不同性别、不同年龄的群体的参与率，以评估南非各个技能培训项目或机构的扩招幅度（见表 11.3）。

表 11.3　　2009—2010 年度、2014—2015 年度项目指标变化情况

工作本位学习项目	状态	种族（非洲黑人）（%）		性别（女：男）		年龄（平均值）（岁）	
	年度	2009/10	2014/15	2009/10	2014/15	2009/10	2014/15
现代学徒制	注册人数	85	95	1.00	0.8	28.19	29.99
	完成人数	87	90	0.96	1.02	29.83	30.90
传统学徒制	注册人数	72	86	0.19	0.42	26.29	27.84
	完成人数	67	78	0.18	0.2	27.96	30.88
实习	注册人数	93	97	0.71	0.76	31.38	25.31
	完成人数	94.4	94	0.79	0.66	32.66	25.81

资料来源：作者基于高等教育与培训部 2009—2010 年度、2014—2015 年度数据计算。

在所有项目中，非洲黑人的比例都在2009—2010年度的基础上有所上升。表11.3中的比例高于2014—2015年度人口普查年中估值里的非洲黑人比例，也高于高等教育系统中的非洲黑人比例。这可能说明，年轻的非洲黑人接受中学后教育与培训的机会相对较少，因此有越来越多的人参加了工作本位学习项目。

在性别方面，传统学徒制仍然是男性的天下，现代学徒制中的性别比例近于平衡，实习项目中的性别差距不算太大。在传统学徒制、现代学徒制项目中，注册项目与完成项目的人员平均年龄都略有上升，这个现象需要深入研究。会不会是因为年轻人先尝试了其他路径，然后才转向了工作本位学习项目？在传统学徒制项目中，完成项目的人员平均年龄增加了2.92岁，这一差异十分显著，不能简单地通过注册项目的人员平均年龄增加了1.55岁来解释。总的来说，在传统学徒制项目中，年轻人现在不仅在注册项目时年龄偏大，完成项目所需时间也比以往要长。

可以看出，随着时间的推移，注册和完成实习项目的人员平均年龄显著减小。为什么会出现这种情况？这是否意味着，在某个专业领域内，年轻人最先接触的是实习项目，在完成正规的研究生教育后对实习项目的重视不足？换言之，这一年龄变化趋势是否说明，实习项目的目标有所拓展？

总而言之，现代学徒制、传统学徒制、实习项目的规模有所扩大，人们获取中学后教育资质的机会更多了。这给非洲黑人创造了更多的求学机会，但在性别比例方面还有很大的改进空间。年龄方面的变化最值得思考，它涉及不同形式的工作本位学习项目的目标和焦点。但是，仅仅考虑平等性和扩招度还远远不够，要想深入了解这些项目的影响，有必要评估一下项目中所培训的技能的本质。

不同项目对技能发展的贡献是否有别？

图11.2和图11.3显示，不同领域的用人单位对项目类型有着不同的偏好，而从不同的行业教育与培训局主管的工作本位学习项目来看，不同项目的注册和完成情况也不一样。

如图11.2和图11.3所示，在制造业、建筑业这两个领域，制造、工

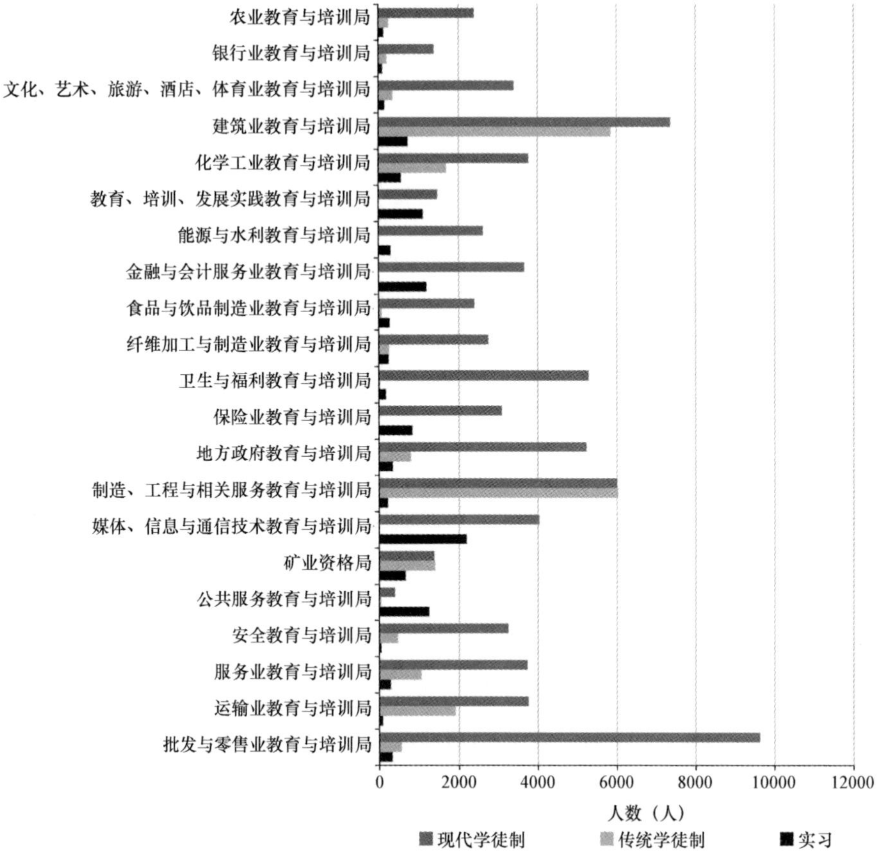

农业教育与培训局
银行业教育与培训局
文化、艺术、旅游、酒店、体育业教育与培训局
建筑业教育与培训局
化学工业教育与培训局
教育、培训、发展实践教育与培训局
能源与水利教育与培训局
金融与会计服务业教育与培训局
食品与饮品制造业教育与培训局
纤维加工与制造业教育与培训局
卫生与福利教育与培训局
保险业教育与培训局
地方政府教育与培训局
制造、工程与相关服务教育与培训局
媒体、信息与通信技术教育与培训局
矿业资格局
公共服务教育与培训局
安全教育与培训局
服务业教育与培训局
运输业教育与培训局
批发与零售业教育与培训局
0　2000　4000　6000　8000　10000　12000
人数（人）
■现代学徒制　■传统学徒制　■实习

图 11.2　2014—2015 年度各类项目的注册情况

资料来源：作者基于高等教育与培训部 2014—2015 年度数据计算。

程与相关服务教育与培训局以及建筑业教育与培训局开设的传统学徒制项目人数最多，总共占注册与完成人数的 55.2%。相比之下，批发与零售、卫生与福利领域更喜欢开设现代学徒制项目。批发与零售业教育与培训局、卫生与福利教育与培训局开设的现代学徒制项目人数最多，约占注册与完成人数的 23%。公共服务教育与培训局、金融与会计服务业教育与培训局以及媒体、信息与通信技术教育与培训局开设的实习项目人数最多。

历史上的殖民和采矿活动在南非大地上留下了深重的空间裂痕，经济发展主要集中在三个省份。在 2009—2010 年度，工作本位学习项目的设置

	现代学徒制	传统学徒制	实习
农业教育与培训局	2110	118	94
银行业教育与培训局	1352	0	90
文化、艺术、旅游、酒店、体育业教育与培训局	879	200	62
建筑业教育与培训局	2136	108	48
化学工业教育与培训局	3476	1196	250
教育、培训、发展实践教育与培训局	212	0	27
能源与水利教育与培训局	2077	276	0
金融与会计服务业教育与培训局	3914	0	506
食品与饮品制造业教育与培训局	703	33	162
纤维加工与制造业教育与培训局	1105	21	125
卫生与福利教育与培训局	4595	0	586
保险业教育与培训局	83	0	0
地方政府教育与培训局	826	383	0
制造、工程与相关服务教育与培训局	3336	5521	125
媒体、信息与通信技术教育与培训局	2006	0	332
矿业资格局	2827	1267	111
公共服务教育与培训局	132	0	598
安全教育与培训局	1870	110	0
服务业教育与培训局	2111	620	0
运输业教育与培训局	586	567	109
批发与零售业教育与培训局	4192	212	0

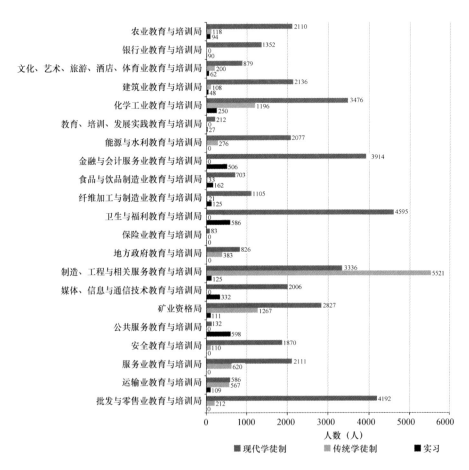

图 11.3　2014—2015 年度各类项目的完成情况

资料来源：作者基于高等教育与培训部 2014/2015 年度数据计算。

存在地域差距，而且这种差距一直到 2014—2015 年度仍然存在。我们举个例子。在传统学徒制项目的注册人数、完成人数方面（表 11.4），豪登省、夸祖鲁—纳塔尔省、西开普省一直排在前三位。但是，这三个省的注册与完成人数占比均出现了下滑。乍一看，这似乎有悖于我们先前提到的所有项目都有增长的情况。但仔细观察就会发现，传统学徒制项目注册与完成人数下滑的最大原因可能在于“省份不明”一栏的人数占比增加，尤其是完成人数占比已达 40%。相比于 2009—2010 年度数据集，2014—2015 年度数据集中缺少很多人的省份信息。

表 11.4　　2009—2010 年度、2014—2015 年度各省传统学徒制项目注册与完成情况

（人）

省份	2009—2010 年度注册人数		2014—2015 年度注册人数		2009—2010 年度完成人数		2014—2015 年度完成人数	
东开普省	564	6%	926	4%	106	3%	268	3%
自由州省	491	5%	1300	6%	88	3%	301	3%
豪登省	3583	38%	4540	22%	1347	39%	2394	23%
夸祖鲁—纳塔尔省	1639	18%	3558	17%	689	20%	1134	11%
林波波省	85	1%	1723	8%	2	0%	397	4%
姆普马兰加省	495	5%	1950	9%	255	7%	640	6%
北开普省	110	1%	389	2%	4	0%	91	1%
西北省	137	1%	895	4%	133	4%	295	3%
西开普省	938	10%	1935	9%	446	13%	807	8%
省份不明	1274	14%	3854	18%	362	11%	4305	40%
总计	9316	100%	21070	100%	3432	100%	10632	100%

资料来源：作者基于高等教育与培训部 2009—2010 年度、2014—2015 年度数据计算。

注：因计算时四舍五入等原因，总计百分比不一定为 100%，但原文中为 100%（编者注）。

与之类似，图 11.4 显示了实习项目的情况。数据显示，在注册总人数方面，豪登省、夸祖鲁—纳塔尔省、东开普省排在前三位。而自由州省、林波波省、西北省在 2009—2010 年度的基础上增幅最大。要想考察工作本位学习项目在中学后教育与培训系统中的发展情况，就有必要探究一下上述现象背后的原因，或许可以从中找到推进项目运行的最好方法。

在实习项目的完成人数方面（图 11.5），豪登省、林波波省、西开普省排在前三位。林波波省、西北省、西开普省完成人数的增幅最大。西开普省的实习项目人数在 2009—2010 年度的基础上增速很快、增量很大，说明该省将其作为一项重要工作来抓。与其他省份相比，该省在这段时期面向实习生提供了哪些支持与激励措施？有没有什么经验可供借鉴？截至目前，本章指出，特定领域、特定省份会聚焦于特定类型的工作本位学习项目，以解决自身面临的技能培训需求。不过，我们还要看看各种工作本位学习项目所提供的技能培训的类型。

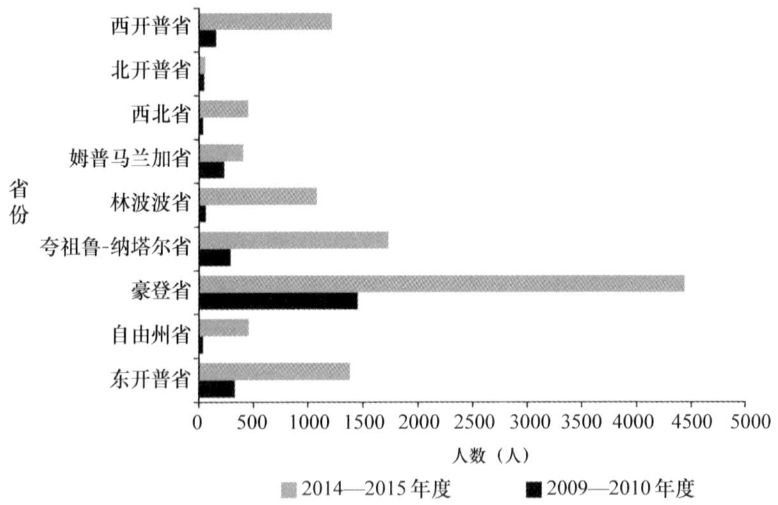

图 11.4　2009—2010 年度、2014—2015 年度实习项目注册情况

资料来源：作者基于高等教育与培训部 2009—2010 年度、2014—2015 年度数据计算。

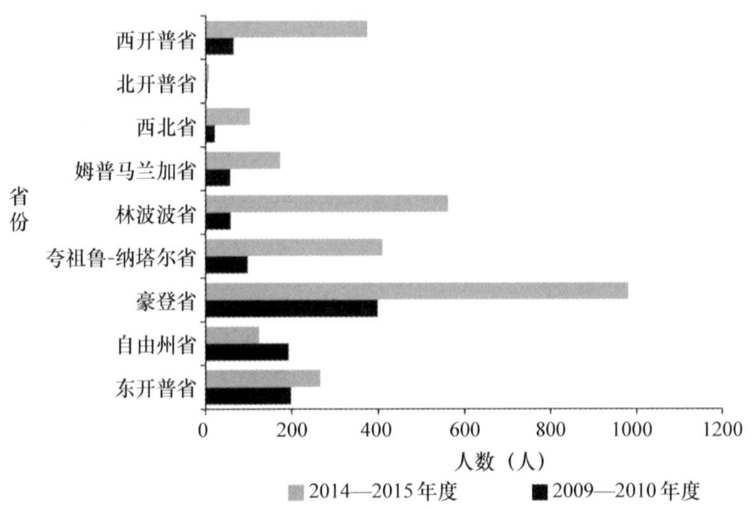

图 11.5　2009—2010 年度、2014—2015 年度实习项目完成情况

资料来源：作者基于高等教育与培训部 2009—2010 年度、2014—2015 年度数据计算。

参加现代学徒制与传统学徒制项目是进入劳动力市场的路径

所学项目是否有价值、能否成功实现就业过渡，这还涉及所学专业领域的类型以及所取得的职业资质等级。表 11.5 反映了国家资格框架中的资质等级。

表 11.5　　**国家资格框架的 10 个等级**

国家资格框架①等级	资质
10	博士学位
9	硕士学位
8	荣誉学位
7	学士学位/高级文凭
6	高级证书/国家文凭
5	高等证书
4	12 年级/国家高级证书
3	11 年级
2	10 年级
1	9 年级

资料来源：2008 年第 67 号法案《国家资格框架法案》。

图 11.6 和图 11.7 显示，现代学徒制项目涵盖了国家资格框架中的很多等级。但从 2009—2010 年度到 2014—2015 年度，注册人数增幅最大的是国家资格框架 3 级和 4 级项目（通识、继续教育与培训阶段）。这意味着，参加项目的年轻人能够取得的最高等级职业资质是相当于 12 年级级别的资质。国家资格框架 7 级项目（相当于学士学位或高级文凭）注册人数有所下降。在现代学徒制项目的完成情况方面，仍然是以较低等级的项目

① 2008 年第 67 号法案《国家资格框架法案》(National Qualifications Framework Act) 取代了 1995 年第 58 号法案《南非资格署法案》(South African Qualifications Authority Act)，于 2009 年 6 月 1 日起生效。《国家资格框架法案》将原有的 8 级资质增加为 10 级。

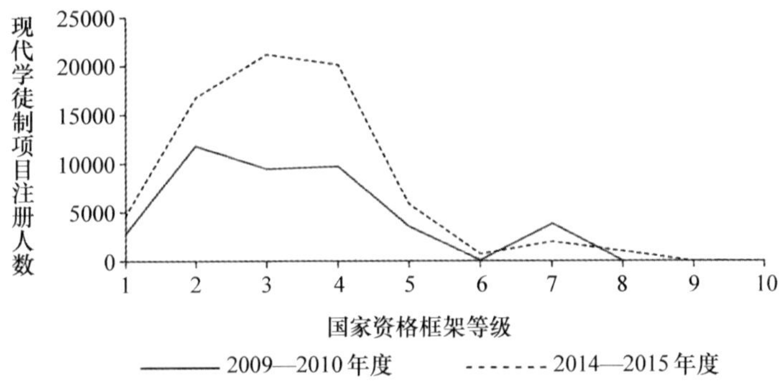

图 11.6　2009—2010 年度、2014—2015 年度现代学徒制项目注册人数（人）（按国家资格框架等级和年份划分）

资料来源：作者基于高等教育与培训部 2009—2010 年度、2014—2015 年度数据计算。

注：2009—2010 年度总数为 43569 人，2014—2015 年度总数为 77058 人。

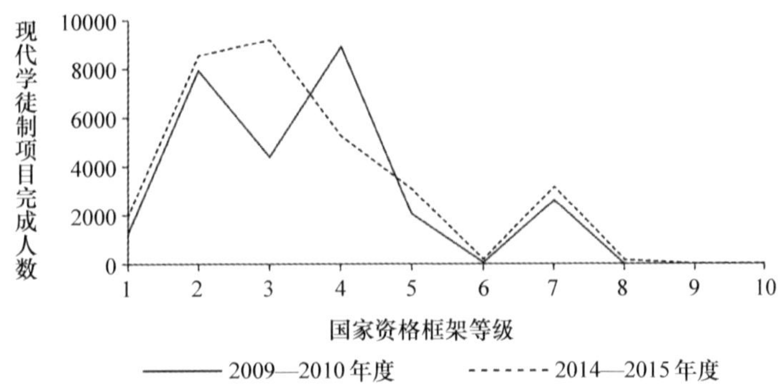

图 11.7　2009—2010 年度、2014—2015 年度现代学徒制项目完成人数（人）（按国家资格框架等级和年份划分）

资料来源：作者基于高等教育与培训部 2009—2010 年度、2014—2015 年度数据计算。

注：2009—2010 年度总数为 28410 人，2014—2015 年度总数为 40528 人。

占主体。人数增幅最大的是国家资格框架 3 级项目（低于 12 年级级别）。代表中级技能的国家资格框架 5 级项目（相当于高等证书）人数也有明显增加，人数唯一有所下降的是国家资格框架 4 级项目。这些情况说明，对于无法进入更高等级项目的年轻人而言，现代学徒制项目的职业认证就成为他们进入劳动力市场的路径。

传统学徒制项目能够培训全国急缺的中等工匠技能，相当于国家资格框架4级和5级。我们通过表11.6考察一下在注册和完成人数方面排名靠前的几个工种①及其性别分布情况。注册人数排名前五的工种有电工、水管工、装配工、锅炉制造工、焊接工。可以推测，年轻人应该是意识到了这些工种的市场需求，所以觉得有必要参加此类传统学徒制项目。

表11.6　**注册和完成人数排名前五的工种**　（人）

工种	注册人数				工种	完成人数			
	女性		男性			女性		男性	
电工	1259	30%	2870	70%	电工	422	20%	1690	80%
水管工	687	49%	728	51%	装配工	127	11%	1014	89%
装配工	202	15%	1156	85%	焊接工	139	13%	896	87%
锅炉制造工	169	15%	934	85%	柴油技工	40	5%	773	95%
焊接工	308	26%	888	74%	起重工	35	5%	736	95%

资料来源：作者基于高等教育与培训部2014—2015年度数据计算。

注：注册总人数为21070人，完成总人数为10632人。

在注册人数方面，装配工、锅炉制造工领域是男性的天下，水管工领域的性别比例近于平衡。但在完成人数方面，我们发现，排名前五的所有工种中，男性都占绝大多数，尤其是在柴油技工、起重工领域。这种现象一般被称为“内部隔离”（internal segregation），主要是因为某些工种的地位较低（MacLean & Rozier 2010；Wildschut 2009）。换言之，在男性占多数的职业中，女性比例较高的工种一般地位较低。其他一些探讨南非工匠技能的研究也证实了这一点（Wildschut et al. 2012）。这个问题仍在阻碍更多女性参加工匠技能培训及实现就业。

参加实习是已经取得资质的人实现就业过渡的途径?

图11.8和图11.9显示，实习项目能够在高等教育层面提供培训机会，相当于国家资格框架5—7级。参加实习项目的大多数人已经取得高等证书

① 仅考察排名前五的职业，所涉及的人数占注册总人数的44%、完成总人数的55%。

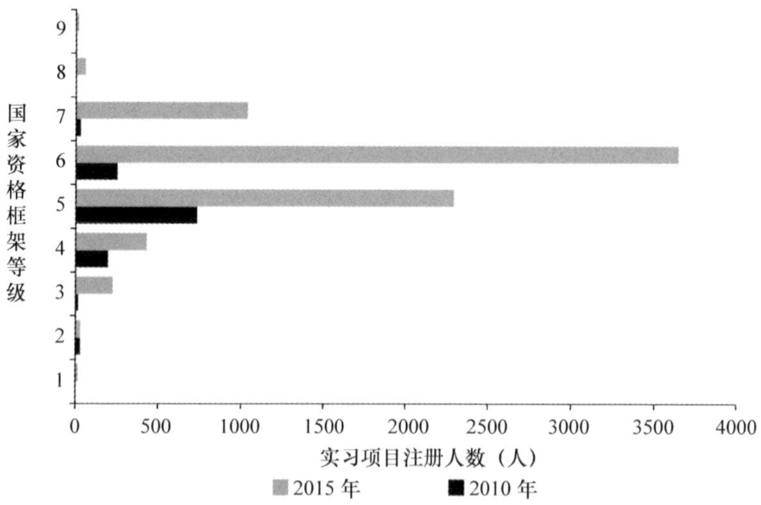

图 11.8　2009—2010 年度、2014—2015 年度实习项目注册人数（按国家资格框架等级划分）

资料来源：作者基于高等教育与培训部 2009—2010 年度、2014—2015 年度数据计算。

注：2009—2010 年度总数为 2678 人，2014—2015 年度总数为 11370 人。

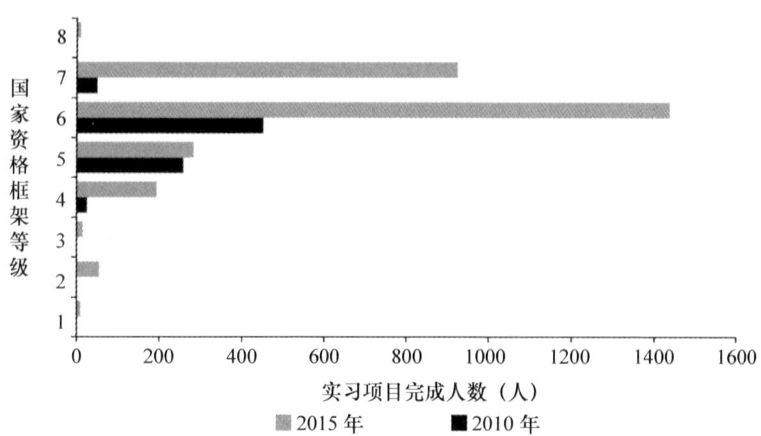

图 11.9　2009—2010 年度、2014—2015 年度实习项目完成人数（按国家资格框架等级划分）

资料来源：作者基于高等教育与培训部 2009—2010 年度、2014—2015 年度数据计算。

注：2009—2010 年度总数为 1152 人，2014—2015 年度总数为 3145 人。

(5 级)、高级证书/国家文凭(6 级)、学士学位/高级文凭(7 级)。以上等级的项目注册人数大幅增加,这一现象值得深入研究。例如,在 2009—2010 年度的基础上,国家资格框架 5 级和 6 级项目 2014—2015 年度新增人数达到 4931 人。

实习项目似乎成为一份高级证书或文凭的组成部分,或是取得高级证书或文凭后的一项安排,主要功能是为相关人员提供工作经验。仅从上述信息来看,我们尚不能判断,参加实习项目是否已经成为职业注册或毕业的前提条件。但是,年龄方面的数据可以支撑这一论断。

接着考察一下实习项目中的具体专业领域。表 11.7 和表 11.8 显示,实习项目常见于信息技术、工程、行政、环境科学等领域。在工程领域,实习一直以来都是教育与培训的结业要求,也是职业注册的先决条件,所以工程位列榜单前列并不意外。不过,信息技术、行政、管理等领域似乎也在借鉴这一模式。

表 11.7 2009—2010 年度、2014—2015 年度实习项目注册人数最多的领域 (人)

2010		2015	
信息技术	309	工程	1179
技师	232	行政	1105
工程	199	信息技术	973
环境健康	196	管理	515
办公室支持	125	化学	198
行政	121	人力资源	164
食品技术	99	环境科学	159
管理	99	农业	147
农业	77	会计	146
新闻	77	建筑	146

资料来源:作者基于高等教育与培训部 2009—2010 年度、2014—2015 年度数据计算。

注:2009—2010 年度总数为 2678 人,2014—2015 年度总数为 11370 人。

可以看到,社会工作并不在注册人数排名前十的榜单中,也不在 2009/2010 年度完成人数排名前十的榜单中,但在 2014/2015 年度完成人数的榜单中位居第一,而实习一直以来都是教育与培训结业和职业注册的先决条件。要想更加清晰地了解这些结果,就有必要考察一下,这些领域的结业或职业注册要求是否发生了变化。

然而，上述情况说明，参加实习项目的主要是已经取得高级正式资质、手里握有求职机会的年轻人，他们参加项目是为了进行职业培训。他们所关心的是通过实习促进就业过渡。实习项目在2009—2014年得到了快速发展，这就引出一个问题：求职选项较少的人是否有机会参加工作本位学习项目？

表11.8　2009—2010年度、2014—2015年度实习项目完成人数最多的领域　（人）

2010			2015	
行政	169		社会工作	452
工程	163		工程	256
食品科技	99		管理	127
制药	69		行政	122
电信	61		信息技术	97
环境健康	53		人力资源	78
人力资源	51		会计	63
信息科技	44		农业	58
农业	44		化学	57
管理	35		临床工程技师	50

资料来源：作者基于高等教育与培训部2009—2010年度、2014—2015年度数据计算。

注：2009—2010年度总数为1152人，2014—2015年度总数为3145人。

就业过渡：提供劳动力市场所需技能，转变社会排斥模式

职业教育旨在为劳动力培训技能、提升技能，以满足经济发展需求，进而解决劳动力市场的结构性问题。但在过去，评估相关项目价值或影响的方法太过简单，只是看各个行业教育与培训局在项目注册和完成人数方面完成了多少既定指标。如前所述，对参加项目的群体数据进行分析，可以在一定程度上了解每条路径的项目完成人数及去向，考察促进平等与转型的目标是否达成。但是还有一个问题：这些项目是否为年轻人提供了劳动力市场所需的、有价值的职业资质？下文将通过一项开展于2009—2010

年度[①]、涉及现代学徒制与传统学徒制的跟踪调查（Kruss et al. 2012；Wildschut et al. 2012）做进一步分析。我们的目标是，通过比对跟踪调查数据和上文的人口数据，评估不同形式的工作本位学习项目所培训的技能与经济发展需求之间的关系。

技能发展项目是否满足实际技能需求?

要想考察工作本位学习项目所培训的技能是否符合经济需求，就要从国家确定的优先发展领域和职业出发，评估项目参与人员的就业成果和教育成果之间的关系。

主要指标包括：

特定项目的教育成果（是否成功完成项目）

最终的就业成果（当前是否处于就业状态）

就业成果的特征（职业类型、行业领域）

外部需求识别［如查阅急需职业清单（DHET 2015）或对比《国家发展规划》中的技能需求］

第一步，梳理工作本位学习项目中完成人数占参与人数的比例。我们通过一项开展于2009—2010年度、涉及现代学徒制与传统学徒制的跟踪调查获取相关信息。下文中的表格有的反映现代学徒制项目与传统学徒制项目两者的情况，有的只反映其中一方面的情况[②]。

我们通过调查数据发现，在参加现代学徒制项目的调查对象中，86%的人完成了项目，只有一小部分人尚未取得资质就退出了项目。传统学徒制项目的情况与之类似。调查发现，绝大多数人（92%）取得了项目资质，只有一小部分人（8%）退出了项目。这些数据并未反映出他们完成项目所耗时间是否长于建议时间，但足以说明，这些工作本位学习项目能够非常高效地将年轻人培养成才，他们所取得的资质既包括理论知识，也

① 该调查开展于“国家技能发展战略”二期的倒数第二年和最后一年，即2009年4月至2010年3月。

② 在调查对象中，2009—2010年度现代学徒制项目注册人数为43569人，完成人数为28410人。2009—2010年度传统学徒制项目注册人数为9316人，完成人数为3432人（Janse Van Rensburg et al. 2012）。

包括实践技能和工作经验。

第二步，梳理项目参与人员的最终就业成果，即取得工作本位学习项目资质之后是否就业。我们将调查对象完成项目后的第 1 过渡期成果与最终过渡期成果分开考察。例如，一位调查对象完成现代学徒制项目后，起初一段时间没有就业（第 1 过渡期），然后做临时工以获取经验（第 2 过渡期），最后得到一份全职的无固定期限工作（最终过渡期）。考察调查对象参加工作本位学习项目后的过渡类型十分重要。第 1 过渡期可能会影响其求职路径的走向，最终过渡期则体现了其所学项目在调查开展之时的直接成果。我们梳理了四种过渡类型和最终成果：就业、求学、失业、半工半读。

表 11.9 按不同的就业成果显示了现代学徒制调查对象的过渡情况。从第 1 过渡期和最终（第 6）过渡期的情况来看，我们可以得出以下认识：在完成现代学徒制项目后，有高达 79% 的人表示自己在第 1 过渡期后处于就业状态。仅有 4% 的人表示自己在完成现代学徒制项目后处于失业状态。14% 的人在进行各种形式的深造，仅有 4% 的人在半工半读。调查样本中有 74%（按表 11.9 中数据计算应为 75%，原文如此——编者注）的人在最终过渡期后处于就业状态。因此，现代学徒制资质意味着极高的就业几率，高度体现了工作本位学习项目的积极影响。

表 11.9　现代学徒制项目参与人员的就业过渡情况　（人）

过渡类型	第 1 过渡期	第 2 过渡期	第 3 过渡期	第 4 过渡期	第 5 过渡期	第 6 过渡期
就业	1976（79%）	1851（74%）	1894（75%）	1886（75%）	1889（75%）	1890（75%）
半工半读	92（4%）	152（6%）	136（5%）	132（5%）	131（5%）	131（5%）
失业	104（4%）	105（4%）	96（4%）	97（4%）	96（4%）	96（4%）
求学	339（14%）	403（16%）	385（15%）	396（16%）	395（16%）	394（16%）
总计	2511	2511	2511	2511	2511	2511

资料来源：Wildschut et al. 2012.

此外，工作特征也是我们关注的焦点。年轻人是否希望以后继续留在当前的工作？这些工作能否促进经济增长？因此，针对处于就业状态的调查对象，该跟踪调查还设计了一些问题，收集其就业领域、公司规模、经济收入、职业大类等信息。

在完成现代学徒制项目的群体中，大多数人进入了正规经济以及大型私立机构和政府机构。表 11.10 显示，就业人数最多的是社区、社会、个人服务领域，占比 38%。其次为金融中介、保险领域，占样本总数的 15%。按行业教育与培训局细分后，我们发现，这些人中的大部分参加过金融与会计服务业教育与培训局、银行业教育与培训局以及媒体、信息与通信技术教育与培训局开设的现代学徒制项目，技能等级较高，职业较好，职业培训与认证路径较宽。农业、捕猎、林业、捕鱼领域的人数最少。

表 11.10 **调查对象就业的经济领域** （人）

经济领域	就业	半工半读	小计	百分比（%）
农业、捕猎、林业、捕鱼	25	1	26	1.33
采矿、采石	56	2	58	2.98
制造	178	4	182	9.34
电力、天然气、水	158	10	168	8.62
建筑	77	9	86	4.41
批发、零售	110	8	118	6.05
交通、仓储、通讯	86	9	95	4.87
金融中介、保险	260	37	297	15.24
社区、社会、个人服务	701	39	740	37.97
雇佣劳动力的私人住所	48	0	48	2.46
不确定	60	1	61	3.13
其他	68	2	70	3.59
总计	1827	122	1949	100

资料来源：Wildschut et al. 2012.

按职业大类细分的数据也证实，大多数人的就业去向为社区与个人服务领域（图 11.10），然后依次为专业人员、技师、文员与管理相关职业。有 86% 的人表示自己从事无固定期限工作，从事临时工作的人非常少。合同工最多的领域是体力劳动。需要注意的是，图中的工作分类既有调查对象自己的回答，也有采访人员自己的解读。尽管如此，除了社区与个人服务无法按职业等级进行分类之外，其他大多数职业都要求从业人员具有中

级、高级技能。总体而言，上述研究发现说明，现代学徒制项目可以帮助人们实现稳定就业。

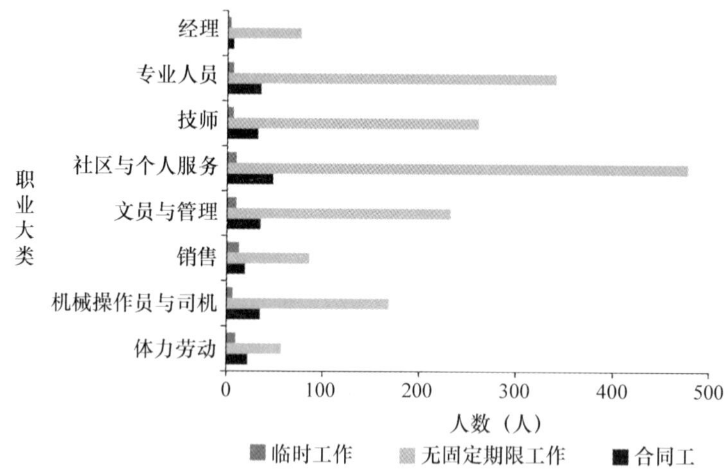

图 11.10　就业群体的职业大类

资料来源：Wildschut et al. 2012.

另一个关键问题在于，当前的用人单位与当时参加工作本位培训时的单位是否一致。如果一致，那么不仅说明用人单位通过工作本位培训成功赢得了项目参与人员的信任，也能证实用人单位认可了项目参与人员在培训中所获得的技能。

我们发现，在完成现代学徒制项目、找到工作的2021名调查对象中，有52%的人（1041人）的工作单位与此前参加培训的单位一致。这说明，为项目参与人员创造工作体验机会可以在很大程度上促进就业。但这同时也意味着，近半数用人单位并未雇佣曾经培训过的技能型人才①。总而言之，这一部分的研究发现证明，通过综合考察教育成果、就业成果、就业成果的特征，我们完全有可能评估工作本位学习项目是否提供了经济所需的技能。还可以将评估结果与职业、行业需求清单进行对比，考察相关方面（用人单位或政府机构）是否针对经济需求开展了相关培训。

① 要想考察其背后的原因，就要收集用人单位的数据，比如可以宽泛地问，在他们看来，现代学徒制或传统学徒制的某个项目是否能够提供他们所需要的技能。

参加项目是否转变了劳动力市场的社会排斥模式?

数据显示，有些省份的工作本位学习项目数量相对较少。我们知道，有些学生会前往其他省份上大学，那么他们是否认为外省的工作本位学习项目也同样值得自己为之移居？还是说他们就在从小长大的地方寻找合适的项目？

为了回答这些问题，我们梳理了2009—2010年度传统学徒制项目参与人员的移居情况（表11.11）。例如，在参加传统学徒制项目的调查对象中，有190人来自东开普省，130人在参加调查时住在东开普省，仅有117人是在东开普省参加的项目。总的来说，数据显示，净移入的省份是西开普省、豪登省这种城镇化程度高、资源充沛的地区，净移出的省份则资源贫乏，多为农村地区，如林波波省、东开普省。豪登省的净移入人数最多，林波波省的净移出人数最多。此外，数据证实，西开普省等有些地区的传统学徒制项目极少，传统学徒制的培训与就业机会仅集中在豪登省、夸祖鲁—纳塔尔省。要想转变一直以来的社会排斥模式，就要为资源贫乏的地区创造更多培训、就业机会。

表11.11　**传统学徒制项目参与人员的地理分布**　（人）

省份	原籍	参加项目	现居	净迁移
东开普省	190	117	130	移出（60）
自由州省	83	71	57	移出（26）
豪登省	289	646	597	移入（308）
夸祖鲁—纳塔尔省	438	421	412	移出（26）
林波波省	258	72	106	移出（152）
姆普马兰加省	83	44	55	移出（28）
北开普省	16	5	11	移出（5）
西北省	48	20	27	移出（21）
西开普省	72	85	86	移入（14）
数据缺失	6	2	2	

续表

省份	原籍	参加项目	现居	净迁移
总计	1483	1483	1483	

资料来源：Janse Van Rensburg et al. 2012。

注：数据缺失的情况包括：调查对象拒绝回答这一问题，“成长地”变量中有4人在国外长大。

在该跟踪调查中，调查对象需要提供其社会经济地位相关信息，包括父母教育程度、父母工作类型、住房情况、中学教育程度、住在城镇还是农村、交通方式。为了进一步分析社会排斥问题，我们将上述要素编成一组二元变量，进行主成分分析（principal component analysis）。主成分分析在多维数据内对主成分进行识别。第一主成分为调查对象的社会经济地位指数（Filmer & Pritchett 2001），社会经济地位最低值为 -2.88，最高值为10.15。

例如，传统学徒制调查对象的种族与社会经济地位信息显示，两者之间存在相关性：白人的社会经济地位指数平均值较高（4.9573），黑人的社会经济地位指数平均值较低（2.0760）。这对调查对象参加传统学徒制项目的几率有什么影响？

我们分析了调查对象进入传统学徒制项目的路径，并对社会经济地位指数平均值做了细分分析。例如，有些人中学毕业后可能直接就进入了传统学徒制项目，说明他们很重视，将其视为第一选择。有些人可能先工作了一段时间，然后失业或者尝试进入其他项目，最后选择了传统学徒制项目。我们发现，与其他三种更为常见的过渡路径相比，中学毕业后直接进入传统学徒制项目的群体社会经济地位指数平均值较高（见表11.12）。在中学毕业后直接进入传统学徒制项目的群体中，大多数人为白人。因此我们认为，在传统学徒制项目方面，种族与社会经济地位确实高度相关，而且还在持续影响人们的路径选择。在常见路径中，最为复杂的是先求学、再就业、然后进入传统学徒制项目，这个群体的社会经济地位指数平均值最低，非常接近先就业、然后进入传统学徒制项目的群体的平均值，说明这两个群体在中学毕业后鲜有深造的机会。

表 11.12　　选择常见过渡路径的群体的社会经济地位指数平均值

路径	平均值	人数（人）	标准差
先求学、然后进入传统学徒制项目	3.37	345	2.76
先求学、再就业、然后进入传统学徒制项目	2.59	333	2.31
先就业、然后进入传统学徒制项目	2.61	316	2.36
中学毕业后直接进入传统学徒制项目	4.04	58	3.05
总计	2.93	1052	2.56

资料来源：Wildschut et al. 2012.

结　论

中学毕业生一般都想走上一条“从中学到高等教育再到高薪工作”的道路（另见本书第二章以及第七章），而本章所关注的几种项目为无法实现这一愿望的人提供了另一条接受教育与培训、进入劳动力市场的路径。

这些项目以往没有受到足够的重视，但决策部门已经愈发认识到，工作本位学习项目是南非中学后教育与培训系统中的重要组成部分。这就引出一个问题：决策部门是否应向工作本位学习项目投入资源？如何利用资源才能将其做大做强？可以用两条政策目标作为评估标准：这些项目是否吸纳了南非民众中更多、更有代表性的群体？这些项目所培训的技能是否有助于创造更多就业机会？

我们考察了传统学徒制、现代学徒制、实习等三种形式的工作本位学习项目。证据显示，它们之间存在显著差异。这些差异反过来又为我们做强工作本位学习项目提供了参考。在本章数据的基础上，我们认为，现代学徒制、传统学徒制目前为人们提供了一条技能培训的路径，值得向其投入更多资源，值得行业教育与培训局、技术职业教育与培训学院等相关方面对其赋能（Kruss et al. 2012）。此外，上述跟踪调查指出，传统学徒制、现代学徒制项目为曾经受到排斥的群体创造了机会，为许多人提供了技能培训，帮助他们过渡至正规经济。

通过对比 2009—2010 年度、2014—2015 年度数据集，我们发现了显著的变化趋势。现代学徒制、传统学徒制的规模持续扩大，吸纳了不同群体。传统学徒制可以解决技能短缺问题，帮助项目参与人员得到中等偏上的工作，其发展速度远远快于现代学徒制。现在有越来越多的非洲黑人进入这两种项目。但与非洲黑人在全国人口中的比重相比，他们在这些项目中的比重偏高；与项目中的其他种族群体相比，非洲黑人的年龄偏大。年龄、种族方面的现象说明，这些项目并非他们的第一选择。这就引出一个问题：他们是否获得了平等的机会？此外，不同省份、不同领域的项目开办情况差异显著，教育、培训、就业机会都集中在大城市和资源充沛的省份，曾经的不平等问题如今又卷土重来。

在现代学徒制项目中，注册人数增幅最大的是相当于普通、继续教育与培训阶段的国家资格框架较低等级的项目。学士学位等级的项目注册人数有所减少。2009—2010 年度就业数据显示，现代学徒制最多也就是帮助项目参与人员为进入低技能相关职业做好准备。这就引出一个问题：在一个经济增速较低、高级技能相关工作数量持续增加、低技能人员失业率高居不下的国家，现代学徒制能否继续帮助人们实现就业过渡？

自 2009—2010 年度以来，实习项目的规模快速扩大，但问题在于，它是否为人们提供了一条接受教育与培训的路径？参加实习项目可以取得相关资质，它属于技术职业教育与培训学院或科技大学资质中的职场环节。一旦取得资质，实习项目也可以帮助项目参与人员就业、达到职业注册要求或获得工作经验以提升求职几率。数据显示，实习项目的发展最快，明显是受到了高度重视。实习项目参与人员注册时的年龄显著下降，而且大多数人参加的项目相当于高等教育阶段，仅有极少数人参加了相当于技术职业教育与培训学院阶段的项目。以上证据表明，对于已经成功进入高等教育的人而言，参加实习项目已经日益成为高级职业资质和职业注册的先决条件，而非通过实习取得技术职业教育与培训学院资质。

本章所考察的三种工作本位学习项目有着不同的目标、不同的群体，这就引出一个关键问题：就项目所得到的资源而言，现代学徒制、传统学徒制、实习的相对优先级是如何排序的？工作本位学习系统中的非正式领域，尤其是私有化的公司和认证培训机构，一直以来忽视职场培训，这一问题有待解决。例如，如果实习的优先级高于现代学徒制，那么已经在正式的中学后教育与培训系统取得成功的人就会受到青睐，而非那些机会有限或完全缺乏机会的人。此外，完成现代学徒制、传统学徒制项目后，相关人员在劳动力市场的就业率和留滞率（完成培训后仍在先前的公司就业的人员所占比例）较高，这就很好地说明，应该继续支持、做强、做大这些项目。

最后，工作本位学习系统尚处在发展初期，在本章所考察的五年间发生了新的变化，在此基础上，应该再开展一项就业成果跟踪调查，以辅助决策部门出台相关政策，创造更多教育与培训机会，帮助人们成功实现就业过渡。

参考文献

Bhorat H & Tian N (2014) *Growth, employment and skills: The new growth path revisited.* LMIP Report No. 3. Commissioned by Department of Higher Education and Training. Johannesburg: Labour Market Intelligence Partnership (LMIP), Human Sciences Research Council.

Blom R (2015) *Development of the policy on workplace – based learning: Legislative and policy review.* Pretoria: DHET.

Breen R (2005) Explaining cross – national variation in youth unemployment: Market and institutional factors. *European Sociological Review* 21 (2): 125 – 134.

Burger RP & Woolard I (2005) The state of the labour market in South Africa after the first decade of democracy. *Journal of Vocational Education and Training* 57 (4): 453 – 476.

CDE (Centre for Development Enterprise) (2008) *South Africa's "door knockers": Young people and unemployment in metropolitan South Africa.* Accessed March 2017, http://www.cde.org.za/south – africa – s – door – knockers – youngpeople – and – unemployment – in – metropolitan – south – africa/.

CHE (Council on Higher Education) (2011) *Work – integrated learning: Good practice guide.* HE Monitor No. 12, Pretoria: CHE.

DHET (Department of Higher Education and Training) (2015) *A workplace – based learning (WPBL) policy: The national perspective.* Pretoria: DHET.

DoL (Department of Labour) (2005) *National skills development strategy 2005 – 2010.* Pretoria: DoL.

Filmer D & Pritchett L (2001) Estimating wealth effect without expenditure data - or tears: An application to educational enrollments in States of India. *Demography* 38: 115 - 32.

Fuller A & Unwin L (2003) Creating a modern apprenticeship: A critique of the UK's multisector, social inclusion approach. *Journal of Education and Work* 16 (1): 5 - 25.

Gospel H (1998) The revival of apprenticeship training in Britain? *British Journal of Industrial Relations* 36 (3): 435 - 457.

Grawitzky R (2006) *SETAs - a vehicle for the skills revolution?* Report for JIPSA commissioned by Development Policy Research Unit, University of Cape Town.

HSRC (Human Sciences Research Council) (2007) *Employment and learning pathways of learnership participants in the NSDS phase II.* Pretoria: Human Sciences Research Council.

Janse Van Rensburg D, Visser M, Wildschut A & Kruss G (2012) *A technical report on learnership and apprenticeship population databases in South Africa: Patterns and shifts in skills formation.* Commissioned by the Department of Labour. Pretoria: HSRC Education and Skills Development Research Programme.

Kraak A (2005) Human resources development and the skills crisis in South Africa: The need for a multi - pronged strategy. *Journal of Education and Work* 18 (1): 57 - 83.

Kruss G, Wildschut A, Janse Van Rensburg D, Visser M, Haupt G & Roodt J (2012) *Developing skills and capabilities through the learnership and apprenticeship pathway systems.* Cape Town: HSRC.

Leibbrandt M, Woolard I, Finn A & Argent J (2010) *Trends in South African income distribution and poverty since the fall of apartheid.* OECD Social, Employment and Migration Working Papers, No. 101. Paris: OECD Publishing https: //doi. org/10. 1787/5kmms0t7p1ms - en.

MacLean VM & Rozier C (2009) From sport culture to the social world of the 'good PT': Masculinities and the career development of physical therapists. *Men and Masculinities* 11 (3): 286 - 306.

Marock C (2008) *Grappling with youth employability in South Africa.* Pretoria:

HSRC.

Mbatha N, Wildschut A, Mcnwango B, Ngazimbi X & Twalo T (2014) *Towards understanding the distinctive nature of artisan training: Implications for skills planning in South Africa*. LMIP Report No. 2. Johannesburg: Labour Market Intelligence Partnership (LMIP), Human Sciences Research Council.

Mukora J (2009) Artisans. In J Erasmus & M Breier (Eds) *Skills shortages in South Africa: Case studies of key professions*. Pretoria: HSRC Press.

OECD (Organisation for Economic Cooperation and Development) (2000) *Tackling inequalities in Brazil, China, India and South Africa: The role of labour market and social policies*. Paris: OECD.

Reddy V, Bhorat H, Powell M, Visser M & Arends A (2016) *Skills supply and demand in South Africa*. Pretoria: Human Sciences Research Council.

Robinson R (2004) Pathways to completion: Patterns of progression through a university degree. *Higher Education* 47: 1 – 20.

Steedman H (2001) Five years of the modern apprenticeship initiative: An assessment against continental European models. *National Institute Economic Review* 178 (1): 75 – 87.

Visser M & Kruss G (2009) Learnerships and skills development in South Africa: A shift to priorities the young unemployed. *Journal of Vocational Education and Training* 61 (3): 357 – 374.

Wildschut A (2010) Exploring internal segregation in the South African medical profession. *Journal of Workplace Learning* 22 (1/2): 53 – 66.

Wildschut A, Kruss G, Janse Van Rensburg D, Haupt G & Visser M (2012) *Learnerships and apprenticeships survey* 2011 *technical report: Identifying transitions and trajectories through the learnership and apprenticeship systems*. Client report commissioned by the Department of Labour/ Department of Higher Education and Training. Pretoria: HSRC Education and Skills Development Programme.

第十二章

南非劳动力市场中的教育不匹配与技能不匹配

叶洛斐利·格拉普萨(Erofili Grapsa)
邦吉维·姆万戈(Bongiwe Mncwango)
迈克尔·罗根(Michael Rogan)

本书中的很多章节都探讨了学生完成各种教育与培训后的就业去向，本章将在宏观上考察教育与就业的匹配情况。所有国家都面临着帮助劳动力培训劳动力市场所需技能的任务。在南非，官方公布的失业率约为26.7%（Stats SA 2018），这样一来，上述工作就显得尤为迫切。在结构性失业率高居不下、各政府部门通力支持全生命周期人力资本发展的背景下，劳动力的资质、技能与用人单位所需的资质、技能之间匹配程度如何，这一问题十分关键。

本章是本书实证研究的最后一章，考察中学后教育与培训系统不同领域毕业生的资质、技能与劳动力市场需求之间的匹配情况，呼应中学后教育领域的入学、求学、毕业路径这一主题。本书中的很多章节都指出，南非的高等教育、职业培训、劳动力市场等方面长期以来存在不平等现象，技能短缺问题十分严重。目前已有一些证据表明，教育不匹配、技能不匹配这两个问题在南非都广泛存在，值得深思（Beukes et al. 2016；Daniels 2007；Mncwango 2016；Reddy et al. 2016；Schoeman et al. 2010）。在技能不匹配的问题上，南非的低技能职业、高技能职业中可能都存在技能短缺现象，有时是绝对短缺，即缺乏具备相关技能的员工；有时是相对短缺，即员工具备一定技能，但不符合用工标准（Daniels 2007）。本章指出，中学后教育、工作本位学习、在职培训以及其他能够促进终身学习的技能发展形式十分重要。如果员工的技能或教育程度与岗位所需的技能或教育程度不匹配，那么就更有必要参加上述项目了。如本书第十一章所示，手艺及相关技能职业对南非的经济增长至关重要，现代学徒制、传统学徒制能够改进、提升、弥补员工现有的技能和教育程度。本章认为，工作本位学习或在职培训不仅能够有效解决就业不匹配问题，还能提升工作满意度，在未来的政策制定工作中应予以重点考虑。

职业不匹配或就业不匹配是个宽泛的概念，指的是某个员工在工作中可能面临正式资质、技能过剩或不足的问题（另见本书罗根的文章）。在相关文献中，员工的正式资质（教育程度）与岗位所需资质不匹配这一现象被称为“教育过度”（over - education）或“教育不足”（under - education）。另外，员工可能达到岗位所需的教育程度，但缺乏相关技能，或技能超出岗位所需，这被称为“技能不足”（skill deficit）或“技能利用不足”（skills under - utilisation），后者亦称“技能过剩”（over - skilling）。有研究（Quintini 2011b）详细梳理了经济合作与发展组织成员国相关文献中这些概念的定义。技能不匹配、资质不匹配对一个社会的影响既体现在微观层面，也体现在宏观层面。假设两人接受教育或培训的年数相当，一人面临教育过度，一人资质匹配度更高，那么相比之下，前者的教育投资回报较小，收入较少。此外，教育过度常常还会导致工作满意度较低。资质不足的员工往往工作效率较低，失业风险较大。对公司而言，劳动力教育过度、教育不足都会阻碍公司发展、制约生产与创新、导致频繁的人员更替。在宏观层面，劳动力教育不足或技能不足会影响经济增长与发展，这个问题在发展中国家和中等收入国家尤为显著。因此，不论是在发达国家还是发展中国家，职业不匹配都意味着劳动力市场没有效率，将推高失业率、减缓经济增长、降低生产力。

因此，本章的主要目标在于探讨南非劳动力市场中职业不匹配现象的严重程度及其相关因素。研究数据既可考察资质不匹配，也可考察技能不匹配，旨在量化南非员工职业不匹配的程度，梳理这一问题对工作满意度、继续教育与培训的影响。本章使用 2013 年南非社会态度调查的数据（HSRC 2013），不仅能够考察就业不匹配与工作满意度之间的关系，也能够考察就业不匹配与培训之间的关系。本章结构如下：首先简要回顾全球及南非涉及职业不匹配问题的理论与实证文献，随后讨论研究数据和方法，比较职业不匹配指标的若干定义及其与在职培训、工作满意度之间的关系，最后讨论研究结果对南非教育与培训的启示。

就业不匹配领域的国际研究

资质过剩现象常见于发达国家，因此，在国际文献中，职业不匹配方面的研究主要考察的是资质过剩的决定因素。随着高等教育在很多国家的“大众化”，很多研究都在关注大学毕业生的教育过度现象（Green & McIntosh 2007），其中绝大多数研究仅关注教育不匹配，不关注技能不匹配。一小部分研究发现，教育过度与性别、年龄、种族等个人特征之间弱相关。然而，性别与教育过度之间的关联尚不明确。有些研究指出，教育过度现象在女性中更为突出，但有些研究则持不同观点。有研究（Green & McIntosh 2007）发现，年龄与资质过剩之间存在负相关，除此之外，其他显著因素都与特定工作或特定学位有关（如兼职或全职、公司规模、学位类型、大学类型）。但也有学者（Quintini 2011a，2011b）指出，在发达国家的文献中，种族与移民情况似乎是教育过度的重要决定因素。

在技能不匹配的决定因素方面，一项重要研究（Green & McIntosh 2007）发现，非黄金年龄的员工、工作不稳定的员工面临技能过剩的几率更高。该研究还发现，资质过剩的毕业生并不一定会面临技能过剩。此外，相关文献还特别关注资质与技能不匹配之间的关系。不少研究（Allen & Van der Veldon 2001；Allen & De Weert 2007）发现，尽管教育不匹配、技能不匹配这两者之间可能相关，但存在其中一种现象并不一定意味着会同时面临另一种问题（另见本书罗根的文章）。

职业不匹配的一个严重后果是工作满意度较低，很多研究表明，这与教育过度相关（Allen & Van der Veldon 2001；Allen & De Weert 2007；Battu et al. 2000；Chevalier 2003；Green & Zhu 2010；Sloane 2003；Verhaest & Omey 2006a；Vieira 2005）。总的来说，与匹配程度较高的员工相比，甚至是与资质相同或工作相同的员工相比，面临教育过度问题的员工对工作的满意度更低。但在加入技能不匹配以及工作的其他特征的参照项后，教育不匹配的影响往往就变得不显著了。

从技能发展的角度看，职业不匹配问题中的一个重要因素在于能否获得参加额外教育或培训的机会，以及参加额外教育或培训能否弥合本人所获技能与职业所需技能之间的差距。此前一些研究曾尝试考察，教育与在职培训能否互相替代或互为补充（Alba - Ramirez 1993；Groot 1993；Van Smoorenburg & Van der Veldon 2000）。有学者（Sloane et al. 1996；Sloane 2003）认为，如果二者可以互相替代，那么以教育替代培训，相比于匹配程度较高的员工，教育过度的员工接受较少的培训就可以胜任工作。对于教育过度的员工而言，他们所接受的教育为其培训了其他方面的技能，可能不需要额外培训，但对于教育不足的员工而言，他们可能希望接受额外培训，从而增加经验或知识，进而实现更高程度的就业匹配，从额外培训中受益。

另外，如果教育与培训可以互为补充，那么培训就意味着在原本的教育基础上进行人力资本投资，能够提升业已获取的技能。这样一来，公司和雇主一般就会愿意面向教育程度较高的员工进行培训投资，因为他们可能会在更短时间内学会新的技能。然而，有研究（Van Smoorenburg & Van der Veldon 2000）指出，与匹配程度较高的员工相比，教育过度的员工参加培训的几率较低。其他研究发现，资质不足的员工参加培训的几率最低（Groot 1993）。总的来说，不同文献中的研究结果差异显著，但似乎都说明，额外培训是解决工作与员工之间各种不匹配问题的良方。

南非语境下的就业不匹配问题

南非失业率居高不下，主要技能短缺，资质过剩程度相对过高（Daniels 2007；Mncwango 2016），但南非仅有少数研究考察了职业不匹配现象的严重程度及其相关因素。此外，尚无研究探讨这一问题的后果，如其对工作满意度、在职培训的影响。一项基于南非社会态度调查的最新报告（Mncwango 2016）显示，约有 30% 的已就业人员表示自己面临资质过剩。该报告还指出，资质过剩现象在非洲黑人、女性、25—34 岁员工、仅有小学教育程度的员工中更为显著，但其研究结果仅为描述性质，也未考察标准误和置信区间。

该领域一项最为细致的研究（Beukes et al. 2016）使用《季度劳动力调查报告》数据，得出衡量资质过剩的两种客观方法。研究发现，采用规范（normative）方法测算的 2008—2014 年资质过剩率为 15.7%—27.9%，采用统计方法测算的结果在6%—15%。一项关于毕业生就业领域与职业的最新研究（Reddy et al. 2016）发现，在需要高级资质的职业（经理、高级官员、技师、专业人员）中，拥有第三级教育背景的人数占比接近一半，说明他们的资质严重不足。此外，在高等教育毕业生中，近半数就职于社区、社会、个人服务领域，科学、工程专业的有些毕业生则选择金融领域，说明技能与资质之间存在一定程度的不匹配。

除了这些为数不多的研究，职业不匹配问题在南非尚未得到足够重视，尤其是没有研究涉及职业不匹配这一概念的不同定义、其决定因素及其对工作满意度、额外培训、技能发展的影响。接下来，本章将利用一个最新的数据源，从这些角度分析南非的职业不匹配现象。

数据与方法

本章以2013年南非社会态度调查（HSRC 2013）为基础。这是一项具有全国代表性的跨领域调查，人文科学研究理事会自2003年起每年开展一次，旨在考察公众对南非文化、社会、政治、经济议题的态度以及态度变化的情况。在人文科学研究理事会于2002年设计的抽样框的基础上，该调查面向一群有代表性的样本开展。在2001年人口普查测算的基础上，主样本包括1000个初级抽样单位（primary sampling unit）。信息收集采用面对面采访的形式，共计2885名年龄在16岁及以上的南非人参加了2013年的调查。排除未就业人员、非经济活动人口、主要变量信息缺失的少数调查对象之后，我们的数据集包括844名已就业的调查对象（见附表12A中的样本特征）。

在南非社会态度调查问卷中，每年有很多问题都是固定的，但每年也都有一个模块涉及特定主题。在2013年的调查问卷中，特定主题模块由“劳动力市场信息伙伴”项目的研究人员设计，考察公众对劳动力市场的态度。国际文献中用来考察就业匹配情况的问题终于首次出现在了南非的调查问卷中。为考察就业不匹配问题，本章采用南非社会态度调查中的多个指标构建资质与技能不匹配的指标。

资质不匹配指标

我们采用两项客观方法和一项规范性方法，即间接自评法（Bauer 2002；De Oliveira et al. 2000；Flisi et al. 2017；Kiker et al. 1997；Verdugo & Verdugo 1989）。第一项客观方法为专家驱动型（expert - driven），使用工作分析法（job analysis）（Quintini 2011b；Flisi et al. 2017）。该方法基于《南非标准职业分类》（South African Standard Classification of Occupations）[①]清单，将职业分为十个大类。据《南非标准职业分类》，“技能指执行特定工作职责与任务的能力”（HSRC 2003）。技能等级反映完成一项工作的任务或职责的范围与复杂程度，通过正式教育和经验加以衡量（调查对象在各个职业的分布情况见附表12B）。

据2003版《南非标准职业分类》，技能等级主要有四种（表12.1）。1级技能相当于初等教育程度，但也可能包括未接受正式教育的工人，因此可以视为包括技能和教育。2级技能相当于中等教育以及一些传统学徒制项目或在职培训，其中，中等教育始于十三四岁，历时五年。3级技能相当于一份不同于大学学位的资质，相关教育始于十七八岁，历时一至四年不等。4级技能相当于大学学位（本科学位或研究生学位），相关教育始于十八九岁，历时三年或三年以上。请注意，2003版《南非标准职业分类》（Stats SA 2003）未注明0类职业和1类职业的技能等级，相关信息从职业描述或2012版《南非标准职业分类》（Stats SA 2012）中提取。

我们使用的第二项客观方法为统计法，即计算每个职业大类（基于《南非标准职业分类》）的教育程度或求学年数的平均值或众数。在此基础上，我们将教育不匹配定义为个人教育偏离于某个职业大类的平均值或众数的偏差。使用平均值时，个人教育成就（按求学年数计算）高于平均值一个标准差的情况视为教育过度，低于平均值一个标准差的情况视为教育不足。个人教育程度在其所在职业大类的教育程度平均值一个标准差以内的情况视为教育匹配。我们将该方法应用于《南非标准职业分类》系统下

---

① 目前已有新版清单，但南非社会态度调查（HSRC 2003）使用的是2003版清单，本研究也予以沿用。

职业代码的一位数水平和两位数水平（平均值1、平均值2）。众数的情况与之相似，个人教育成就大于其所在职业大类众数数值的情况视为教育过度，低于的情况视为教育不足，等于的情况视为教育匹配。在这种情况下，我们使用教育成就变量（按调查对象填写的最高等级测算），而非求学年数，将其应用于职业代码的一位数水平和两位数水平（众数1、众数2）。

表12.1　**职业大类与技能等级**

职业大类	教育程度	技能等级
1. 议员、高级官员、经理	第三级教育	4
2. 专业人员	第三级教育	4
3. 技师及相关专业人员	文凭/证书	3
4. 文员	中等教育或同等级别	2
5. 服务人员及店铺、市场销售人员	中等教育或同等级别	2
6. 农业、渔业熟练工人	中等教育或同等级别	2
7. 手艺及相关技能工人	中等教育或同等级别	2
8. 工厂、机器操作员、装配工	中等教育或同等级别	2
9. 基础职业	初等教育或以下	1
10. 军人、未指明与未分类职业、非经济活动人口	各类	1+2+3+4

资料来源：Stats SA 2003.

从南非社会态度调查数据中得到的唯一一项主观方法是间接自评法，相关指标基于问卷中的一个问题（Dolton & Silles 2008；Dolton & Vignoles 2000）：你认为完成你的工作所需的最低教育程度是什么？该问题的答案选项包括：(1) 无需学校教育、(2) 初等教育、(3) 某种程度的中等教育、(4) 中学毕业/12年级证书、(5) 证书或文凭、(6) 大学学位、(7) 大学学位及高级资质。我们将调查对象的答案分为五类，然后与其教育程度进行比对，得出间接自评法的指标（另见本书罗根的文章）。在此基础上，工作所需教育程度低于个人实际教育程度的情况视为教育过度，等于的情况视为教育匹配，高于的情况视为教育不足。

技能不匹配指标

技能不匹配又称技能利用不足（即技能过剩）、技能不足、技能无关，通过两个主观问题进行衡量。第一个问题是一句关于技能利用情况的描述：我所从事的工作可以充分利用我的知识和技能。调查对象需从以下选项中选择一个：（1）同意、（2）既不同意也不反对、（3）不同意、（4）强烈反对、（5）无法选择。相关研究（Allen & Van der Veldon 2001）将技能利用不足定义为个人对上述描述的同意程度：选择（4）或（5）为技能利用严重不足，选择（1）（2）（3）则为不存在技能利用不足（另见本书罗根的文章）。

第二个问题用于建构技能相关度变量（Allen & Van der Veldon 2001）：你的技能与你的日常工作之间相关度如何？答案选项包括：（1）很大程度、（2）一定程度、（3）完全不相关、（4）未接受任何培训或取得任何资质、（5）不知道。选择（1）（2）为技能强相关，选择（3）（4）（5）则为技能弱相关（Allen & Van der Veldon 2001）。

统计分析

我们使用上述方法得到描述性统计数据，考察职业不匹配现象的严重程度，然后基于一系列回归探讨职业不匹配与工作满意度、在职培训之间的关系[①]。我们使用数据集中提供的人口权数以解释样本选择偏差。该分析由两部分组成。第一，我们将使用上述指标考察职业不匹配现象的严重程度，随后探讨指标之间的相关性、对应性以及性别、种族、居住地区等三个因素的指标所带来的程度差异[②]，接着按职业大类讨论教育不匹配、职业不匹配情况的严重程度及相关差异，然后考察职业不匹配会否影响额

① 有关不匹配指标相关因素的完整分析见 Grapsa 2017。

② 如前所述，性别和地理类型会对指标造成影响。此外，相关研究（Mncwango 2017）指出，非洲黑人面临教育过度的几率更高，因此，我们决定将种族因素也纳入考虑。

外培训。第二，我们将进行两项有序逻辑回归（ordered logit regression），分别测算教育不匹配与继续培训的关系、与工作满意度的关系，并分析其结果。

南非的职业不匹配问题

表 12.2 反映了按上述方法测算的南非社会态度调查样本中教育与技能不匹配的情况。基于两位数职业大类水平的平均值，统计法算出最高匹配比例（72%）。其他方法显示，对样本中近半数的人来说，其教育程度与工作所需教育程度匹配。然而，不同方法测算的教育过度、教育不足程度之间存在差异，主观方法（间接自评法）算出的教育过度比例最高，平均值 2 算出的最低。这与很多文献的结果一致，说明主观方法会高估教育过度的程度（Hartog 2000；Verhaest & Omey 2006a）。众数 2 算出的教育不足比例最高，平均值 2 算出的最低。

表 12.2　样本中的职业不匹配　（人）

教育不匹配			
方法	资质匹配	资质不足	资质过剩
客观			
工作分析法	377（49%）	210（27%）	189（24%）
众数 2	375（48%）	239（31%）	162（21%）
平均值 2	596（72%）	111（14%）	118（14%）
主观			
间接自评法	388（50%）	152（20%）	236（30%）
技能不匹配			
		强	无
技能利用不足		151（19%）	625（81%）
		弱	强
技能相关度		348（45%）	428（55%）

资料来源：2013 年南非社会态度调查。

注：数据未加权。

文献中提出了解释测算方法所造成的差异的原因、某些方法高估或低估情况的原因（Hartog 2000；Verhaest & Omey 2006a）。除数据收集导致的测算失误之外，每种方法都有其弊端。一方面，客观方法会将职业大类细分成需要同等教育程度的职业小类。另一方面，主观方法可能因为调查对象无法准确评估其工作要求而导致偏差。

各个方法对职业不匹配这一概念的认识分歧也会导致不同的测算结果。一般来说，调查对象取得的资质不代表其所拥有的技能或完成工作所需的技能。因此，很多研究关注的是技能不匹配（Allen & Van der Veldon 2001；Green & McIntosh 2007；Mavromaras et al. 2007）。此前的研究发现，技能不匹配与教育不匹配之间存在弱关联。这一重要发现说明，在资质相同的前提下，人与人在技能方面可能存在显著差异。例如，有研究（Allen & Van der Veldon 2001）证明，资质匹配并不意味着技能的充分利用。通过考察南非社会态度调查数据中的技能失衡情况（表 12.2），我们发现，样本中有 19% 的人表示技能利用严重不足（即技能过剩），45% 的人表示其技能与当前职业的相关度较弱。

测算方法之间的相关性与对应性

鉴于资质匹配情况的测算方法之间存在巨大差异，我们在表 12.3 中列举了各种方法测算的匹配程度较高的员工比例。例如，工作分析法与众数 2 之间的对应值为 0.62，这说明，不管采用哪种方法，62% 的员工的分类是一致的。换言之，如果按照工作分析法测算，某个调查对象被认为属于教育过度，那么按照众数 2 测算，该调查对象仍属于教育过度。主观指标（即间接自评法）与任何方法之间的对应值都是最低的。我们发现，按照至少一种方法测算，所有员工都属于教育过度，但按照每种方法测算，仅有 4% 的人（表中未显示）属于教育过度（另见 Verhaest & Omey 2006b）。我们还发现，按照各种方法测算，15% 的人匹配程度较高，4% 的人教育不足（表中未显示）。

探讨测算方法之间相关性的研究极少（Battu et al. 2000；Verhaest & Omey 2006b），它们发现，职业不匹配的测算方法之间存在弱相关关系。与之类似，我们在得出所有方法之间的斯皮尔曼等级相关系数（Spearman rank correlation coefficient）后发现，尽管各个方法之间存在相关性，但没有强相关。规范方法与统计方法之间的相关系数最高，为0.34。两种技能评估方法之间的相关系数次之，为0.32。有些变量之间的相关系数极低，甚至为负，如技能相关度与间接自评法之间。这说明，南非的教育不匹配和技能不匹配现象之间可能只存在弱相关关系，这与此前发达国家的研究结果是一致的。按性别、种族、居住地区划分之后，统计结果可以帮助我们分析其中一些差异（表12.4）。

表12.3　**教育不匹配测算方法之间的对应程度**

方法	工作分析法	众数2	平均值2	间接自评法
工作分析法	1	0.62	0.54	0.48
众数2	0.62	1	0.62	0.49
平均值2	0.54	0.62	1	0.48
间接自评法	0.48	0.49	0.48	1

资料来源：2013年南非社会态度调查。

注：数据未加权。

表12.4　**教育过度、教育不足群体的比例（按性别、种族、居住地区划分）**　（%）

变量	工作分析法		间接自评法		众数2		平均值2	
	过度	不足	过度	不足	过度	不足	过度	不足
男性	21	28	30	23	23	32	13	14
女性	28	26	32	16	19	30	16	13
非洲黑人	24	28	38	19	19	36	11	18
有色人种	26	24	28	22	19	31	9	13
印度裔/亚裔	15	30	21	21	24	23	18	3
白人	30	27	25	18	29	19	29	6
城市	25	27	26	21	21	29	16	11
农村	24	28	52	13	19	40	10	24

资料来源：2013年南非社会态度调查。

注：数据未加权。

所有方法均显示，女性资质不足的程度较低，但资质过剩的程度较高（除众数2外）。间接自评法测算的非洲黑人的资质过剩数值最高（38%），说明这个群体存在较大的向上偏误。此外，按照所有客观方法测算的教育不足程度高于教育过度程度，但按照间接自评法测算的教育不足程度较低。在白人方面，结果显示，使用间接自评法似乎会低估教育过度的程度。按照间接自评法测算的有色人种的教育过度程度最高，按照众数 2 测算的印度裔/亚裔的教育过度程度最高。在居住地区方面，主观方法显示，农村群体的教育过度程度高于城市群体，而教育不足程度较低。

客观的工作分析法是我们衡量教育不匹配的首选方法，下文将聚焦于此，作为对基于主观的间接自评法相关研究（Mncwango 2016）的有益补充。我们还将考察技能利用不足的相关指标，将其与工作分析法进行比对。之所以没有选择技能相关度，是因为文献中一般采用技能利用不足的方法。

教育过度与技能利用不足

首先考察教育程度与资质不匹配之间的关系（表 12.5）。我们发现，教育过度的情况在具有最低教育背景（未接受学校教育、初等教育）的群体中并不存在，在具有第三级教育背景的群体中达到最高，为 39%，这与预期是一致的。在具有基础教育背景的群体中，资质不足程度较高，但这一现象在具有国家高级证书、第三级教育背景的群体中依然存在。在具有一定程度中等教育背景的群体中，过半数的人资质匹配程度较高，在具有国家高级证书的群体中，这一比例也达到 50%。

图 12.1 反映了《南非标准职业分类》中职业大类之间的资质不匹配情况。1 类职业（议员、高级官员、经理）中面临资质不足的群体比例最高，为 78%。6 类职业（农业、渔业熟练工人）中面临资质不足的群体比例也很高，为 73%。匹配程度最高的是 8 类职业（工厂、机器操作员、装配工）、5 类职业（服务人员及店铺、市场销售人员）、4 类职业（文员），比例分别为 81%、75%、71%。9 类职业（基础职业）中面临资质过剩的群体比例最高，约为 75%，说明大家选择这些职业可能是生活所迫，而未考虑所获资质超出工作需求这一因素。3 类职业（技师及相关专业人员）的资质过剩程度次之。资质过剩程度较低的职业一般要求高级技能或资质，如专业人员、议员、熟练工人（另见 Green & McIntosh 2007）。

表 12.5　**资质不匹配（工作分析法）（按教育程度划分）**　（%）

变量	资质匹配比例（置信区间）	资质不足比例（置信区间）	资质过剩比例（置信区间）
未接受学校教育	50.5（24.5，76.1）	49.5（23.9，75.5）	—
初等教育	38.6（26.9，50.5）	61.4（49.5，73.1）	—
一定程度的中等教育	52.8（43.9，61.9）	15（9.2，23.3）	32.2（24.2，41.2）
国家高级证书	50（41，58.5）	28.6（21.2，37.3）	21.4（15.1，30.1）
第三级教育	39.2（29，47.6）	22.3（14，32.1）	38.5（31.6，50）
总计	46.3（41.2，50.7）	27.3（23，31.8）	26.4（22.8，31.3）

资料来源：2013 年南非社会态度调查。
注：使用人口权数对数据加权。

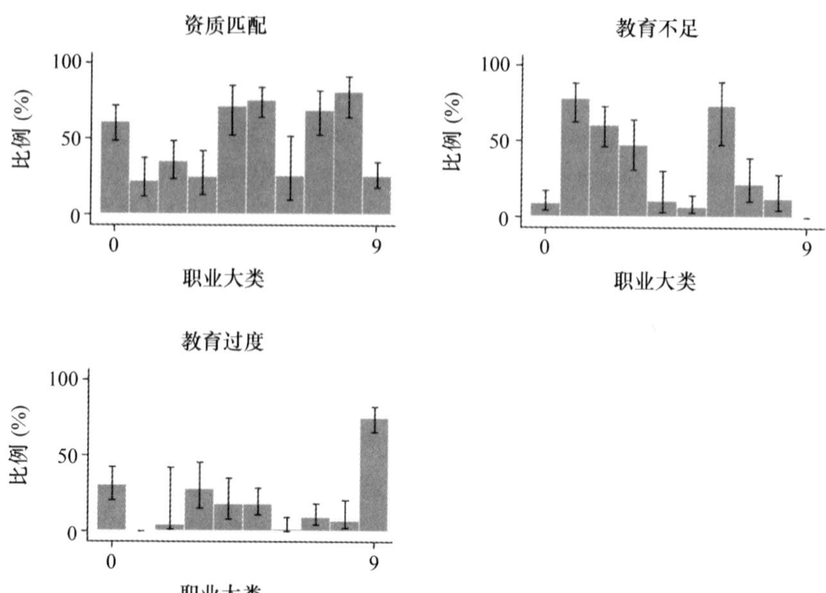

图 12.1　资质不匹配（工作分析法）（按 2003 版《南非标准职业分类》职业大类划分）

资料来源：2013 年南非社会态度调查。
注：使用人口权数对数据加权。

南非劳动力的整体技能利用不足（即技能过剩）率为 20%（加权后）。在技能利用不足率方面，未接受学校教育的群体（约 44%）高于具有高等教育背景的群体（约 5%），说明教育程度较高的群体一般会找与自身技能相当的工作（见表 12.6），这也与我们的预期一致。即便具有高等教育背景的群体面临资质过剩，其所受教育可能也会为其利用技能创造条件（在具有中等教育背景、面临资质过剩的群体中，有 24% 的人属于技能过剩，而在具有一定程度中等教育背景、面临资质过剩的群体中，仅有 4% 的人属于技能过剩）。

表 12.6 **技能利用不足（按教育程度划分）** （%）

教育程度	技能利用不足（置信区间）
未接受学校教育	43.8（19.1，72.1）
初等教育	39.1（26.8，52.9）
一定程度的中等教育	26.9（19，36.6）
国家高级证书	16.9（10.8，25.4）
第三级教育（高等教育）	5.3（2.5，10.8）

资料来源：2013 年南非社会态度调查。

注：使用人口权数对数据加权。

对技能利用不足按职业大类细分后（见图 12.2），我们发现，资质过剩在某些职业中可能意味着技能过剩，但一般来说并不一定代表技能过

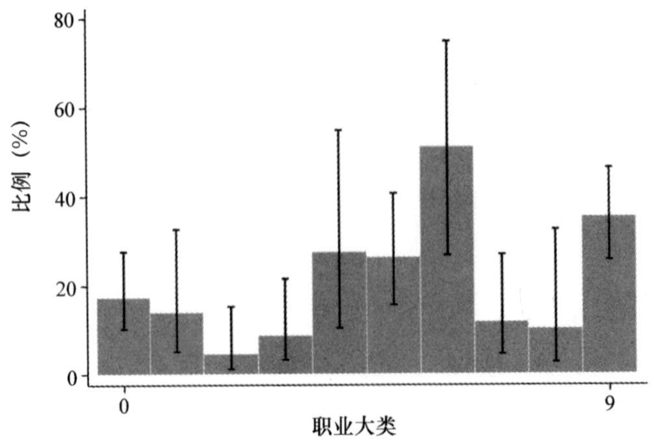

图 12.2 技能利用不足（按职业大类划分）

资料来源：2013 年南非社会态度调查。

注：使用人口权数对数据加权。

剩。6类职业（农业、渔业熟练工人）的教育不足程度高达73%，但其技能过剩程度是最高的。9类职业（基础职业）的技能利用不足程度相对较高，为35%，但这低于该类职业的教育过度程度（75%）。对该类职业的技能过剩按教育不匹配类型细分后，我们发现，教育过度的群体面临技能过剩的程度低于教育匹配的群体，两者的比例分别为33%、42%，说明教育的确会发挥一定的作用。

以上，我们考察了衡量南非劳动力市场职业不匹配现象的各种客观、主观方法。下文将关注职业不匹配与在职培训、工作满意度之间的关系。

职业不匹配与在职培训

如前所述，本章的重点之一是考察教育过度和技能过剩是否与在职培训有关、培训与正式教育能否互为补充或互相替代。

2013年南非社会态度调查中有这样一道问题，考察员工是否接受过额外培训：过去12个月里，你是否参加过培训以提升工作技能（在职或其他形式均可）？在样本中，40%的调查对象表示过去12个月里接受过培训。在教育程度最高的调查对象中，参加过培训的群体比例最高。在具有第三级教育背景的调查对象中，66%的人表示过去12个月里接受过培训。不过，在未接受学校教育的调查对象中，参加过培训的群体比例也相对较高，达44%。

表12.7　**额外培训参与情况的逻辑回归**

变量	参加过培训优势比（标准误）
男性	1
女性	0.806（0.191）
非洲黑人	1
有色人种	0.976（0.383）
印度裔/亚裔	0.946（0.484）
白人	0.832（0.306）
16—24岁	1
25—34岁	1.088（0.510）

续表

变量	参加过培训优势比（标准误）
35—44 岁	0.866（0.453）
45—54 岁	0.439（0.240）
55 岁及以上	0.480（0.291）
已婚	1
曾结婚	1.325（0.620）
未婚	0.965（0.321）
城市	1
农村	0.832（0.273）
中等教育或以下	1
中学毕业或同等级别	1.785（0.593）
第三级教育	8.411***（4.195）
资质匹配	1
资质不足	3.104**（1.187）
资质过剩	0.683（0.257）
全职工作	1
兼职工作	0.409**（0.117）
技能利用不足	1
技能利用严重不足	0.196***（0.074）
技能要求提升：否	1
技能要求提升：是	2.443***（0.649）
人数（人）	753

资料来源：2013 年南非社会态度调查。

注：使用人口权数对数据加权。括号中为标准误。* $p<0.05$，** $p<0.01$，*** $p<0.001$。回归中还加入了所在省份、职业大类的参照项。

我们在考察额外培训的相关因素（表 12.7）时发现，性别、种族、年龄或婚姻状况与额外培训的几率之间没有显著关系。教育程度与参加过在职培训之间存在正相关关系，教育程度越高，参加过培训的几率就越大。这一结果能够支持教育与培训互为补充的假设。另外，资质不足的群体接受额外在职培训的几率（优势比为 3.104）比资质匹配的群体高出三倍。资质过剩的群体接受培训的几率低于资质匹配的群体，但系数并不显著。

从事兼职工作的群体接受在职培训的几率较低，其原因可能在于，兼职工作大概是临时性质，用人单位不愿向临时员工提供培训。技能利用严重不足的群体参加培训的几率低于技能利用不足的群体或不存在技能利用不足情况的群体。最后，有些调查对象表示，自入职以后技能要求有所提升，这部分群体在过去12个月里接受过培训的几率更高，因此，在职培训往往符合员工对培训的需求。

表12.8 **工作满意度的有序逻辑回归**

变量	模型1	模型2	模型3	模型4
有色人种	-0.146 (0.397)	-0.105 (0.371)	-0.187 (0.375)	-0.478 (0.340)
印度裔/亚裔	0.255 (0.400)	0.274 (0.400)	0.144 (0.421)	0.173 (0.460)
白人	1.198*** (0.354)	1.284*** (0.373)	1.226*** (0.366)	1.120** (0.408)
25—34岁	0.326 (0.464)	0.389 (0.430)	0.376 (0.423)	0.419 (0.453)
35—44岁	0.049 (0.477)	0.166 (0.447)	0.188 (0.442)	0.612 (0.462)
45—54岁	0.203 (0.512)	0.174 (0.480)	0.275 (0.465)	0.822 (0.494)
55岁及以上	0.084 (0.581)	0.092 (0.575)	0.100 (0.573)	0.402 (0.611)
曾结婚	0.149 (0.300)	0.204 (0.335)	0.148 (0.340)	0.012 (0.402)
未婚	-0.363 (0.267)	-0.166 (0.274)	-0.250 (0.266)	-0.061 (0.288)
农村	-0.245 (0.280)	-0.186 (0.286)	-0.166 (0.286)	0.148 (0.333)
国家高级证书或同等级别	0.012 (0.264)	-0.179 (0.261)	-0.389 (0.275)	-0.343 (0.284)
第三级教育	0.045 (0.472)	-0.169 (0.490)	-0.717 (0.502)	-1.032* (0.500)

续表

变量	模型 1	模型 2	模型 3	模型 4
兼职工作	-0.529* (0.256)	-0.619* (0.249)	-0.474 (0.260)	-0.246 (0.292)
教育不足	-0.326 (0.343)	-0.176 (0.382)	-0.298 (0.375)	-0.035 (0.393)
教育过度	0.613 (0.400)	0.471 (0.409)	0.586 (0.412)	0.831 (0.433)
技能过剩	—	-1.723*** (0.289)	-1.496*** (0.293)	-0.332 (0.325)
接受过培训	—	—	0.605* (0.251)	0.609* (0.285)
技能要求提升	—	—	0.543* (0.258)	0.547 (0.289)
工作有保障	—	—	—	0.882** (0.297)
收入高	—	—	—	0.995** (0.333)
晋升机会大	—	—	—	0.162 (0.278)
工作有趣	—	—	—	1.677*** (0.278)
工作对社会有用	—	—	—	0.305 (0.284)
提升技能的机会	—	—	—	-0.114 (0.300)
薪资待遇不错	—	—	—	0.765** (0.278)
人数（人）	751	751	751	724

资料来源：2013 年南非社会态度调查。

注：使用人口权数对数据加权。括号中为标准误。$^{*}p<0.05$，$^{**}p<0.01$，$^{***}p<0.001$。回归中还加入了所在省份、职业大类的参照项。

职业不匹配与工作满意度

最后，我们在一项有序逻辑回归中加入诸多因素的参照项，考察资质不匹配、技能不匹配与工作满意度的关系（表 12.8），对资质与技能不匹配问题做进一步探讨。该回归包括教育不匹配、技能不匹配以及衡量在职培训、技能要求是否提升的因素，可以为我们提供每个变量的净效应信息。相关工作特征包括工作保障、收入、晋升机会、工作“有趣”、工作对社会有用、工作中提升技能的机会、薪资待遇不错①。

为了分别研究教育不匹配的影响和技能不匹配的影响，我们首先考察教育不匹配（模型 1），随后考察技能不匹配（模型 2）。模型 3 包括参加培训和技能要求是否提升的因素，模型 4 包括工作相关的其他特征。

在个人特征方面，仅有种族一项在四个模型中均较为显著，即便加入其他所有因素的参照项，白人的工作满意度都更高。性别、年龄、地区、婚姻状况方面没有显著差异。教育程度在模型 1、模型 2、模型 3 中并不显著，但在模型 4 中较为显著，具有第三级教育背景的群体工作满意度较低。尽管教育程度在模型 1 中与工作满意度之间存在正相关，但将技能利用不足的因素纳入回归中后（模型 2），这一关联发生变化；在将工作特征（如工作有保障等）纳入考虑后，这一关联变得显著。从事兼职工作的群体对工作的满意度较低（模型 1、模型 2），但将在职培训、技能要求提升等因素纳入考虑后，其影响并不显著。教育不匹配与工作满意度之间没有显著关系，但是，技能不匹配则会导致技能过剩的群体工作满意度较低（模型 2、模型 3）。然而，在工作满意度的问题上，工作特征才是最重要的：如果一名员工有机会接受培训、工作有保障、收入较高、从事有趣工作或薪资待遇不错，而另一名员工的工作不具备这些特征，那么，前者的满意度要高于后者。

---

① 在样本中，约有 66% 的人表示自己的工作有保障，68% 的人表示工作有趣，76% 的人表示工作对社会有用，40% 的人表示工作中的晋升机会较大，68% 的人表示工作帮助自己提升技能，50% 的人表示工作的薪资待遇不错，但仅有 27% 的人表示工作收入较高。

结 论

本章基于一项具有全国代表性的调查，考察了劳动力的教育不匹配与技能不匹配现象。我们发现，南非的教育不匹配程度较高，超过半数的劳动力（53%）要么面临教育不足（27%），要么面临教育过度（26%），具有一定程度第三级教育或培训背景的群体中仅有40%的人匹配程度较高。我们还发现，教育不匹配并不一定意味着技能不匹配，仅有20%的群体面临技能过剩，远远低于教育不匹配的群体的比例。但是，不同职业大类之间在技能利用不足方面存在显著差异，6类职业（农业、渔业熟练工人）的技能过剩率最高，为51%，9类职业（基础职业）次之，为35%。鉴于在职培训能够解决资质不匹配问题，本章还考察了两者之间的关系。我们发现，资质不足的群体参加培训的几率比资质匹配程度较高的群体高出三倍。同时，教育程度较高的群体接受职场培训的几率更高。研究结果表明，认为正式教育与培训可以互为补充的理论以及认为二者可以互相替代的理论都有其道理，这二者之间存在一定的重叠。本章最后沿用多数国际文献中的方法，考察了工作满意度及其与教育程度、教育不匹配、技能不匹配之间的关系。我们发现，白人或从事全职工作的群体工作满意度高的几率更高。我们还发现，加入就业特征的参照项后，第三级教育与工作满意度之间存在负相关关系，这可能说明，有些群体在完成第三级教育后未能找到与所学专业相关的工作或高质量的工作，因而产生了一定程度的挫败感。最后，技能利用不足与工作满意度之间存在负相关，但在加入工作的其他特征的参照项后，其影响有所减小。

本书中的很多章节探讨了教育与培训机会不均衡的问题及其对就业过渡的影响。在此基础上，本章指出，南非应当投入更大精力，帮助第三级教育（包括大学教育与职业教育）毕业生进入“相关”职业。技能不匹配的现象对于教育和劳动力市场培训之间的关联有着重要启示，例如，在低收入职业的员工中，有超过三分之一的人面临技能无用武之地的问题。资质不匹配的现象在南非广泛存在，但这并不一定意味着技能不匹配。教育不匹配与技能不匹配二者之间的差异说明，资质过剩可能会掩盖技能异质性的问题。

教育与培训在解决劳动力市场失衡问题中起着重要作用，解决职业不匹配问题最为重要的办法是将成人教育与培训纳入教育系统，并保持教育系统的良好运转。除相关研究（Reddy et al. 2016）提出的政策建议之外，本章认为，持续开展职业发展与在职培训是解决职业不匹配问题的良方。培训项目应将教育程度较高的员工也吸纳进来，成为其所受教育的有益补充，这有利于他们的职业发展。此外，随着南非国内技术的普及化、技能的专门化，技能过时是常有的事，即便是对技能过剩的员工而言，培训也能够有效防止其技能退化。如本书第四章所言，我们应当密切关注当前的成人教育与培训项目及机构，将其与中学后教育系统中的其他组成部分以及劳动力市场衔接起来。

有些人从事高级技能职业（如 1 类职业中的议员、高级官员、经理）但面临资质不足的问题，他们也需要接受适当的培训，但在评估其技能时，应将其工作经验、在职学习及其他非正式学习也纳入考虑。有些资质过剩的员工缺乏与自身资质相应的技能，说明他们所受教育可能质量不高，或者其技能强项可能并非用人单位所需。对于这些人而言，应当给予他们适当的职业指导，使其所学技能与相关工作达到匹配状态，进而在更大范围上实现劳动力市场的供需平衡。但总体而言，本章认为，我们应当开展更多工作，研究南非哪些形式的第三级教育与培训和劳动力市场上的“相关”职业是脱节的，考察其对日益壮大的中学后教育与培训系统可能带来什么影响。

参考文献

Alba - Ramirez A（1993）Mismatch in the Spanish labor market：Over - education? *Journal of Human Resources* XXVIII：259 - 278.

Allen J & Van der Velden R（2001）Educational mismatches versus skill mismatches：Effects on wages，job satisfaction，and on - the - job search. *Oxford Economic Papers* 53（3）：434 - 452.

Allen J & De Weert E（2007）What do educational mismatches tell us about skill mismatches? A cross - country analysis. *European Journal of Education* 42（1）：59 - 73.

Battu H, Belfield CR & Sloane PJ (2000) How well can we measure graduate over – education and its effects? *National Institute Economic Review* 171 (1): 82 – 93.

Bauer TK (2002) Educational mismatch and wages: a panel analysis. *Economics of Education Review* 21 (3): 221 – 229.

Beukes R, Fransman T, Murozvi S & Yu D (2016) *Underemployment in South Africa*. ERSA Working Paper 06/2016. Cape Town: Economics Research South Africa.

Chevalier A (2003) Measuring over – education. *Economica* 70 (279): 509 – 531.

Daniels R (2007) *Skills shortages in South Africa: A literature review*. DPRU Working Paper No. 07/121. Cape Town: Development Policy Research Unit, University of Cape Town.

De Oliveira MM, Santos MC & Kiker BF (2000) The role of human capital and technological change in overeducation. *Economics of Education Review* 19 (2): 199 – 206.

Dolton PJ & Silles MA (2008) The effects of over – education on earnings in the graduate labour market. *Economics of Education Review* 27 (2): 125 – 139.

Dolton P & Vignoles A (2000) The incidence and effects of over – education in the UK graduate labour market. *Economics of Education Review* 19 (2): 179 – 198.

Flisi S, Goglio V, Meroni EC, Rodrigues M & Vera – Toscano E (2017) Measuring Occupational mismatch: Overeducation and over – skill in Europe – Evidence from PIAAC. *Social Indicators Research* 131 (3): 1211 – 1249.

Grapsa E (2017) *How well matched are South African workers? A comprehensive analysis of education and skills mismatch*. Working Paper 1. Johannesburg: LMIP.

Green F & McIntosh S (2007) Is there a genuine under – utilisation of skills amongst the over – qualified? *Applied Economics* 39 (4): 427 – 439.

Green F & Zhu Y (2010) Overqualification, job dissatisfaction, and increasing dispersion in the returns to graduate education. *Oxford Economic Papers* 62

(4): 740 - 763.

Groot W (1993) Over - education and the returns to enterprise - related schooling. *Economics of Education Review* 12 (4): 299 - 309.

Hartog J (2000) Over - education and earnings: Where are we, where should we go? *Economics of Education Review* 19 (2): 131 - 147.

HSRC (Human Sciences Research Council) (2003) *South African Social Attitudes Survey* 2003. Pretoria: HSRC.

HSRC (Human Sciences Research Council) (2013) *South African Social Attitudes Survey* 2013. Pretoria: HSRC.

Kiker BF, Santos MC & De Oliveira MM (1997) Over - education and under - education: Evidence for Portugal. *Economics of Education Review* 16 (2): 111 - 125.

Mavromaras K, McGuinness S & Wooden M (2007) Over - skilling in the Australian labour market. *Australian Economic Review* 40 (3): 307 - 312.

Mncwango B (2016) *Public attitudes to work in South Africa*. LMIP Report No. 16. Pretoria: Labour Market Intelligence Partnership (LMIP), Human Sciences Research Council.

Quintini G (2011a) *Right for the job: Over - qualified or under - skilled?* OECD Social, Employment and Migration Working Papers No. 120. Paris: OECD Publishing.

Quintini G (2011b) *Over - qualified or under - skilled: A review of existing literature*. OECD Social, Employment and Migration Working Papers No. 121. Paris: OECD Publishing.

Reddy V, Bhorat H, Powell M, Visser M & Arends A (2016) *Skills supply and demand in South Africa*. LMIP Publication. Pretoria: HSRC.

Roberts B, Wa Kivilu M & Davids Y (2010) *South African attitudes: Reflection on the age of hope*. Cape Town: HSRC Press.

Schoeman CH, Botha I & Blaauw PF (2010) Labour conflict and the persistence of macro underemployment in South Africa. *South African Journal of Economic and Management Sciences* 13 (3): 272 - 292.

Sloane PJ, Battu H & Seaman PT (1996) Over - education and the formal education/experience and training tradeoff. *Applied Economics Letters* 3 (8):

511 –515.

Sloane P（2003）Much ado about nothing? What does the over – education literature really tell us? In F Büchel, A De Grip & A Mertens（Eds）*Over – education in Europe. Current issues in theory and policy*. Cheltenham: Edward Elgar.

Stats SA（Statistics South Africa）（2003）*South African Standard Classification of Occupations*. Pretoria: Stats SA.

Stats SA（Statistics South Africa）（2012）*South African Standard Classification of Occupations*. Pretoria: Stats SA.

Stats SA（Statistics South Africa）（2018）*Quarterly Labour Force Survey*（*QLFS*）: *Quarter* 1. Pretoria: Stats SA.

Van Smoorenburg MSM & Van Der Velden RK（2000）The training of school – leavers: Complementarity or substitution? *Economics of Education Review* 19（2）: 207 –217.

Verdugo RR & Verdugo NT（1989）The impact of surplus schooling on earnings: Some additional findings. *Journal of Human Resources* 629 –643.

Verhaest D & Omey E（2006a）The impact of over – education and its measurement. *Social Indicators Research* 77（3）: 419 –448.

Verhaest D & Omey E（2006b）Measuring the incidence of over – and under – education. *Quality and Quantity* 40（5）: 783 –803.

Vieira JAC（2005）Skill mismatches and job satisfaction. *Economics Letters* 89（1）: 39 –47..

附录：样本变量描述

表 12A　　**样本特征**　　（人）

变量	人数（百分比）
性别	
男性	432（51%）
女性	412（49%）
缺失	0
种族	
非洲黑人	450（53%）
有色人种	156（19%）
印度裔/亚裔	86（10%）
白人	150（18%）
缺失	2
年龄	
16—24 岁	91（11%）
25—34 岁	237（28%）
35—44 岁	242（29%）
45—54 岁	162（19%）
55 岁及以上	107（13%）
缺失	5
教育	
未接受学校教育	19（2%）
初等教育或以下	103（13%）
一定程度的中等教育	226（27%）
国家高级证书或同等级别	279（34%）
第三级教育	199（24%）
缺失	18

续表

变量	人数（百分比）
婚姻状况	
已婚	398（48%）
曾结婚	110（13%）
未婚	329（39%）
缺失	7
居住地区	
城市	676（80%）
农村	168（20%）
缺失	0
个人收入	
不足 1500 兰特	185（28%）
1501—5000 兰特	233（35%）
5001 及以上	243（37%）
缺失	183
工作类型	
全职	605（72%）
兼职	239（28%）
缺失	0
总计	844

注：数据未加权。

表 12B　**职业大类**　（人）

职业大类	人数（百分比）
1. 议员、高级官员、经理	53（7%）
2. 专业人员	122（15%）
3. 技师及相关专业人员	63（8%）
4. 文员	61（8）
5. 服务人员及店铺、市场销售人员	100（12%）

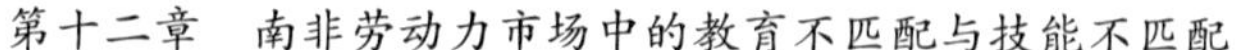

续表

职业大类	人数（百分比）
6. 农业、渔业熟练工人	19（2%）
7. 手艺及相关技能工人	59（7%）
8. 工厂、机器操作员、装配工	50（6%）
9. 基础职业	171（21%）
10. 军人、未指明与未分类职业、非经济活动人口	109（14%）
缺失	37

资料来源：2013 年南非社会态度调查。

注：数据未加权。

第十三章

反思中学后教育与培训:入学与就业

迈克尔·罗根(Michael Rogan)

高质量的中学后教育一般被视为阻断贫困代际传递的一项重要政策工具（Akoojee & McGrath 2005；Tilak 2010）。在后种族隔离时代，南非的贫困率、失业率仍居高不下，不平等现象日益严重，在此背景下，中学后教育与培训系统的重要性就愈发突显。本书第七章引述的就业期望相关文献（如 Appadurai 2004）就指出，贫富悬殊并非一个不平等社会所面临的唯一威胁，能否通过清晰、透明的方法弥合这一差距也同样重要。这些方法中就包括为民众提供高质量的基础教育和中学后教育，他们能够为穷人打开“期望窗口”（Ray 2006），对个人期望的形成至关重要。然而，要想发挥中学后教育领域在其中的作用，帮助个人或家庭增加收入，就必须使穷人有学上，使教育机构产出积极的就业成果。

在此基础上，本书中的各个章节探讨了两个问题：第一，为什么很多中学毕业生既未就业也未接受教育或培训？第二，为什么很多具有一定中学后教育背景的人也被划入既未就业也未接受教育或培训的群体？本章将在前文研究的基础上做简要分析。首先，本章总结中学毕业生在入读中学后教育与培训机构方面面临的瓶颈。我们不对每一章的内容做穷尽式梳理，仅考察与第三级教育低入学率相关的主要研究发现，这一问题也正是当前的政策焦点。随后，本章考察一个问题：为何有些南非年轻人在完成某种形式的中学后教育后，仍然无法实现就业或参加继续培训？最后，本章介绍本书的贡献，并针对中学后教育与培训这一领域提出未来的研究方向。

南非中学后教育与培训的入学率为何较低？

本书中的不少章节都指出，与其他国家相比，南非第三级教育的入学率相对较低。很多作者在探讨低入学率背后的原因时都指出，应当解决从中学到中学后教育的过渡问题。例如，本书第二章就表示，中学期间升级困难、学业表现较差固然是其中一个原因，同时，中学系统和继续教育与培训领域、劳动力市场之间没有对接，有些年轻人被迫中断学业。第二章发现，在调查对象中，大多数既未就业也未接受教育或培训的群体（超过三分之二）在中学阶段经历了“顺畅型”的过渡路径，这显然说明，中学后教育本身就是制约中学毕业生继续求学的瓶颈。换言之，南非很多年轻人处于既未就业也未接受教育或培训的状态，不能将这个“问题”的原因简单地归咎于他们在中学期间辍学或中学教育的质量普遍较差。请注意，我们在第一章中指出，在最高教育程度为中学毕业的20—34岁群体中，40%的人既未就业也未接受教育或培训。如第二章所述，该研究对政策的一项启示在于，应当开展更多工作，使年轻人意识到自己还有很多接受教育与培训的选项，创造更多机会帮助他们进入技术职业教育与培训学院或工作本位学习项目（如现代学徒制、传统学徒制）。

但这并不是说，我们就不用关注基础（中等）教育的质量了。第三章指出，有些年轻人在12年级后没有继续求学，其部分原因可能在于他们学习能力较低，因而被挡在技术职业教育与培训学院门外。且不论技术职业教育与培训学院是不是想招好学生，也不论学业表现较差的学生是不是不想继续求学，只要达到9年级水平，学生就具备了入读技术职业教育与培训学院的基本条件。第九章介绍了一项技术职业教育与培训学院毕业生跟踪调查，研究发现，在入读技术职业教育与培训学院、参加国家认证技术教育文凭项目（等级低于国家资格框架3级）之前，大多数调查对象已经取得了国家高级证书。如上所述，只要具有9年级教育程度，就可以入读这些项目，在此基础上，上述跟踪调查也考察了未取得国家高级证书的学生为何没有入读这些项目的原因。第九章猜测，很多12年级毕业生可能达不到大学入学要求，所以选择了技术职业教育与培训学院。与第三章一样，第九章也表示，技术职业教育与培训学院可能在刻意吸引12年级中学毕业生入读以提高学院的毕业率。主要问题在于，有些学生完成12年级学业后既未就业也未接受教育或培训（如第一章、第二章所示），在此背景下，我们就难以理解，为什么学习能力较低的学生就应该被挡在继续教育与培训的门外。

第五章分析了从中学（在国家高级证书考试中取得学位项目申请资质或文凭项目申请资质）到大学的过渡情况，研究结果再次证明，南非的基础教育质量较差，成为制约学生继续求学的瓶颈。教学质量较差会对学生产生极大影响，这在学生进入12年级之前就会显现出来，而且直接决定着学生能否通过国家高级证书考试、能否达到大学入学资质。但第五章也带来了一条积极的信息：将中学学业表现的参照项纳入考虑后，与背景优越的学生相比，背景较差、在国家高级证书考试表现优异的学生入读大学的几率更高。因此，这项研究可能是在南非文献中首次证明，南非有着一群社会经济地位不高、但能够凭借自己良好的学业表现入读大学的中学毕业生。

但同样是在高等教育领域，另一条研究发现就不那么让人乐观了：在具备大学入学资质的学生中，仅有极少数人真正进入了大学。第五章表示，尚不清楚为何大量具备大学入学资质的中学毕业生没有进入南非的26所公立大学。其背后的原因可能包括：社会经济地位较低、家庭环境影响，甚至是不清楚申请大学的流程。

南非第三级教育入学率低的另一个原因在于，资助短缺或贷款限制可能会阻断某些年轻人的深造之路。第三章分析了国家收入动态研究的数据，指出，入读技术职业教育与培训学院的群体与12年级后未继续求学的群体之间存在以下差异：前者的家庭收入略高，学习能力较高（按标准化考试成绩测算），其母亲的教育程度更高。事实上，即便加入中学教学质量、长期社会经济地位等因素的参照项，也能够通过短期资金限制的因素预测一名学生入读大学或技术职业教育与培训学院的几率。研究表明，当前的资助机制可能阻断了一些年轻人的深造之路。而就在几年前，南非的大学生还就学费问题发起抗议。在此背景下，上述研究发现就显得愈发重要了。因此，第三章的研究说明，如果不对当前的学生资助机制做出重大改革，那么，《中学后教育与培训白皮书》中关于技术职业教育与培训学院扩招的宏伟目标（DHET 2013）可能是无法实现的。

从中学后教育与培训系统的全局来看，基础教育质量较差与资助限制这两大挑战促使我们更加重视成人教育在提升中学后教育入学率方面的潜在作用。第四章指出，南非的政策制定工作基本上能够关照现实，但政策实施似乎存在问题。因此，在很多年轻人眼中，成人教育并非继续教育与培训的现实选项。南非有600多万20—34岁的群体既未就业也未接受教育或培训（见第一章）。第四章指出，无论规模如何扩大，技术职业教育与培训、高等教育也无法吸纳这么多人。在此背景下，年轻人对成人教育持何种态度，这一问题就愈发凸显了。尽管这一领域的相关数据极少，但第四章的探索性研究证实了一项假设：成人教育目前的主要作用是为希望完成中学学业的人提供“第二次机会”。当前的成人教育项目既不能提供劳动力市场所需的技能与培训，其授予的资质也不能与中学后教育与培训系统中的其他组成部分（如大学、技术职业教育与培训学院）对接。换言之，在满足年轻成人的教育与培训需求、对接中学后教育与培训系统方面，成人教育面临着系统性失败。我们将解决这些问题的希望寄托在新兴的社区教育与培训学院上。否则，成人教育仍将是中学后教育系统中的一座“孤岛”。

行业教育与培训局举办的工作本位学习项目也有助于提升中学后教育的入学率，但与上述情况类似，这些项目也未受到足够的重视。第十一章显示，2010—2015年，现代学徒制、传统学徒制项目的参加人数显著增加。鉴于年龄较大的非洲黑人在这两种项目中的比例较高，第十一章提出，在中学后教育与培训系统中，现代学徒制、传统学徒制是否是大家的首选？年龄较小的中学毕业生为什么没有多少人参加这些项目？工作本位学习项目的另一个重要问题在于，不同省份、不同领域的招生模式与以往相比没有多大变化，说明系统性、结构性问题仍然存在，限制了中学毕业生的项目参与度，也限制了主要产业的项目参与度。

总体而言，本书中的各个章节指出，中学后教育与培训系统入学率低的原因有三点：中学教育质量较差、资助与贷款限制、中学后教育与培训系统中某些领域未能与业界或南非整个劳动力市场有效对接。

就业过渡不足

本书第二部分的三个章节关注学生完成中学后教育与培训项目之后的

去向。具体来说，在完成某种形式的中学后教育之后，为什么有些年轻人既未就业、也未深造？对于已经就业的群体而言，他们的工作是否与所学专业相关、是否符合自己的希望或期待？正如第八章所言，我们目前没有相关数据，无法给出确切的答案。因此，一些章节的作者从相关机构获取了毕业生名单，随后通过电话或电子邮件对其进行“跟踪”调查。这些跟踪调查或毕业生去向调查为我们提供了中学后教育的毕业生在劳动力市场上的相关信息，但第八章指出，此类研究存在局限性，应慎重对待研究结果。第八章对未来同类研究的设计方法提出了改进意见，但也强调，解读数据时应当慎重。

尽管研究方法存在一定局限性，但本书介绍跟踪调查的章节有一个共同的结论：即便是在进入劳动力市场后，中学教育质量较差、社会经济地位较低的问题仍旧会对毕业生产生负面影响。现在距离1994年南非实现民主已经过去20余年了，在此背景下，上述结论令人遗憾。南非仍是世界上不平等程度最高的国家之一，不同的社会群体拥有不同的机会，上述结论就是一个体现。例如，第六章考察了南非两所大学已就业毕业生的资质过剩现象，研究显示，有些毕业生从事的是不与学位挂钩的“非毕业生工作”。但第六章指出，更为重要的问题在于，大学毕业生进入“非毕业生工作”的风险分布不均。毕业生能否成功找到与学位挂钩的“毕业生工作”，这与大学学业表现或所选专业关系不大。如果中学教育质量较差，即入读级别较低的学校，那么很可能意味着会从事与所学专业无关的工作。因此，中学教育质量较差不仅会对大学学业表现带来负面影响（见第五章），会对就业带来负面影响（Rogan & Reynolds 2016），也会影响大学毕业生找到与所学专业相关的工作。

第七章基于期望形成领域国际文献中的最新研究（Appadurai 2004；Ray 2006），以独特的视角考察了高等教育与劳动力市场之间的关联。研究发现，学生对特定职业的期望相似，不同社会经济地位的学生之间基本没有差异，但实现期望（即取得职业资质）的途径则不大一样。与家庭社会经济地位较低的学生相比，家庭社会经济地位较高的学生走上最短路径或“快车道”（如入读大学）的几率更高。这就引出一个问题：其他学生选择的路径较长、尽头不明朗，这是否是因为他们缺乏信息（或相关社交网络）或缺乏资助？一般来说，来自劣势家庭的中学毕业生之所以会走上一条坎坷的路途，极有可能是因为同时面临以上两种问题。第六章指出，来自贫穷中学的毕业生从事毕业生工作的几率较低。在此基础上，第七章指出，即使取得了中学后教育资质，中学教育质量较差或社会经济地位较低的问题可能会继续对年轻人造成困扰。

在南非，技术职业教育与培训学院毕业生在劳动力市场上的就业率是一个重要问题，本书中的研究也对其予以高度关注。第九章指出，很多技术职业教育与培训学院没有为学生提供足够的实践培训、职业指导、工作接触项目。在此背景下，2013 年国家认证技术教育文凭项目毕业生的就业率仅为 52%，也就不足为奇了。在调查对象中，不同性别的就业情况存在差异，这一问题同样值得重视。相比于男性，女性签订短期合同、受聘为实习生的比例较高，签订长期合同、从事无固定期限工作的比例较低。第九章的另一项研究发现与前述的中学教育质量有关。在已就业的技术职业教育与培训学院毕业生中，取得学位项目申请资质或文凭项目申请资质的调查对象收入高于仅通过国家高级证书考试的毕业生。这一结论还需要深入研究，但它说明，中学求学经历与学业表现对一个人的影响似乎会持续到就业阶段。

除了上述的国家认证技术教育文凭项目，技术职业教育与培训的另一个重要组成部分是国家职业证书项目。第十章是对上述问题的有益补充，考察了国家职业证书项目毕业生的去向，指出职业教育与劳动力市场之间存在类似的关联。第十章指出，国家职业证书项目毕业生可能更倾向于继续深造。但调查对象的就业情况不好，仅有极少数人在取得国家职业证书后成功就业。在研究开展之时，国家职业证书尚属新生事物，所以很难说为什么仅有极少数毕业生找到了工作。此外，用人单位对国家职业证书资质的看法如何，是否认为它达到了行业最低要求，我们缺少相关信息。这些问题说明，要想了解国家职业证书项目的大多数毕业生为何没有就业，就要开展更多研究。

在南非，技术职业教育与培训学院与劳动力市场之间的对接薄弱，中学后教育与培训系统中的职业教育有待强化，大量年轻人没有接受过专门化的中学后培训。在此背景下，行业教育与培训局举办的现代学徒制、实习、传统学徒制等工作本位学习项目或许会在未来发挥至关重要的作用。第十一章分析了五年间的数据变化并指出，这三种项目在资源分配方面的优先级如何排序，仍然存在很多问题。第十一章认为，工作本位学习系统中的非正式领域，尤其是私有化的公司和认证培训机构，一直以来忽视职场学习，这一问题有待解决。第十一章提出，实习项目目前是发展速度最快的工作本位学习形式，那么政府是否应当重点扶持实习项目？如此一来，已经在正式的中学后教育与培训系统取得成功的人是否会更受青睐？第十一章建议，政府应当扶持与劳动力市场对接薄弱的项目，从而为机会有限或完全缺乏机会的人创造更多机会。完成现代学徒制、传统学徒制项目后，相关人员在劳动力市场的就业率和留滞率较高，这是这两种项目的优势。但第十一章也在结论中指出，未来应当仔细研究工作本位学习项目的就业成果。行政机构数据能够帮助我们界定各种项目的规模，但要想深入了解工作本位学习与劳动力市场之间的关联，就应开展更多工作。

本书第十二章考察了中学后教育与培训领域的整体就业情况。其研究样本虽小，但代表性较强。研究发现，在已就业的中学后教育与培训毕业生中，与其教育或培训程度相比，有60%的人面临就业不匹配的问题。就业不匹配的表现形式之一是技能利用不足，这个方面的一项重要发现在于，在低收入职业的员工中，有超过三分之一的人面临拥有技能却无用武之地的问题。我们无法对这一结论按中学后教育与培训的不同类型进行细分，即无法考察成人教育、技术职业教育与培训、工作本位学习、大学教育中哪个领域与劳动力市场的对接程度更高，但这一发现仍有其重要意义。例如，一般认为，很多南非人既未就业也未接受教育或培训的主要原因是缺乏技能与培训，但该研究说明，在低技能职业中，很多人并未使用到自己的技能。因此，我们应当更加重视中学后教育与培训系统所教授的技能类型及其与劳动力市场需求之间的匹配程度。

结论与未来研究方向

总的来说，本书中的各个章节指出，要想通过中学后教育与培训系统有效解决南非社会尖锐的不平等问题和年轻人高居不下的失业率，我们还有很长的路要走。首先，基础教育（初等教育与中等教育）质量较差以及贫困问题依然阻碍着很多年轻人，使他们无法获取继续教育与培训的机会。其次，南非的历史遗留问题仍在影响很多年轻人，尤其是社会经济地位较低的年轻人，使他们无法成功取得中学后教育资质、无法实现就业过渡。

如部分章节所言，有些挑战是系统性的，对教育机构和课程设置的重组与调整可能带来重大变革。某些形式的职业教育、成人教育就属于这种情况。然而，有些领域的问题根深蒂固，大学及技术职业教育与培训学院入学问题中的资助限制（见第三章）恐怕就是一个典型的例子。但涉及到期望受挫、信息不对称、不平等现象仍旧广泛存在、缺乏中学后教育机会等情况，中学后教育与培训系统所面临的麻烦似乎就不容易解决了。此外，有些章节指出，中学教育与社会经济地位方面的不利因素仍在影响第三级教育学业表现及就业过渡，这就要求我们更加深入地反思南非中学后教育领域当前的作用和功能。

当然，反思要靠可信的数据、严谨的分析、常态化的监控与评估。本书中的很多作者都指出，南非的研究人员很难定期获取到相关数据，数据缺乏问题亟待解决。值得庆幸的是，提高数据的可及度与数据质量这项工作并不会产生太高成本，也不会花费太多时间，而且很多资源是现成的，只不过暂未向研究人员开放。例如，第五章就指出，在考察学生从中学到中学后教育的过渡时，将现有的行政机构数据集合并起来就能得到全新的视角。理论上讲，现在也可以将这些数据与南非税务局的税收记录进行比对，从而将相关分析拓展至劳动力市场。第八章高度关注中学后教育领域的研究方法和数据来源。我们希望，本书能够帮助研究人员继续获取、分析南非中学后教育与培训领域的数据。本书介绍了中学后教育与培训领域的最新研究，但正如各个章节所言，我们仍需开展更多工作，促使中学后教育与培训系统为大家创造更多、更公平的就业机会和更加美好的生活。

参考文献

Akoojee S & McGrath S（2005）*Post – basic education and training and poverty reduction in South Africa*：*Progress to* 2004 *and Vision to* 2014. Post – Basic Education and Training Working Paper Series No. 2. Centre of African Studies, University of Edinburgh.

Appadurai A（2004）The capacity to aspire：culture and the terms of recognition. In V Rao and M Walton（Eds）*Culture and public action*. Palo Alto：Stanford University Press.

DHET（Department of Higher Education and Training）（2013）*White paper on post – school education and training*. Pretoria：DHET.

Ray D（2006）Aspirations，poverty，and economic change. In A Banerjee，R Bénabou and D Mookherjee（Eds）*Understanding poverty*. Oxford：Oxford University Press.

Rogan M & Reynolds J（2016）Schooling inequality，higher education and the labour market：Evidence from a graduate tracer study in the Eastern Cape，South Africa. *Development Southern Africa* 33（3）：343 – 360.

Tilak J（2010）Higher education，poverty and development. *Higher Education Review* 42（2）：23 – 45.

编者、译者、作者简介[①]

编者

迈克尔·罗根：南非罗德斯大学社会经济研究院（Institute of Social and Economic Research）尼尔·阿盖特劳工研究所（Neil Aggett Labour Studies Unit）副教授、人文科学研究理事会教育与技能发展研究项目荣誉研究员、全球性研究—政策—行动网络“非正式就业妇女：全球化与组织化”机构（Women in Informal Employment：Globalizing and Organizing）研究员。

译者

张旭：西安外国语大学高级翻译学院讲师。参与国家社科基金中华学术外译项目 2 项（《〈玛纳斯〉演唱大师居素普·玛玛依评传》、《构建新时代中国特色社会主义政治经济学》），作为第一译者出版译著《希腊神话与美索不达米亚：荷马颂歌与赫西俄德诗作中的类同和影响》（国家出版基金项目、“十三五”国家重点图书出版规划项目“神话学文库”之一）。作为第四完成人参与的“翻译专业人才协同培养体系创新与实践”获国家级教学成果奖二等奖。

各章作者

妮古拉·布兰森：南非开普敦大学南部非洲劳工与发展研究所（Southern Africa Labour and Development Research Unit）高级研究员。国家收入动态研究第五轮数据收集工作的主要研究人员之一，现为克雷斯吉基

① 译者注：相关身份与头衔反映的是 2018 年英文原著出版之时的情况。

金会（Kresge Foundation）资助的南非中学后教育研究项目 Siyaphambili① 主要研究人员。

迈克尔·科塞：人文科学研究理事会民主、治理、服务交付（Democracy，Governance and Service Delivery）研究项目首席研究专家。

叶洛斐利·格拉普萨：科班出身的统计学家，欧盟委员会科学与知识服务机构联合研究中心（Joint Research Centre）研究专家、南非罗德斯大学社会经济研究院研究员。

海伦·霍夫迈尔：南非斯坦陵布什大学经济学系在读博士、社会经济政策研究团队研究员。

凯瑟琳·伊斯代尔：博士，人文科学研究理事会教育与技能发展研究项目独立研究顾问、荣誉研究员。曾在伦敦大学教育研究院（Institute of Education）② 工作 13 年，为"英国年轻人纵向研究"联席研究员。曾为英国多个政府机构提供项目咨询，如首相战略办公室（Prime Minister's Strateg Unit）、教育与技能部（Department for Education and Skills）③、财政部。

埃米·卡恩：科班出身的经济学家，南非开普敦大学南部非洲劳工与发展研究所研究助理。

格伦达·克鲁斯：人文科学研究理事会科学技术创新指标中心（Centre for Science，Technology and Innovation Indicators）主任。2012 至 2017 年任"劳动力市场信息伙伴"项目负责人，该项目由高等教育与培训部发起，由人文科学研究理事会领导。

默里·莱布兰特：开普敦大学经济学院教授、南部非洲劳工与发展研究所主任。现为社会发展部（Department of Social Development）与国家研究基金会（National Research Foundation）贫困与不平等国家研究主席、德国劳动经济研究院（Institute of Labor Economics）研究员、国家收入动态研究主要研究人员。

佩利维·洛瓦纳：科班出身的心理学家，南非金山大学教育与劳工研究中心（Centre for Researching Education and Labour）访问副教授。

塔博·马绍瓜内：高等教育与培训部国家技能署秘书处处长，负责就

① 译者注：祖鲁语，意为"一直向前、决不后退"。

② 译者注：曾与伦敦大学学院同为伦敦大学成员，2014 年并入伦敦大学学院。

③ 译者注：存在于 2001—2007 年，现称教育部（Department for Education）。

技能发展政策、战略、行业教育与培训局的管控与评估、南非技能发展系统等议题向部长提出建议。

蒂莫西·麦克布赖德：南非西开普大学教育学院中学后教育研究所讲师。曾在青年学生、公民、体育、性别、社区安全、权利意识等领域供职于多个委员会，担任多个行政职务，成立多个地方组织。

邦吉维·姆万戈：科班出身的社会学家，人文科学研究理事会教育与技能发展研究项目高级研究员。

谢默斯·尼达姆：南非西开普大学教育学硕士、在读博士，西开普大学教育学院中学后教育研究所高级讲师、研究与规划主管。中学后教育研究所承担大学教师的培训与进修工作，开展成人、职业、高等教育研究，进行相关领域政策分析。尼达姆从事成人教育 20 余年，工作内容涉及教材研发、课程实施、款项筹募、战略规划与研究。研究兴趣包括职业教育与学术领域的对接、中学后教育、继续教育与培训学院教师的身份认同。自 2014 年起担任衔接政策部长委员会（Ministerial Committee on Articulation Policy）委员、人力资源开发委员会（Human Resource Development Council）继续教育与培训学院技术工作组成员。

乔伊·帕皮尔：南非西开普大学教育学院中学后教育研究所主任、教授，南非研究主席倡议（South African Research Chairs Initiative）技术职业教育与培训研究主席、非洲联盟委员会技术职业教育与培训专家组联席组长。从事中学教育、大学教师教育、培训、发展研究 25 年。

莱斯利·鲍威尔：南非纳尔逊·曼德拉大学（Nelson Mandela University）[①] 青年失业、就业能力、赋能研究主席。研究成果主要涉及教育社会学，也涉及发展研究与社会学领域的能力取向、批判现实主义研究。

维吉·雷迪：人文科学研究理事会“杰出研究专家”。2006 至 2018 年担任人文科学研究理事会教育与技能发展研究项目执行主管。于 2003、2011、2015、2019 年负责国际数学和科学趋势研究在南非的落地，并在此领域发表了多项研究成果。领导“劳动力市场信息伙伴”项目，协助高等教育与培训部建立技能规划机制。

亨德里克·范布鲁克赫伊曾：科班出身的经济学家，南非斯坦陵布什

① 译者注：纳尔逊·曼德拉都市大学（见本书第五章）于 2017 年更名为纳尔逊·曼德拉大学。

大学经济学博士，Predictive Insights 公司数据科学家。曾为斯坦陵布什大学经济学系社会经济政策研究团队研究员。

塞尔瓦·范德伯格：南非斯坦陵布什大学经济学教授、国家研究基金会社会政策国家研究主席、社会经济政策研究团队负责人、国际教育学院（International Academy of Education）研究员。

安热莉克·维尔德舒特：国家学生资助计划研究与政策高级主管，曾为人文科学研究理事会教育与技能发展研究项目高级研究专家、“劳动力市场信息伙伴”项目研究主题负责人。

洛利塔·温纳尔：人文科学研究理事会教育与技能发展研究项目教育方向高级研究主管，在教育统计学尤其是等级模型应用、数据管理分析方面具有丰富经验。